Hans. H. Sievert

Im Zeichen von Kreuz und Rose

Zur Geschichte der Rosenkreuzer

Band I

Herausgegeben von C. Zerling

Vorliegendes Buch kursierte vorher als kopiertes Manuskript unter dem Titel: „Kreuz und Rose im Norden".

Wir danken den Sponsoren Frau Koch Malbranc und Herrn Bertram, die durch Anzeigen den Druck in dieser Form ermöglichten.

Dank auch Herrn Wolf vom Museum und Stadtarchiv in Butzbach für die freundliche Bereitstellung von Materialien und Bildvorlagen.

Coverdarstellung:
Segeberg mit Siegburg 1585. Rechts das schloßartige Privathaus von Heinrich Rantzau.

ISBN 3-88468-063-3

Gestaltung:
Rotation-Verlagsservice
Sybille Zerling, Arno Heßling

Druck und Bindung:
Fuldaer Verlagsanstalt

Die Deutsche Bibliothek - CIP- Einheitsaufnahme
Sievert, Hans H.:
Im Zeichen von Kreuz und Rose: Zur Geschichte der Rosenkreuzer Bd.1 / Hans H. Sievert. - 1. Aufl. - Berlin : Zerling, 1996
ISBN 3-88468-063-3

Politische Einteilung
Schleswig-Holsteins
am Ende des 17. Jahrhunderts

Inhalt

Vorwort des Autors 7

I Die Tradition eines heiligen Symbols 8

II Anfänge in Schleswig 16

III Johann und Heinrich Rantzau 19

IV Herzog Adolf von Holstein-Gottorf 25

V Die Fama fraternitatis 31

VI Joachim Jungius 40

VII Der Stern von Hessen-Kassel 45

VIII Das neue Zentrum im Norden: Holstein-Gottorf 52

IX Die Tragödie des Winterkönigs 58

X Die Rostocker „Societas ereunetica" 62

XI Lübeck im Kampf gegen die „Enthusiasten" 65

XII Herzog Friedrich III. von Holstein und der Riesenglobus 72

XIII Kulturzentrum Eutin 76

XIV König Christian IV. von Dänemark – Der glücklose Retter der Reformation 83

XV Gustav II. Adolf – „Der Löwe aus Mitternacht" 88

XVI „Sub umbra alarum" Elisabeths, der Winterkönigin 92

XVII Morsius, Jungius und Tassius in Hamburg 98

XVIII Morsius als „Visitator" bei Valentin Andreae? 103

XIX Lübeck – Versuch einer Einigung der religiösen Gegensätze 111

XX Letzte Jahre und Tod von Morsius 115

XXI Die Gold- und Rosenkreuzer in der preußischen Regierung 121

XXII Die Geheimen Figuren der Rosenkreuzer 135

Nachwort 141

Bibliographie 146

Personenregister 149

Vorwort

Soeben haben wir im Oktober 1995 das letzte Kapitel dieses Buches abgeschlossen. Einen ersten Abschluß glaubten wir schon im Mai 1985 erreicht zu haben. Damals veranlaßte es uns, dieser Schrift den Untertitel „Sievert's Nachrichten von den „Fratres rosae crucis" in Schleswig, Holstein, Lübeck und Hamburg" zu geben, um einem anderen – vielleicht einem Vorfahren – ein Denkmal zu setzen.

Denn 1785 erschienen die *Sievert's Nachrichten von Siebenbürgischen Gelehrten und ihren Schriften* in Preßburg.

Mir war nicht vergönnt, diese Schrift in die Hände zu bekommen, aber beim Studium der Geschichte des Ordens vom Rosenkreuz ist mir bei etlichen Historikern aufgefallen, daß sie sich auf diesen Text beriefen, wenn sie von der Auswanderung der Rosenkreuzer nach Amerika im Jahre 1694 berichteten.

Herrn Sievert, dem ich mich als später Namensvetter verbunden fühle, möge mit diesem Werk 210 Jahre später ein Denkmal gesetzt sein.

An dieser Stelle möchte ich allen danken, die mich bei dieser Arbeit unterstützt haben.

Hans H. Sievert

I

Die Tradition eines heiligen Symbols

Das Kreuz als Symbol blickt auf eine sehr viel ältere Tradition als das Christentum zurück, und schon seit Jahrtausenden beschäftigten sich Mystiker mit der Zusammenstellung von „Kreuz und Rose", die für sie u. a. das Erwachen der Menschheit zu höherem Bewußtsein bedeutete. Schon in ältester Zeit scharten Meister ihre Schüler um sich, um sie Stufe für Stufe in die Mysterien einzuweihen. Den Meistern wurde das Licht anvertraut, um es an die weiterzugeben, die sich bereit fanden, es in dem Maße zu empfangen, wie sie aufnahmefähig waren. Ihr Amt übergaben sie wie eine Fackel an ihre Nachfolger. Oft fiel es schwer, Schüler zu finden, und noch schwerer einen Nachfolger. Doch das Licht durfte nicht verlöschen. So mußten manchmal schwache Menschen voller Unvollkommenheit die Fackel weitertragen. Und es gab starke Adepten, die nur den Erfolg kannten und dennoch nicht um die finstere Nacht herumkamen. Das Prinzip Gott wollte das heilige Feuer immer brennen sehen und daß damit allezeit die Möglichkeit bestand und weiter besteht, den Weg zu ihm zu finden. Dieser Wille entspringt seiner allumfassenden Liebe.

Wenn wir die Personen betrachten, die in der Vergangenheit den Auftrag hatten, das Licht der Menschheit zu erhalten, können wir leicht an ihnen zahllose Schwächen festmachen: sei es Sir Francis Bacon, sei es Napoleon oder gar Kaiser Friedrich II., um einige herausragend zwiespältige Persönlichkeiten zu nennen. Kenner behaupten, charakterliche Polarisierungen gehörten allerdings zum Weg der Mystik wie der ausgleichende Schatten zum gleißenden Licht der Sonne. So schwankt das Bild Kaiser Friedrichs II. zwischen einem Eingeweihten und Förderer wie Schutzpatron aller geistigen Regungen und einem rein auf den äußeren Nutzen ausgerichteten kleinkarierten Despoten wie gefährlichen Phantasten. Tatsächlich hatte man Friedrich schon im Kindesalter in alle Wissenschaften und Geheimwissenschaften eingeführt. So stand auch späterhin seine Türe für alle Philosophen und metaphysischen Spekulanten offen. Friedrich soll übrigens mit dem Dominikaner Albertus Magnus okkulte Experimente durchgeführt haben. Und als Kaiser soll er Imperator und Koordinator der acht mystischen Ritterorden gewesen sein, von den spanischen Rabitern, über die Templer bis hin zu den Assassinen und den sarazenischen Fâtas, deren Großmeister sich jährlich zur Sommersonnenwende bei ihm auf Castel de Monte getroffen hätten – Geschichten aus einer überschäumenden Legendendarstellung, und doch vielleicht der Wahrheit nahe.

Man munkelte schon zu seinen Lebzeiten, Friedrich sei auch von arabischen Gelehrten und Mystikern initiiert worden. Zumindest wissen wir von intensivem Unterricht bei Avicenna und Averroes und von für das Abendland mehr als dubiosen Kontakten mit den muslimischen Führern und Erzfeinden der Christenheit, die Palästina besetzt hielten.

W. Lindenberg (1978: 73) zitiert H. Spencer Lewis, den Begründer des Antiquus Mysticus Ordo Rosae Crucis in den USA, und erzählt, daß südfranzösische Pilgrime am Ende des 8. Jahrhunderts im Heiligen Land einer Bruderschaft von Eingeweihten begegnet wären. Nach Toulouse zurückgekehrt, vertrauten sie ihre Erlebnisse einem Philosophen mit Namen

Arnaud an, der sich umgehend ins Heilige Land begab, um Kontakt mit dieser Bruderschaft aufzunehmen. Er berichtete: „Diese Bruderschaft besteht aus fleißigen, schweigsamen Männern, deren Gewand weiß ist, so strahlend wie ihre reinen Seelen und die die Geheimnisse der Erde und des Himmels in ihrem Wissen bewahren." Man denkt unwillkürlich an die scheinbar längst ausgestorbenen Essener. Schon 804 soll Arnaud die erste rosenkreuzerische Loge in einem Kloster bei Toulouse gegründet haben. Eine weitere Niederlassung bestand seit 1001 in einem Kloster bei Montpellier. An anderer Stelle heißt es, dieses 1001 gegründete Kloster sei das erste rosenkreuzerische überhaupt gewesen und hätte sich in Nîmes befunden (Crux Rosae, 1983: 148). Der Orden von Toulouse soll bis zum Jahre 1487 existiert haben. Trotzdem blieb diese Stadt bis in unser Jahrhundert Treffpunkt des Obersten Rates der französischen Rosenkreuzer.

Kloster San Juan de la Peña, das teilweise direkt in den Felsen hineingebaut wurde. Ansicht des Kreuzgangs

Im 11. Jahrhundert existierte im Pyrenäenkloster San Juan de la Peña eine „Bruderschaft des Rosenkreuzes vom Heiligen Johannes". In diesem Kloster, ein wichtiger Halt der Pilger auf der Wallfahrt nach Santiago de Compostella, sollen noch 24 Brüder in ihren Sarkophagen liegen. Der Sage nach habe sich ein aragonischer Ritter im Kampf gegen die Sarazenen dort im Wald verirrt und plötzlich am Himmel das „manichäische Zeichen" von Kreuz und Rose erblickt, das ihn „wieder auf den Weg führte". Aus Dankbarkeit gelobte er, an dieser Stelle ein Kloster der Bruderschaft der Rosenkreuzer zu gründen. Soweit Lindenberg.

„Jene, die über die Route von Toulouse nach Santiago gehen, müssen dem Leichnam des seligen Bekenners Wilhelm einen Besuch abstatten", heißt es in einem Pilgerführer. Wilhelm Kurznase, Enkel von Karl Martell und Stammvater der Herzöge von Aquitanien, befreite im Süden Orange, Nîmes und Narbonne von der maurischen Besatzung. Karl der Große verlieh ihm aus Dank Aquitanien, und Wilhelm nannte sich danach *von Orange*. Im Jahre 804 gründete er das später nach ihm benannte Kloster St.-Guilhem-le-Désert und zog sich dort „mit 12 Getreuen" zurück. Karl der

Große ließ den vertrauten Freund, Verwandten und berühmten Heerführer nur ungern ziehen, schenkte ihm aber ein Teil der von St. Helena aufgefundenen Kreuzesreliquie. Der Ruf des Gründers und diese Reliquie machten dieses Kloster bald zu einem beliebten Wallfahrtsort. Wir werden auf diesen Ort, der ebenfalls in dem Ruch steht, das erste Kloster der Rosenkreuzer-Bruderschaft zu sein und auf Wilhelm Kurznase, angeblich aus edelstem jüdischen Geblüt, in einem Folgeband noch zurückkommen.

Das Schicksal will es, daß im 16. Jahrhundert die Grafschaft Orange in eine Nebenlinie nach Nassau im Westerwald vererbt wird. Neuer Lehnsherr, Wilhelm von Nassau, wird als Wilhelm von Oranien Protagonist der Befreiung der spanischen Niederlande, Ahnherr der heutigen Königslinie und Schwiegervater von Friedrich IV. von der Pfalz. In dieser Zeit beginnt das enge und haltbare Bündnis zwischen den Reformierten Deutschlands und den Calvinisten Hollands, das im weiteren Verlauf des Textes noch eine wichtige Rolle spielen wird.

Bleiben wir noch etwas in Frankreich. Im Jahre 1090 soll der berühmte Heerführer des ersten Kreuzzuges, Gottfried von Bouillon, den geheimnisumwitterten Orden von Sion (Prieuré de Sion) im Heiligen Land gegründet haben, der seinen Sitz in der Abtei von Notre Dame du Mont de Si-

Albertus Magnus.
Nach einem Gemälde von Joos van Gent, 15. Jahrhundert.

on genommen hätte, bis er die Hauptaktivitäten nach Frankreich und in das heutige Belgien verlegte. 1118 oder 1119 muß dann wohl auch in Jerusalem der Orden der Tempelritter gegründet worden sein, dessen französische Väter aus der Champagne stammten. In einem höchst umstrittenen aber interessanten Buch werden beide Organisationen zumindest in ihrer Anfangszeit eng mit dem Orden vom Rosenkreuz in Verbindung gebracht (Lincoln / Baigent / Leigh, 1984: 90 ff). Ein später angeheirateter Nachkomme des Herzogs von Bouillon wird den jungen Friedrich V., Sohn Friedrichs IV. von der Pfalz, als Oheim unter seine Fittiche nehmen, in Sedan ausbilden und seine weiteren Wege lenken. Mit seinem unglücklichen Schicksal als geächteter und vertriebener Winterkönig von Böhmen zerschlagen sich allzu hoch gesteckte Hoffnungen vieler Rosenkreuzer und all solcher, die noch mit einer tiefgreifenderen Reformation geliebäugelt hatten.

Das 12. und 13. Jahrhundert kennzeichnet einen religiösen Aufbruchgedanken, der sich als Protest gegen allzu degenerierte Formen in der Kirche versteht und zu zahlreichen Ordensgründungen führt, die zumindest in ihrer Anfangszeit mit den Armuts- und Frömmigkeitsidealen der Urkirche ernst machen. Der heiße Wunsch, den Glauben tiefer zu erfassen und zu erleben, führt auch zu einer Welle des Mystizismus. Nach den Ordensvätern Franziskus, Dominikus, Norbert von Xanten, Bruno der Karthäuser und eigentlich auch Bernhard von Clairvaux sind es bald die gelehrten Exegeten, die wie Sterne das Firmament erhellen.

Der wohl bekannteste, Albertus Magnus, trat 1223 in den 1212 gegründeten Dominikanerorden ein, nachdem er in Padua studiert hatte. In Paris zählte Roger Bacon zu seinen Schülern und in Köln Meister Eckhart (ca. 1260-1328). In Köln hatte Albertus Magnus auch 1248 die Ordensuniversität der Dominikaner gegründet. Für das 13. Jahrhundert und einige Jahrzehnte darüber hinaus muß man im Dominikanerorden den Hauptträger der deutschen Mystik sehen und die Kölner Universität als eines der Hauptzentren dieser geistigen Bewegung. Den Unterschied zwischen Theologie und Mystik charakterisiert Albertus mit der Aufgabe der ersteren, „dem Intellekt, dem Affekt und dem innersten Wesen nach mit dem vereint zu werden, was verehrt wird, insofern es das beseligende Ziel ist". Bei der Mystik gehe es aber um die Vereinigung mit Gott, die schon in diesem Leben erfahren werden kann. Der Weg dazu ist die Liebe (Lohrum, 1991: 123).

Als Albertus Magnus 1260 das Amt des Bischofs in Regensburg übernahm, leitete Meister Eckhart die Ordensuniversität in Köln weiter. Vor-

Grabmahl des Johannes Tauler
in der Neuen Kirche (Temple Neuf) in Straßburg.
Foto freundlicherweise von der Kirchenverwaltung zur Verfügung gestellt.

her hatte er schon als Prediger in Straßburg sowie als Professor in Paris gewirkt. Seine bekanntesten Schüler waren die Mystiker Johannes Tauler (gest. 1361) und Heinrich Seuse (gest. 1366).

Tauler macht in dem zweiten geistigen Zentrum der Mystik, in Straßburg, von sich reden, als er, der berühmte Redner, sich plötzlich für einige Jahre aus der Öffentlichkeit zurückzieht, um noch einmal bei dem sogenannten „Gottesfreund vom Berner Oberland" zur Schule zu gehen. Dieser schlichte Meister führt ihn den harten Weg zur wahren, weil eigenen Gotteserfahrung, und danach erst beginnt der eigentliche Ruhmeszug des Predigers Tauler, der gelegentlich zu Massenekstasen seiner Zuhörer führt.

Gottesfreunde nannten sich in der zweiten Hälfte des 14. Jahrhunderts einige fromme Laien am Oberrhein, in Schwaben und in der Schweiz, ja auch Gruppen in den Dominikanerinnenklöstern des Oberelsaß, in Bayern und am Niederrhein bei Köln. Sie pflegten Armut und Zurückgezogenheit, praktische Mystik durch brieflichen Kontakt oder persönliche Bindung und beriefen sich auf Johannes (15,14 f). In den Niederlanden zählte Nikolaus von Flüe (1417-1487) ebenso dazu wie in Deutschland Meister Eckhart (Salzer/Tunk; o. J.: 248), nach Wehr (1989: 23) sogar das Haupt jener Mystik. Rosenkreuzerische Literatur stellt diese Gottesfreunde wie selbstverständlich in ihre ureigenste Tradition (Alter Mystischer Orden Rosae Crucis, 1991: 23)

In dieser Zeit gelangten auch Dominikaner nach Lübeck. Sie zogen 1227 in das Burgkloster zu Lübeck ein. Die Kultgegenstände des Burgklosters kann man heute im St. Annen-Museum bewundern. Ob wir einige im Orden der Dominikaner direkt zur Bruderschaft des Rosenkreuzes rechnen können, bleibt vorerst völlig ungewiß. Querverbindungen und Einflüsse bei Einzelnen in den verschiedensten Orden lassen sich nachweisen, mehr nicht.

Später minderte sich die Zahl der Mystiker unter den Dominikanern. Auch in anderen Orden verflachte der Geist wieder, und die Bettelmönche sanken vom Segen für das Volk zur reinen Landplage herab. 1475 erhielten die Dominikaner das Recht zu festen Einkünften. 1487 erschien dann der *Kehlheimer Hexenhammer*, die sicher grauslichste Anleitung zur Hexenverfolgung. Aus den Nachfolgern des Ordensstifters Dominikus entwikkelten sich immer mehr „domini canes", des Herrn Hunde, wie man sie seinerzeit auch nannte: Spürhunde eines Herrn, der Klerus hieß. Die Lehre Jesu läßt sich bei aller Mühe aus der blutrünstigen Geschichte der Kirche in jener Zeit kaum mehr erkennen. Ging die Wiederbelebung des Glaubens einst von diesen Bettelmönchen aus, so sind es gerade auch die Vertreter solcher Orden, die in ihrer Entartung zum beliebten Gegenstand des Spottes und der Verachtung wurden.

Der italienische Dominikanermönch und Bußprediger Girolamo Savonarola (1452-1498) kämpfte gegen die Verweltlichung der Kirche während der italienischen Renaissance. Er verlangte ein Konzil zur Durchführung der Kirchenreform und ging soweit, die Absetzung des Papstes zu fordern. Sein Weg endete mit der Exkommunizierung und Hinrichtung.

Einer seiner Anhänger, Pico della Mirandola (1463-1494), ein Philosoph, Mystiker und Humanist aus dem Kreise um Lorenzo de Medici, bemühte sich um ein neues Weltbild auf der Grundlage der Vereinigung christlicher, antiker und jüdischer Kulturwerte. Einer seiner Freunde war Johannes Reuchlin (1455-1522), den man als den Vater der Reformation bezeichnet, wenngleich er der lutherischen Kirche skeptisch gegenüberstand. 1496 finden wir ihn am Heidelberger Hof.

Kommen wir zurück zur Dominikaner-Universität in Köln und zu Meister Eckhart. Aus seiner Schule ging ein weiterer Schüler als berühmter Mystiker hervor: Jan van Ruysbroek (1293-1381). Man nannte ihn auch Doctor extaticus, den verzückten Lehrer. Er schrieb mystische Abhandlungen und gründete ein Kloster nach der Augustinerregel in den Niederlanden. Zumindest im Norden Eu-

Jan van Ruysbroek, Kupferstich (unbekannter Meister)

ropas ging die Hauptträgerschaft der Mystik nunmehr auf den Orden der Augustiner über.

Ein Schüler Ruysbroeks war Geert de Groote (1340-1384). Er gründete eine Fraternität, die Mystik im Sinne Ruysbroeks lehrte und sich vom weltlichen Leben absonderte. Kleriker und Laien studierten in gemeinsamen Konventikeln. Neben diesen „Fratres devoti" oder „Brüdern des gemeinsamen Lebens" gab es auch einen Kreis von Schwestern. Die Hauptklöster lagen in Deventer und Zwolle.

Im Bewußtsein, Neuerer zu sein, nannten sie sich „Devotio moderna", zeitgenössische Fromme. In warmer geistlicher Gemeinschaft lebten Männer und Frauen in steter Arbeit miteinander und schlossen alles Weltliche und Böse aus ihrer Sphäre aus. „Der Blick des einen ruht unaufhörlich auf dem anderen, um alle Anzeichen der Gnade wahrzunehmen" (Huizinga, 1953: 271). Die hochgespannte Mystik wurde zugunsten einer weit nüchterneren Variante aufgegeben, die keine Gefahren des einsamen Abirrens in sich barg, sondern jeden in der praktischen Sittsamkeit und Fürsorge aufhob; statt der einsamen und seltenen Ekstase eine dauernde gemeinsame Innigkeit und Spannung, die für alle, die es erlebten, einen unerhörten stillen, aber immerwährenden Glanz verbreitete.

Immerhin konnte aus diesem scheinbar nüchternen Kreis die *Imitatio Dei* des Thomas von Kempen entstehen, das wohl „erquickendste Werk aus diesem Kreis in jener Zeit" (Huizinga, 1953: 323 f). Auch Geert Groote hält man für den Autoren, was in diesen Kreisen unwichtig war, da man ständig gemeinsam an Veröffentlichungen arbeitete. Auch Jan Mombaer müssen wir aus ihren Reihen erwähnen – er schrieb das *Rosetum* – und den von-Kempen-Schüler Johannes Wessel. Wessels *Herausgabe und Erklärung des Neuen Testamentes* benutzte Luther später für seine Bibelübersetzung (Rogge, 1918: 18 ff).

Aus Holland stammte auch der Augustinerprior Johannes Busch in Sülte bei Hildesheim. Er schrieb das berühmte *Liber reformationis*, das erst sehr spät durch den Rosenkreuzer und Philosophen Leibniz herausgeben wurde. Der Geist der späteren *Fama fraternitatis* ließ sich hier schon einmal vorab vernehmen. Buschs Schrift entstand in der Mitte des 15. Jahrhunderts. Er selbst versuchte, in Schleswig-Holstein – namentlich in Segeberg und Bordesholm – mit den Entartungs-

erscheinungen in den Klöstern aufzuräumen. Brand und Klüver (1976: 150) sprechen von der Zeit der Vorreformation in Schleswig-Holstein. Reformbestrebungen sind auch bei den Franziskanern und den Bursfeldern, einer Benediktiner-Kongregation aus dem 15. Jahrhundert (Hauptsitz Bursfelde bei Göttingen), nachzuweisen.

1491 gründete der Humanist, Poet, Musiker und Arzt Conrad Celtis – nachdem er selbst in Italien eingeweiht worden war – in Heidelberg die erste seiner „Gelehrten Gesellschaften", die „Sodalitas Litteraria Rhenania", deren Ziel es sein sollte, verschollene klassische Texte aufzufinden und neu herauszugeben (Heinemann, 1983: 171 ff). Diese „Gelehrten Gesellschaften" dürfen wir – ob bewußt oder nicht – als Vorbild der viel späteren „Societas ereunetica" in Rostock, Lübeck und Hamburg betrachten. Celtis gehörte zum Freundeskreis um den Humanisten und Kanzler Johann von Dalberg am Hofe des Kurfürsten Philipp (Kurfürst 1476-1508). Ebenso war Rudolf Agricola, einer der Mitbegründer des deutschen Humanismus, ein enger Freund des Kanzlers. Der Humanismus hatte in Heidelberg eine Wohnstatt gefunden. Bekanntlich fühlten sich viele Humanisten zugleich auch als Mystiker, stell-

Johannes Reuchlin.
Johann Jacob Haid, 1521

ten sie doch bei allem Bildungshunger das Verhältnis des Menschen zu seiner geistigen Umwelt in den Mittelpunkt ihrer Betrachtungen.

1496 kam für drei Jahre der Humanist, christliche Mystiker und Adept der Kabbala, Johannes Reuchlin, an den Heidelberger Hof. Wir haben ihn schon als Freund Pico della Mirandolas erwähnt. Reuchlin wurde am 22. Februar 1455 in Pforzheim geboren. Seine Ausbildung erhielt er in Paris. Auf Italienreisen machte er sich mit dem Geist des Humanismus vertraut. Über Pico della Mirandola scheint er in die Ideen des Reformpredigers und Dominikaners Girolamo Savonarola eingeweiht worden zu sein. Er wurde zum Lehrer und Instrukteur von Erasmus von Rotterdam (Humanist und Mystiker), von Martin Luther und Melanchthon. Der lutherischen Reformation stand er trotz allem Reformwillen kühl gegenüber. Wer bedenkt, daß die lutherische Kirche praktisch keinen Platz für Mystiker einräumte, kann Reuchlin verstehen. Es wäre übrigens ein Irrtum zu glauben, der Rosenkreuzergedanke hätte sich im weiteren Verlauf *nur* an die protestantischen Kirchen geheftet, aber in der Hauptsache.

Die Mystiker verstanden Reformation nicht in der Beseitigung aller althergebrachten Werte. Wie Jesus einst den Tempel von den Händlern und Geldwechslern reinigte, so wollten sie lediglich aus der „Mördergrube" wieder ein Bethaus schaffen.

Reuchlin setzte sich stark für die Erhaltung der hebräischen Sprache ein, weil die Christen das Alte Testament sonst nicht mehr im Urtext lesen könnten. Zu seiner Zeit gab es in Deutschland, speziell in der Kölner Theologischen Fakultät, Bestrebungen, diese alte Sprache „auszutilgen". Am 30. Juni 1522 starb Reuchlin in Bad Liebenzell.

Heidelberg wurde zur Hochburg des deutschen Humanismus, aber auch der Reformation, die bedauerlicherweise nicht ohne Kirchenspaltung durchführbar war. Als später die *Fama* erschien, brauchte man eigentlich wieder eine „Reform der Reform".

Der humanistisch gebildete pfälzische Kurfürst Ottheinrich (reg. 1556-1559) scharte einen Kreis von Künstlern und Gelehrten um sich und richtete sein Augenmerk vornehmlich auf kosmologisch-alchemistische Themen. Im Jahre 1553 bat er, die Bibliothek in der Heilig-Geist-Kirche zu Heidelberg in Kisten zu verpacken, damit er seine eigene große Sammlung vorübergehend dort unterbringen konnte. Er plante auf dem Schloß einen Bibliotheksneubau. Darüber verstarb er, seine Bücher blieben in der Kirche. Als sein Freund, der Humanist Ulrich Fugger, wenige Jahre später seine 235 Zentner wiegende und in vier Wagenladungen zu transportierende Büchersammlung, vor allem arabische Handschriften, hinzugesellte, entstand in der Bibliotheca Paladina der bedeutendste Bücherschatz des gelehrten Deutschlands (Mittler/Werner, 1986: 12)

Ottheinrich ähnlich und mit ihm befreundet, suchte auch der holsteinische Heinrich Rantzau einen Kreis von Künstlern und Gelehrten um sich zu sammeln, aus denen weitere Gruppierungen hervorgingen, wie die sogenannte „Gottorfer Kultur".

Wir sind im dänischen Aktivitätszyklus gelandet. Wenn wir 1484 von Rosenkreuzern in Schleswig hören, dann von Mystikern, Reformern und vielleicht ersten Humanisten. Nicht im Hintergrund müssen wir suchen. An den Höfen des Adels und in den Klöstern lebten vereinzelt Menschen, die eine allgemeine Reform anführten, welche die Geschichte als „Vorreformation" bezeichnet. Es wird Orte gegeben haben, wo sich diese Brüder und Schwestern ohne großes Aufsehen in gewissen Abständen trafen. So ein Ort muß Schleswig gewesen sein. Die Vorreformation in Schleswig-Holstein leistete gute Arbeit. Durch die geistigen Vorbereitungen konnte die eigentliche sogenannte Reformation später völlig unblutig vonstatten gehen.

König Friedrich I. von Dänemark.
Nationalhistorisk Museum Frederiksborg

II

Anfänge in Schleswig

In einer Dokumentation zur dänischen Geschichte erwähnt der Autor Fortuin, daß eine als „Rosenkreutzer" bekannte Bruderschaft schon 1494 im dänischen Schleswig entstand (Miers, 1970: Stichwort „Rosenkreuzer"). Der hamburgische Bürgermeister Hinrich Murmester war in Italien in den organisierten Humanismus eingeweiht worden. Vermutlich auf dessen Anregung hin unternahm König Christian I. von Dänemark (1426-1481) eine Romreise, um u. a. vom Papst die Erlaubnis zur Gründung einer Universität in Kopenhagen zu erwirken. Diese 1479 gegründete Universität stand wohl mit einer humanistischen Sodalität (= geheime Verbindung) in Kontakt, die scheinbar das über Italien aus Südfrankreich tradierte Symbol von Kreuz und Rose, nordischer Offenheit entsprechend, in aller Freiheit verwendete. Die „Rosenkreutzergruppe" in Schleswig scheint ein Ableger der Kopenhagener Bewegung gewesen zu sein (Nirrnheim, 1908: Blatt IV; Zimmermann, 1979: 18-26).

Im Mittelpunkt dieses Schleswiger Kreises stand vermutlich König Friedrich I., der Sohn Christians I. Ein Brief dieses Königs vom 21. Juli 1531 weist auf den europäischen Charakter jenes organisierten Humanismus in dieser Zeit. In einer Beschwerde Husumer Bürger gegen die Bewohner von Fécamp richtet sich Friedrich an König Franz I. von Frankreich und nennt ihn „Christianissime et potentissime rex, frater et amice charissime ..." (christlichster und mächtigster König, begnadeter Bruder und Freund). Die Bezeichnung „Frater" könnte eine Anspielung auf das 1529 gegründete „Collège du Roi" sein, einer Art humanistischer Hofschule um Franz I. In dieser Schule lehrte man u. a. Hebräisch, Griechisch, und Mathematik, und sie soll aus einem Kreis humanistischer Vorleser des Königs (lecteurs royaux) hervorgegangen sein. Doch damit greifen wir vor.

Im Jahre 1490 war der holsteinische Herzog Friedrich Schloßherr auf Gottorf geworden. Als dieses Schloß 1492 abbrannte, ließ Friedrich beim Neubau auf die Prophezeiung hin, daß er König werden würde, eine Königshalle errichten. Im Jahre 1523 wurde er tatsächlich als Friedrich I. von den Ständen zum König von Dänemark gewählt und Schleswig damit königliche Residenzstadt.

Schleswig-Holstein hatte nie eine besonders enge Verbundenheit mit Rom gekannt und die Reformation verlief dort ohne Blutvergießen. Nur Dithmarschen leistete größeren Widerstand. Der damalige äußerst tolerante katholische Bischof Gottschalk von Ahlefeld vermittelte zwischen Katholiken und Protestanten. Ihn und Friedrich I. verband eine herzliche Freundschaft (Philippsen, 1928: II, 22 ff).

In einer solch toleranten Zeit, zumindest hier im dänischen Einflußbereich, war es den Rosenkreuzern gewiß möglich, sich offen als Brüder zu versammeln, zu arbeiten und zu wirken. Meist, besonders in Deutschland und England, mußten sie unter falschen Namen, bzw. in Tarnorganisationen zusammentreffen. Trotz dieser glücklichen Umstände in Schleswig läßt sich kaum etwas über die damaligen Mitglieder in Erfahrung bringen. Statt dessen kann man viel von einer Rosenkranz-Bruderschaft (Philippsen, 1928: II, 25 ff) nachlesen, die 1481 in Schleswig gegründet und im Zuge der Reformation als katholische Organisation aufgelöst wurde. Diese Rosenkranz-Bruderschaft hat aber mit der Rosenkreuzer-Bruderschaft absolut nichts zu tun.

Um mehr über die letzteren zu erfahren, ist ein Abstecher nach Deutschland notwendig, wo im Jahre 1521 Kaiser Karl V. den Reichstag zu Worms berief.

Der Auftritt Luthers auf dem Reichstag 1521 war für Karl V. Kalkül und ein ärgerlicher Begleitumstand zugleich. Er benutzte Luther als politische Schachfigur, um Papst Leo X. stärker unter Druck zu setzen. Leo bekämpfte das habsburgische Übergewicht in Italien und liebäugelte mit Frankreich, den Erbfeinden der Habsburger Monarchie. Der Auftritt des Professors aus Wittenberg hatte für Karl V. vor allem den Zweck, dem Papst die kaiserlichen Möglichkeiten der Religionspolitik vor Augen zu führen. Luthers Lehrmeinung selbst verwarf der Kaiser schroff. Nur mißvergnügt schenkte er ihm Gehör, denn für Karl bildete die Einheit des Glaubens Grundlage des Kaisertums. Und es gab für ihn wichtigere Programmpunkte auf dem Reichstag: Die Bedrohung vor allem der österreichischen Erblande durch die Türken (Osmanen), der Kampf um die Vormachtstellung in Burgund und in der Lombardei, die spanischen Unternehmungen in Amerika und die Eigenmächtigkeiten und Souveränitätsgelüste der Fürsten in Deutschland – ein gewaltiges Pensum.

Dennoch war eine Lawine in Bewegung gesetzt, deren späteres Ausmaß weder Luther noch der Kaiser erahnten. Selbst viele Katholiken glaubten an die Heilsamkeit der Unruhe durch die 95 Thesen. Die Stände wünschten kein neues Bekenntnis, unterstützten Luther aber insoweit, wie er ihren Rechten gegenüber der Kirche entgegenkam.

Der dänische Prinz und spätere König Christian III., der Sohn Friedrichs I., sowie Hofmeister Johann Rantzau wurden auf dem Reichstag Zeugen des Bekenntnisses Luthers. Aus ihnen entwickelten sich mit der Zeit Bahnbrecher des neuen Glaubens.

1524 verkündete der dänische König Friedrich I.: „ ... daß niemand bei Hals, Leib und Gut um der Religion willen ganz gleich, ob päpstlicher oder lutherischer, einem anderen an Leib, Ehre und zeitlichen Gütern Gefahr und Unheil zu füge, sondern jeder sich in seiner Religion so verhalten solle, wie er es mit seinem Gewissen zu verantworten gedächte ...” (Irmisch, 1960: 110 f).

Von Friedrich haben wir schon erfahren, daß er in Schleswig während einer Zeit (zunächst als Herzog, dann als König) residierte, als sich eine Rosenkreuzergruppe in der Stadt betätigte.

Kann man aus dem königlichen Edikt bereits rosenkreuzerische Toleranz heraushören? Seine Familie sollte sich jedenfalls später mit großem Eifer und Aufwand für die Sache dieser Bruderschaft einsetzen.

Das Ziel der Rosenkreuzer richtete sich auf eine allgemeine Reform, wenn man dies damals auch mehr politisch-gesellschaftlich verstand. Luther löste eine Reformation der christlichen Religion aus. Sein Wappen zierten Kreuz und Rose. Wurde er von Männern wie Christian III. und Johann Rantzau beeinflußt, oder war es, wie die allgemeine Geschichtsschreibung behauptet, umgekehrt (Seligmann, o. J.: 349)?

Luther auf dem Reichstag zu Worms. Ölgemälde von Herrmann Freihold Plüddmann, 1864

III

Johann und Heinrich Rantzau

Johann Rantzau, „dreier (dänischer) Könige oberster Feldherr und Rath" ging als Ritter ohne Furcht und Tadel in die europäische Geschichte ein. Als Sohn des Amtmannes Heinrich Rantzau 1492 auf dem Schloß Steinburg bei Itzehoe geboren, hat er nicht die große Bildung erworben, die später seinen Sohn so berühmt machen

Johann Rantzau,
Schleswig Holsteinische Landesbibliothek

sollte. Doch galt er schnell als erfahrener und kluger Staatsmann, der in vielen außenpolitischen Missionen bemüht wurde.

Nach einem Studium an der Wittenberger Universität unternahm er 1516 eine Bildungsreise, die ihn über England nach Spanien zum Grab des Jakobus von Compostella führte, dann über die Mittelmeerländer nach Jerusalem, wo er am Heiligen Grab zum Ritter geschlagen wurde. Über Rom, wo er Papst Leo X. traf, ging es durch Italien, Frankreich und Deutschland zurück. Zuhause trat er in den Staatsdienst ein, und Herzog Friedrich von Gottorf machte ihn zum Hofmeister und Erzieher seines Sohnes und Erbprinzen Christian. In dieser Eigenschaft besuchte er mit dem Erbprinzen 1521 den Reichstag zu Worms. Die unerschrockene Haltung Luthers vor dem Kaiser machte einen tiefen Eindruck auf beide und bewog sie später, über die sich schnell im Norden ausbreitende Reformation schützend die Hand zu halten.

Herzog Friedrich galt als friedfertiger Fürst, den mehr die Eindeichungen an der Westküste interessierten, bei denen er selbst mit Hand anlegte (Siemonsen, 1984: 134). Im Kampf König Christians II. von Dänemark mit Schweden und der Hanse bat dieser seinen Oheim Friedrich um Beistand. Gleichzeitig aber boten die ernstlich um ihre Privilegien fürchtenden Stände Dänemarks (1523) dem Herzog die Königskrone an. Friedrich entschied sich für die eigene Erhebung und ließ Johann Rantzau als Feldmarschall des holsteinischen Adels gegen

Heinrich Rantzau.
Schleswig Holsteinische Landesbibliothek

den Neffen Christian in den Kampf ziehen. Johann eroberte Jütland und erstürmte Kopenhagen – und damit den Thron. Diesen vom holsteinischen Adel finanzierten Kriegszug sollte der Herzog als König Friedrich I. später allerdings teuer mit Gütern und Vorrechten bezahlen.

Von nun an mußte Johann noch öfter die Heere führen, und er tat es sehr erfolgreich: so 1535, als er den Lübekker Aufstand unter Wullenwever niederschlug, und 1559, als er die Dithmarscher Bauernrepublik endgültig zur Unterwerfung zwang.

Die mit der Säkularisation einher gehenden hohen Besteuerungen von

Kirchengut zwangen Klöster und weltliche Diener der Kirche zum Verkauf von Ländereien größeren Stiles. Nutznießer wurden die reichen Adeligen Schleswigs und Holsteins wie die Rantzaus. So gehörten 1586 dieser Familie 71 Schlösser und Herrenhäuser, und sie stellte die reichste und einflußreichste Familie im Norden dar.

Johann starb, 73 Jahre alt, am 12. Dezember 1565 auf der Breitenburg, und lokalpatriotische Historiker hielten ihn für den „größten Sohn des Landes". Philosophische Naturen würden diese Ehre sicherlich mehr seinem Sohn Heinrich zusprechen.

Heinrich (1526-1598/99), über 40 Jahre Statthalter des dänischen Königs in Holstein, war Jurist, Staatsmann, Dichter, Humanist, Historiker, Künstler, Sprach- und Naturforscher, Agrarwissenschaftler, Baumeister, Gartenarchitekt und Mediziner. Schon als Zwölfjähriger kam er für zehn Jahre zu einem Studium nach Wittenberg, wo er bald bei Luther und Melanchthon aus- und einging.

Durch eine günstige Heirat und das Erbe seines Vaters verfügte er über ein beträchtliches Vermögen, mit dem er u. a. zahlreiche stattliche Schlösser erbaute. Nachweisbar sind auch Kredite von mehreren hunderttausend Talern, die er der Königin von Eng-

Heinrich Rantzau, Epitaphienbild in der Schloßkapelle auf Breitenburg

land, den Städten Gent, Hamburg, Lübeck, Antwerpen und der dänischen Krone mit hohem Zins zur Verfügung stellte. Seinen Amtssitz aber verlegte er auf die Siegburg in Segeberg (Siemonsen, 1984: 144).

Zog einst Johann Rantzau mit dem Prinzen Christian durch die Lande, so reiste Johanns Sohn Heinrich in jungen Jahren mit dem jüngeren Bruder des Prinzen und späteren König Christian III., mit Herzog Adolf von Holstein-Gottorf, umher. Man nannte diesen auch den „wilden Herzog Adolf" – ein offenbar sehr temperamentvoller Herr. Auf ihn werden wir später noch zurückkommen, denn er sollte zu einer Schlüsselfigur der Rosenkreuzerbewegung in Schleswig-Holstein werden.

Heinrich Rantzau und Herzog Adolf verbrachten die Jahre 1548 bis 1553 am Hofe Kaiser Karls V. (Hirschfeld, 1964: 30). Beide mußten offensichtlich ein angenehmes Auftreten haben, denn, obwohl sich beide als Protestanten erklärten, erlangten sie die Freundschaft des erzkatholischen Habsburgers. Von dem Kaiser soll der Satz stammen: „Eher weiche die Sonne aus ihrer Bahn als Rantzau vom Pfade des Rechts" (Siemonsen, 1984: 154). Hier, am Mittelpunkt des Reiches, legten beide die Grundsteine für ihre späteren weitreichenden Verbindungen.

Heinrich wurde auch ein erfolgreicher Geschäftsmann, der auf seinen Gütern nicht nur mittels eigener Schiffsflotte exportorientierte Landwirtschaft betrieb, sondern zudem eine industrielle Produktion schuf und in Korn-, Säge-, Öl-, Papier-, Pulver- und Kupfermühlen investierte. Er ist der Renaissancemensch par excellence, humanistisch gebildet und kunstsinnig, reich und unternehmungsfreudig, mit einer wahrhaft fürstlichen Hofhaltung und weitreichenden Kontakten und Verbindungen.

Mit dem Krieg befaßte er sich mehr als Schriftsteller in einigen historischen und theoretischen Büchern, in denen er auch seinen Vater verherrlichte. Trotzdem besaß er eine Feldherrnrüstung, die er aber später dem notorischen Sammler Kaiser Ferdinand I. nach Schloß Ambras in Tirol schickte. Für unseren Zusammenhang wichtiger ist sein bemerkenswerter Plan von 1591, wobei er Katholiken und Protestanten davon zu überzeugen versuchte, der Frieden setze als Grundlage das Recht auf freie Religionsausübung voraus.

In diplomatischen und privaten Geschäften führte er eine rege Korrespondenz mit zahlreichen Fürsten, Politikern, Künstlern und Wissenschaftlern Europas und beeinflußte die dänische Politik durch seine ausführlichen „Relationen", worin er seine Einsichten, Beobachtungen und Ratschläge mitteilte. Auch zum Heidelberger Hof und zu den Medicis in Florenz hegte er intensive Beziehungen. So konnte Heinrich über diese Beziehungen zu den Zentren des Humanismus auch im Norden einen Kreis von Künstlern und Gelehrten um sich versammeln, der durchaus Akademiecharakter trug (Lohmeier, 1978: 69 f). Zu diesem Kreis zählten u.a. der Däne Tycho Brahe, Marcus Jordanus, Braun und Hogenberg, die Herausgeber einer der bis heute wichtigen Stadtbildsammlungen, Gerhard und Rumold Mercator, Georg Krusius, Adam Tratzinger, Caspar Hoyer, Adam Olearius und der Kunstgoldschmied Jakob Moers, Vater des Rosenkreuzers Joachim Morsius, der uns noch des öfteren begegnen wird (Posselt, 1917: 274).

Peter Hirschfeld (1964: 33) zieht so einen Vergleich zwischen Heinrich Rantzau und dem um ein Menschenalter älteren Kurfürsten Ottheinrich von der Pfalz (1502-1559), beides Humanistenförderer der ersten Stunde.

„ ... Der Abstand der Persönlichkeiten ist zwar ähnlich wie der künstlerische Unterschied zwischen Ott Heinrichs Bau des Heidelberger Schlosses (1556/59) und Schloß Rantzau (1595), aber es ergeben sich Parallelen. Wie Johann und Heinrich Rantzau reiste auch Ott Heinrich in Holland, Frankreich, Italien und Palästina, auch sein Interesse wandte sich außer künstlerischen Bestrebungen der Astronomie, Heraldik, Länderkunde, Botanik und umfassenden Sammlungen zu. Alexander Medici machte ihm Geschen-

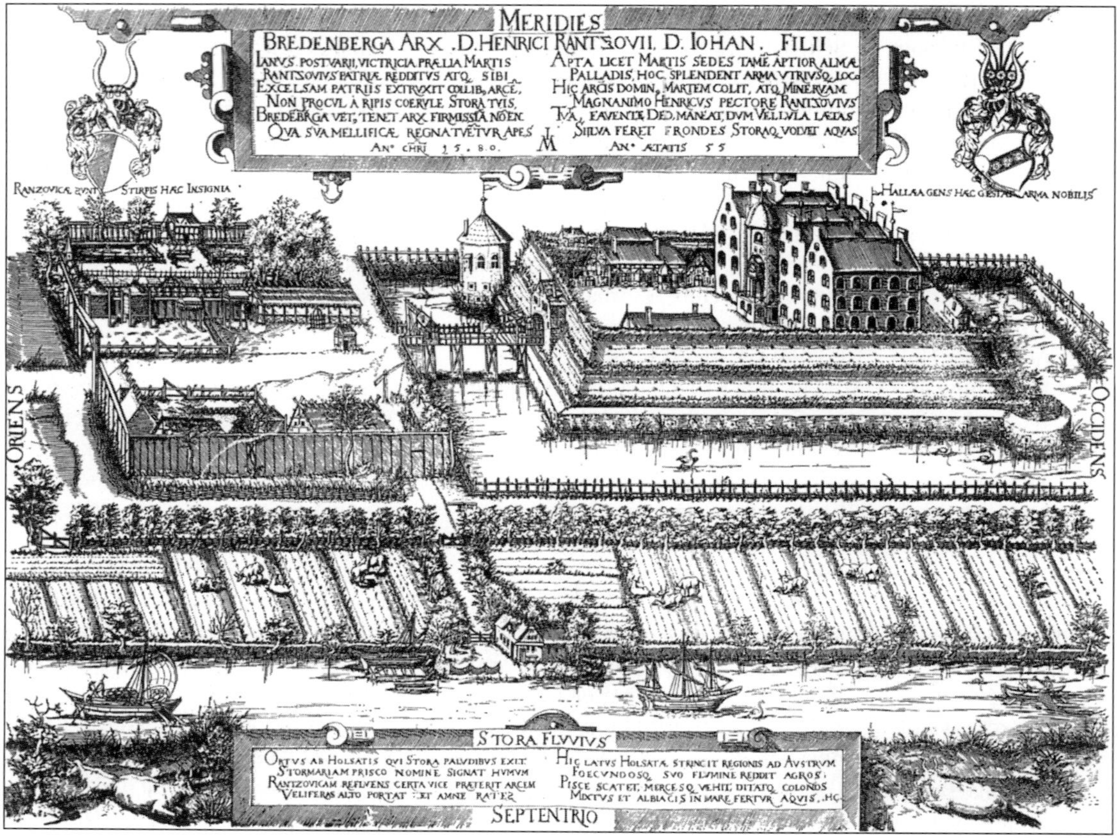

Breitenburg 1590.
Aus: G. Braun / F. Hogenberg *Civitates Orbis Terrarum*, Köln 1572-1618

ke, und Herkules Rottinger kauft für ihn in Rom Kupferstiche – Beziehungen, wie sie auch Heinrich Rantzau dreißig Jahre später unterhielt. Wie Heinrich Rantzau 1558 Brauns „Theatrum Urbium" mit Abbildungsmaterial versorgt, so wendet sich Münster an Ott Heinrich, um für die „Cosmographie universalis" von 1550 ein Bild von Heidelberg zu erhalten. Beide schriftstellern, beide treffen in ihrem Testament besondere Verfügungen über ihre umfangreichen Bibliotheken, die trotzdem später verstreut werden. Bei diesen Parallelen muß man, wie gesagt, die so ganz verschiedenen künstlerischen Mittel beider Männer berücksichtigen; ihre Bautätigkeit ist nicht vergleichbar. Das Kolonialland Schleswig-Holstein trat eben rund vier Jahrhunderte später in die abendländisch-christliche Kulturgeschichte ein als die Gegenden am Rhein. An direkten Beziehungen der beiden Familien fehlte es übrigens nicht: Heinrich Rantzaus Reise nach Heidelberg 1570 wurde schon erwähnt ..."

Es gibt eine weitere Parallele.

Am Schloß Breitenburg befand sich ein wundervoller Park (Irmisch, 1960: 125). Zahlreiche Bildsäulen zierten die Wege und Rasenflächen. Seltene Fische, Schwäne und Ziervögel konnte man in dem gepflegten Park bewundern. Mandelbäume, Lorbeerbüsche, Rhabarbersträucher, Krokusse sowie etliche andere Pflanzen gediehen hier.

Ein ähnlicher Park gehörte zum Heidelberger Schloß: „ ... Ein Gartenarchitekt und Ingenieur, der sich auf allerhand physikalische Kniffe verstand, rang später den steilen Hängen östlich des Schlosses insgesamt fünf übereinander aufgerichtete Terrassen ab und versah sie mit allen nur denkbaren Gartenkünsten. Dieser Salomon de Caus, ein Franzose, den Kurfürst Friedrich V. seinem englischen Dienstherrn abgeworben hatte, muß auf die Zeitgenossen wie ein Teufelskerl gewirkt haben. Was er schuf, wurde rasch berühmter als das ganze Schloß. Der *Hortus Palatinus* gab im Verein mit dem umgewandel-

Hortus Palatinus in Heidelberg,
Stich von Matthäus Merian, 1620.

ten Stückgarten dem Schloß der Kurfürsten von der Pfalz nun jene schmückende Rahmung, deren eine Residenz bedurfte ..." (Heinemann, 1983: 92).

Der Zweck dieses Gartens, den wir mit den späteren auf der Kassel-Wilhelmshöhe und dem Schleswiger Neuewerk vergleichen können, läßt an eine stufenweise Einweihung denken. Auch ohne solche Terrassenanlagen funktioniert rosenkreuzerische Initiation, wie wir wissen. Um aber das uralte Wissen mit dem Ambiente und der Ritualistik längst vergangener Zeiten zu vermitteln, scheute man weder Mühe noch Aufwand. Nur die Liebe und Ehrfurcht zu den traditionellen Symbolen kann den alten „Fratres rosae crucis" die nötige Motivation dazu gegeben haben.

Dort gab es auch eine Herkulesstatue, ein Monument, das uns auf der Suche nach der Bruderschaft immer wieder begegnen wird. Herkules erinnert uns an Jason und die Argonauten, die Suche nach dem goldenen Vlies, dem Symbol des größeren Lichtes, das alle spirituellen Sucher bis heute erstreben, und an die symbolischen zwölf „Taten" unserer spirituellen Fortentwicklung – wahre Herkulesarbeiten. Ob es auch in Breitenburg eine Herkulesstatue gab, konnte ich leider nicht herausfinden.

Auch in Segeberg wußte Heinrich Rantzau Besonderes zu bieten: In der Nähe seines Amtssitzes ließ er eine Pyramide erbauen. Sie wurde einem Bauwerk aus dem Buch *Arcs et monuments antiques* von Du Cerceau (1560) nachgebildet (Hirschfeld, 1964: 34) und im Jahre 1588 errichtet. Er weihte sie dem „dreieinigen Gott und König Friedrich II. von Dänemark". Zwei Jahre später entstand noch ein weiteres Monument, ein Obelisk. Er erhob sich fünfzehn Meter hoch und ließ sich mit dem von Papst Sixtus V. in Rom vor der Kirche S. Maria Maggiore 1587 aufgestellten Exemplar vergleichen (Hirschfeld, 1964: 31 ff).

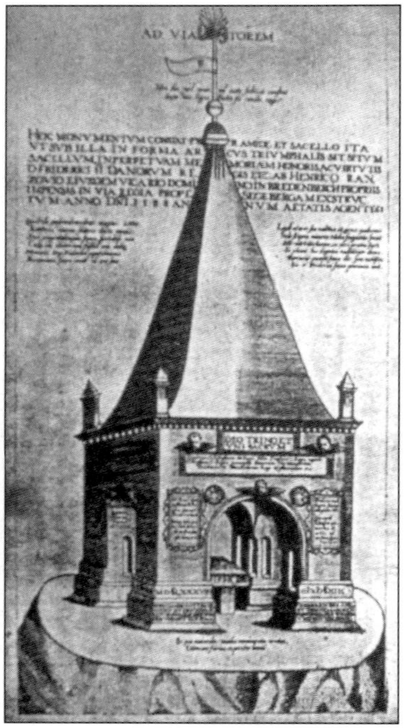

Die Segeberger Pyramide 1583

1598 wird Heinrich nach dem Tode König Friedrichs II. auf Einfluß der Witwe aller Ämter enthoben. Wie schon bei seinem Vater, der allerdings von allen Ämtern zurücktrat, scheint es um die unselige Tradition der erblichen Reichsaufteilungen gegangen zu sein, gegen die sich beide mit aller Vehemenz stemmten. Rantzau zieht sich nach Breitenburg zurück und widmet sich fortan seinen geistigen Neigungen und seinen 48 Kindern, Enkeln und Großenkeln, die dort zeitweise um ihn versammelt sind. In der Neujahrsnacht 1598/99 starb er, und die Rosenkreuzer verloren einen ihrer größten Förderer im Norden.

IV

Herzog Adolf von Holstein-Gottorf

In der Zeit, in der Herzog Adolf mit Heinrich Rantzau am kaiserlichen Hof weilte, hatte sich die Ausgangsposition von Kaiser Karl V. merklich verbessert. Jahrelang mußte er die Protestanten notgedrungen dulden, da ihn schon genügend äußere Feinde bedrängten. 1546 aber war Luther gestorben, die Türken drohten nicht mehr und in Italien herrschte Ruhe. Zwischen dem Papst und dem Kaiser herrschte ein Bündniszustand, wenn auch nicht gerade Einigkeit. Frankreich, das sich wie das übrige Europa vom Schmalkaldischen Bund, in dem sich die protestantischen Fürsten 1531 vereinigt hatten, losgesagt hatte, führte Krieg mit England. Der Schmalkaldische Bund stand praktisch vor einem Scherbenhaufen, ohne Verbündete im Ausland und untereinander zerstritten. Die Protestanten bildeten für den Kaiser also in dieser Zeit keine Gefahr mehr. Bereits 1544 stimmten ihre Stände auf dem Reichstag zu Speyer gegen Frankreich und für den Kaiser.

Im Jahre 1546 fand Karl endlich die Zeit, sich dem Problem der ungeliebten Protestanten zu widmen, und er begann Truppen zu sammeln, um die Lösung in einer Schlacht zu suchen. Doch die Schmalkalder kamen ihm zuvor und griffen als erste an. Karl trug den Sieg davon, weil seine Gegner mehr um den Oberbefehl ihrer Truppen stritten, als die Gunst der Stunde zu nutzen. 1547 ergab sich Landgraf Philipp von Hessen, militärischer Führer und Kopf der Gegner, und wurde von Karl in Haft genommen. Erst 1552 sollte er wieder in Freiheit kommen.

Kurfürst Moritz von Sachsen,
Ölgemälde von Lucas Cranach d. J. um 1578.
Kunstkammer Dresden

Als unsere beiden Freunde, Herzog Adolf von Holstein-Gottorf und Heinrich Rantzau, 1548 die Nähe des Kaisers suchten, standen sie bald im Sold des spanischen Teils der Habsburger Monarchie unter dem Herzog von Alba, einem ausgezeichneten Feldherrn und Befehlshaber der kaiserlichen Truppen, der zu Beginn noch nicht der Schrecken aller Reformierten war, der er einmal werden sollte. Der Protestant Adolf zog im Dienst der erzkatholischen spanischen Krone als Reiteroberst gegen die um ihre Freiheit kämpfenden Niederlande. Wir finden solche Diskrepanzen häufig bei starken Charakteren und müssen lernen, Menschen nur in ihrem Gesamtbild zu beurteilen.

Im Gebiet des heutigen Deutschland schien die Lage eher befriedet. In dieser relativ friedlichen Zeit geschah etwas völlig Unerwartetes: 1552 griff Kurfürst Moritz von Sachsen den Kaiser an. Der Kaiser mußte Hals über Kopf fliehen. Die katholischen Stände versagten ihm die Unterstützung, und er selbst rettete sich nach Kärnten.

Zunächst in Halle und später am Hof seines Vetters, Kurfürst Johann Friedrich in Torgau und Wittenberg, aufgewachsen, gelang Herzog Moritz von Sachsen (1521-1553) ein tiefer Einblick in die reichspolitischen und militärischen Zusammenhänge. Als Ausgleich für die von ihm geforderte und vom Kaiser auch versprochene Kurwürde kam er seinen Bündnisverpflichtungen im Schmalkaldischen Krieg nicht nach und fiel statt dessen in das Territorium seines Vetters ein. Als sich die Schmalkalder nun gegen ihn wandten, wurden sie von Moritz und dem Kaiser vernichtend geschlagen. Moritz erhielt nach diesem Sieg 1547 vom Kaiser im Feldlager von Mühlberg die sächsische Kurwürde des besiegten und gefangenen Kurfürsten Johann Friedrich verliehen. Er heiratete Agnes, Tochter des protestantischen Landgrafen Philipp von Hessen und Schwester von Wilhelm IV.

Die Auseinandersetzungen im Reich für seine persönlichen Machtinteressen ausnutzend, machte er sich zum militärischen Führer der Protestanten sowie zum Anwalt fürstlicher Freiheitsbestrebungen. So nutzte er eine augenblickliche Schwäche des Kaisers, bedrängte ihn und erreichte, daß dieser Philipp von Hessen aus der Haft entließ und sich verhandlungsbereit erklärte.

Moritz starb im Alter von 32 Jahren während einer Schlacht in Sievershausen bei Braunschweig tödlich durch einen Schuß verwundet. Die Geschichte nennt ihn einen ehrgeizigen, skrupellosen, religiös völlig gleichgültigen Typus von Landesherrn, dem es nur um persönliche Machtentfaltung ging, der aber letztendlich mit Gewalt den Passauer Vertrag und damit das Recht auf freie Religionsausübung erzwang. Ob dies so stimmt oder ob ihn auch andere Momente bewegten, ist heute noch nicht erforscht. Schließlich heiratete er in eine einflußreiche und einflußnehmende Rosenkreuzerfamilie ein, auf die wir noch zu sprechen kommen.

Herzog Adolf und Heinrich Rantzau blieben noch bis 1553 (Hirschfeld, 1964: 30) im kaiserlichen Dienst. Gehörten sie vielleicht zu den wenigen, denen der Kaiser noch vertrauen konnte?

Herzog Adolf von Holstein-Gottorf 1544-1586.
Gemälde auf Schloß Eutin

In der Zeit von 1548 bis 1553 weilten die beiden Freunde des Kaisers an den kaiserlichen Höfen in Brüssel, Metz, Augsburg und Innsbruck. Hier lernten sie die große Politik und viele einflußreiche Leute kennen.

Als 1558 in England die gegenreformatorische „Maria die Blutige" starb, folgte ihr Elisabeth I., die wieder auf der Seite der Protestanten stehen sollte. 1560 reiste Adolf nach England und hielt um die Hand Elisabeths an (Hirschfeld, 1964: 36). Elisabeth aber blieb, wie die Geschichtsschreiber es mehr wohlwollend als treffend behaupteten, jungfräuliche Königin. Sie tröstete Adolf allerdings mit dem Hosenbandorden, der höchsten Auszeichnung der englischen Krone mit durchaus starken esoterischen Bezügen. Die Englandreise und der Aufenthalt am Hofe Elisabeths führte aber auch sicher zu Kontakten mit den Gelehrten, die damals für die geistige Blüte des Inselreichs sorgten, u. a. vielleicht sogar zu Kontakten mit den dortigen Rosenkreuzern.

Von der Existenz der Rosenkreuzer am Hofe Elisabeth I. in London wissen wir durch die Verbindung des Landgrafen Wilhelm IV. von Hessen-Kassel (Crux Rosae, 1980: 131 ff) zu ihnen. Der Lehrer und Berater Elisabeths, John Dee, hatte viel für die Verbreitung des Ordens unternommen. Auch sein später veröffentlichtes Tagebuch läßt keinen Zweifel an seiner geistigen Nähe zu dieser Bruderschaft. Herzog Adolf von Holstein-Gottorf heiratete im Jahre 1564 nun ebenfalls eine Schwester des Landgrafen Wilhelm IV. von Hessen-Kassel, Christine. Diese für die Entwicklung des Ordens vom Rosenkreuz in Europa äußerst wichtige Verbindung (Hirschfeld, 1964: 36) führte in den folgenden Jahrhunderten zu zwei Zentren rosenkreuzerischer Aktivität: den Raum Kassel und Schleswig-Holstein.

Diese beiden nun verwandten Familien wurden nicht nur große Förderer des Ordens, sondern besonders auch der Wissenschaften, die damals ebenfalls einer allgemeinen Reform bedurften. Die *Fama fraternitatis*, die noch erwähnt werden wird, prangerte diese Mißstände an, und so mancher las darin einen Aufruf an den europäischen Adel, diese Reform baldigst in Angriff zu nehmen.

Adolf von Holstein-Gottorf war als Regent ein tüchtiger und gestrenger Herr. Er sorgte für die Wohlfahrt des Landes, nahm Eindeichungen in der Marsch vor und stützte Rechtswesen, Kirche und Schule (Rumohr, o. J.: 142). Als einer der ersten hatte er den genialen Plan, Nord- und Ostsee durch einen Kanal zu verbinden. Doch scheiterte dies offensichtlich am mangelnden Interesse oder am Widerstand der anderen Anrainerstaaten (Hirschfeld, 1964: 36). Mit Adolfs Amtsübernahme begann die große Zeit Gottorfs, die etwa eineinhalb Jahrhunderte dauerte. Die langjährigen und offensichtlichen großen militärischen Verdienste bei den Habsburgern brachten ihm eine jährliche Pension von wohl mehreren tausend Talern ein, die er u. a. für den Renaissanceausbau von Gottorf und Kiel anlegte, aber auch für den Bau weiterer Schlösser (Tönning, Husum, Reinbek). 1559 unterwarf er die Bauernrepublik der Dithmarscher, zwar gegen ihren Willen, aber vielleicht letztendlich doch zu deren Wohl, denn die notwendigen Eindeichungen hätte das kleine Ländchen aus eigener Kraft kaum zuwege gebracht.

Seit 1558 hieß der Kanzler Holsteins Tratzinger. Tratzinger, ein guter Freund Heinrich Rantzaus, besaß wie dieser eine umfangreiche Bibliothek, eine entsprechende Bildung und große Fähigkeiten. Leider vermochte dieser Gebildete seine Denkweise oft nur schwer und vor allen Dingen akzeptabel vermitteln. Tratzinger genoß nicht gerade Beliebtheit, denn er gewöhnte sich daran, seinen Willen durchzusetzen, wobei er allerdings die Politik des Herzogs stärkte.

Gegen den Herzog lehnte sich nämlich u. a. die protestantische Kirche auf, deren Geistliche auch nach dem Wechsel der Konfessionen in ihrem Autoritäts- und Machtstreben verhaftet blieben.

1567 errichtete Herzog Adolf ein Pädagogikum nach Art einer Universität in Schleswig. Diese Schule unterstand nicht der Kirche. Als die

Schleswiger Geistlichkeit sich dagegen wehren wollte, wurden der Archidiakonus und zwei Magister des Domkapitels verhaftet. Seitdem begegnete man dem Herzog mit mehr Respekt von Seiten der Kirche. An der Verhaftungsaktion soll Tratzinger maßgeblich beteiligt gewesen sein (Philippsen, 1928: 29 ff).

Hier war ein Mann, der mit starker Hand für Ruhe und Ordnung sorgte. Man erkennt den roten Faden, der die Ziele der Reformer markierte: eine allgemeine Änderung des Bildungswesens und die Förderung der Wissenschaft. Immer wieder stellte sich die Kirche, egal ob katholisch oder protestantisch, dem entgegen. In Schleswig-Holstein wurde sie hart in ihre Grenzen verwiesen, wenngleich sie dort, wo sie seelsorgerisch und sozial zum Segen des Volkes diente, alle Förderung erfuhr.

Herzog Adolf erreichte ein für damalige Verhältnisse würdiges Alter. 1586 trat er mit sechzig Jahren zurück. Sein Sohn Friedrich folgte als Friedrich II. im Amt, während sein Sohn Johann Adolf das Bischofsamt in Eutin übernahm. Die Kirche sollte im Sinne des Hauses Holstein-Gottorf geführt werden.

Von katholischer Seite verfolgte man andere Pläne. Den Herren des Domkapitels, vornehmlich aus holsteinisch-wagrischem Adel, drohte mit einem weltlichen Fürstentum lutherischer Prägung der Verlust ihrer einträglichen Ämter. So warb das Lübecker Domkapitel um die Gunst des Hauses Holstein-Gottorf und versprach, künftig ihre Bischöfe aus diesem protestantischen Geschlecht zu wählen. Aus dieser Tatsache erklärt sich auch die Existenz einer noch heute bestehenden „Landeskirche Eutin".

Als Johann Adolf vom Lübecker Domkapitel zum Bischof gewählt wurde, war er gerade elf Jahre alt. Die Lübecker erkannten den Bischof zwar in seinem Amt an, gestanden ihm aber kaum Einfluß auf das kirchliche Geschehen zu. Dies aber lag im Bestreben des Hauses Holstein-Gottorf. Trotz diesbezüglicher Reibereien – auf Johann Adolf folgten Johann Friedrich und Hans von Gottorf als Bischöfe – legte man 1647 vertraglich fest, daß Lübeck seine Bischöfe ausschließlich aus den Hause Gottorf zu wählen hätte.

Nicht nur in Deutschland, auch in Frankreich war es zur Kirchenspaltung gekommen. Weil die Minderheit, die Anhänger der Reform (Hugenotten), überwiegend zur Intelligenz und zu den sozial Bessergestellten gehörten, wuchsen die Spannungen zwischen Katholiken und ihren Gegnern zu wahren Klassengegensätzen. Das Toleranzedikt von St. Germain aus dem Jahre 1562 sagte den Hugenotten freie Religionsausübung außerhalb der Städte zu. 1570 wurde das Toleranzedikt erweitert und Katholiken mit Hugenotten gleichgestellt.

Die Spannungen waren damit aber nicht beseitigt. Es schwelte im Volk, und der Haß staute sich, bis es zu jenem furchtbaren Ausbruch kam. Am 24. August 1572, in der sogenannten Bartholomäusnacht, brachten Katholiken in einem wahren Blutrausch alle Hugenotten um, deren sie habhaft werden konnten. Auch der Philosoph und Geistesfreund des Rosenkreuzers John Dee, Ramus, kam in dieser Nacht ums Leben. Haß erzeugt Gegenhaß, die Zeit der Hugenottenkriege begann, aber auch die Zeit der Massenauswanderung hugenottischer Siedler vor allem in die deutschen Länder, die das reformierte Bekenntnis, den Calvinismus, angenommen hatten.

König Heinrich von Navarra bemühte sich, alle nicht-katholischen Religionsparteien gegen den gemeinsamen Feind (Kaiser und Papst) zu vereinen. Er plante dazu eine Versammlung der unter der sogenannten MCE („Militia Crucifera Evangelica") operierenden Orden und Organisationen und schickte 1583 eine Gesandtschaft an die Höfe von Kassel und Dresden. Das Haupt dieser Gesandtschaft, Jacobus Segurius Pardelianus, wie er sich selbst nennt, oder Jakob Seguer von Pardillien, ein schwärmerischer Verehrer seines großen Königs, korrespondierte viel mit dem Führer der Calvinisten in Norddeutschland, Christoph Petzel in Bremen, ein Schüler von Melanchthon, insbesondere über die damaligen Ereignisse in Frankreich.

Einen weiteren Melanchthon-Schüler müssen wir hier erwähnen: Kaspar Peucer (1525-1602), Schwiegersohn Melanchthons und Konfessor des Melanchthonismus, Arzt, Polyhistor, Dichter und Kirchenpolitiker. Durch Einheirat in die Melanchthon-Familie muß er ein besonders enges Verhältnis zu seinem Lehrer und Schwiegervater gehabt haben. Auch er hatte sich neben humanistischen, philosophischen, historischen und theologischen Studien mit besonderem Eifer dem Studium der Mathematik, Astronomie, den Naturwissenschaften und der Medizin hingegeben. Interessant sind gemeinsame Studien von Melanchthon und Peucer auf dem Gebiet der Periodeneinteilung in der Geschichte und vorausschauend für die in der Bibel vorausgesagten Zeitgeschehen, bzw., was man dafür hielt. Melanchthon und Peucer rechneten hier mit Zeiteinheiten von 500 Jahren zu je 70 prophetischen Wochen und einen Wochentag als ein Jahr. Will-Erich Peuckert berichtet davon (1973: 353, Anm. 6) und bemerkt, daß auch Plieninger so rechnete und ebenso Simon Studion. Auch Studion, der immer wieder mit dem Konvent der Militia Crucifera Evangelica in Lüneburg von 1586 in Zusammenhang gebracht und gelegentlich als Rosenkreuzer bezeichnet wird, scheint geistig nicht weit von Melanchthon und Peucer entfernt zu liegen. Studion wurde 1543 in Urach in Württemberg geboren, erlangte 1565 zu Tübingen die Magisterwürde und lehrte in Marbach und Ludwigsburg. 1604 erschien sein Buch *Naometria*, welches von der Rose und dem Kreuz berichtete. Studions Freund, Tobias Hess, finden wir später im Kreis um Johann Valentin Andreae wieder.

Neben Studion reist auch ein weiterer Schüler Melanchthons nach Lüneburg, der spätere Konrektor am dortigem Johanneum, Lukas Lossius (1510-1582). Er wirkte hier bis an sein Lebensende als Humanist und Schriftsteller.

Es gab also einen kleinen Kreis von humanistischen Melanchthon-Verehrern in Lüneburg. Weil Simon Studions „naometrische Arithmetik" sich mit den Rechnungen Melanchthons und Peucers weitgehend vergleichen läßt, dürfte es erlaubt sein, seinen „Ritterbund der Kreuzesträger des Evangeliums" oder der „Kreuzgezeichneten" in jener Ecke zu suchen. Vielleicht gab es hier auch einen Stützpunkt von Rosenkreuzern. Morsius hielt sich jedenfalls bereits 1622 in Lüneburg auf, von wo aus er mit Johann Staritius, Balthasar Walter und Leonhard Elver dann nach Lübeck reiste.

Am 27. Juli 1586 (nach Frick am 17. Juli 1586) berief der Hugenotte und spätere König Heinrich Bourbon den Lüneburger Konvent ein, an dem sich Elisabeth I. von England, Friedrich II. von Dänemark und andere Fürsten vertreten ließen, wenn sie nicht persönlich teilnahmen. Auf diesem Konvent wurden alte Doktrinen und Dokumente enthüllt, so z. B. die geheimen Lehren der Essener als Teil der Großen Weißen Bruderschaft und als Regeln, Ordnungen, Lehren und Gebräuche der MCE angenommen worden sein (Lewis, 1975: 228). Dr. Harvey Spencer Lewis, der erste Imperator des A. M. O. R. C., behauptet weiter, alle Konventprotokolle seien 1604 in dem schon bekannten Werk *Naometria* veröffentlicht worden.

Als Verwandter des Königs von Frankreich zählte Heinrich von Navarra seit seinem zehnten Lebensjahr zu den Rittern des neutemplerischen Ordens des heiligen Michael (Castelot, 1987: 36). Damit war auch dieser Orden auf dem Konvent vertreten. Wenn wir davon ausgehen, daß es sich aller Wahrscheinlichkeit nach um eine Klausurtagung handelte, wird sie sicherlich im Michaeliskloster stattgefunden haben. Damaliger Abt des Klosters ist der gleichzeitige Bischof von Lübeck, Eberhard von Holle, auf den wir noch zurückkommen.

Die Militia Crucifera Evangelica, von Hans Schick als Sekte bezeichnet, war eigentlich keine Abspaltung, was der Begriff Sekte bedeuten würde, sondern mehr eine Dachorganisation, die sich zur Aufgabe gesetzt hatte, humanitäre Aufgaben und Bestrebungen im Zeichen des Kreuzes und der Christuslehre durchzuführen (Lewis, 1975: 232). Schon jahrhundertelang vorher stellte diese Organisation eine sehr geheime Körperschaft einiger hundert Männer dar, welche die Tätigkeiten verwandter Vereinigungen überwachten und leiteten. Dazu gehörten auch die Hospitaliter und andere Ritterorden. In einem zweiten Band hoffen wir ein wenig näher auf die lange von Frankreich aus operierende und hinter allen Orden und Geheimgesellschaften stehende Vorläuferorganisation der MCE wie auch zu den Ereignissen in Lüneburg eingehen zu können Will-Erich Peuckert nennt den Bund „Crucesignati". Ob eine Identität vorliegt, bleibt unklar. Vielleicht sind die Crucesignati nur eine der templerischen MCE angeschlossene Bruderschaft.

Vier Jahre später wurde Heinrich König von Navarra und unter der Voraussetzung zusätzlich König von Frankreich, daß er zum Katholizismus übertrat. Heinrich tat diesen Schritt, um den inneren Frieden Frankreichs wieder herzustellen. 1598 wurde das Recht der Hugenotten durch das Edikt von Nantes geschützt. Doch die Konfliktherde schwelten noch lange.

Heinrich IV., König von Frankreich

V

Die Fama Fraternitatis

Der schwäbische Theologe Johann Valentin Andreae (1586-1654) arbeitete nach eigenen Angaben in den Jahren 1605 bis 1607 an seiner Schrift *Chymische Hochzeit: Christiani Rosenkreutz. Anno 1459*, die allerdings erst 1616 in Straßburg erschien (Wollgast, 1988: 307). Es handelt sich um die symbolische Darstellung eines mystischen Weges, dessen Pilger, ein Christian Rosenkreutz, nichts mit dem Vatter C. R. C. gemein hat, um den es in der Schrift *Fama Fraternitatis* geht. Eine vollständige Darstellung des Inhaltes und der Entstehungsgeschichte wird in einem kurzen Kapitel nicht möglich sein.

Die ältesten uns bekannten Handschriften haben den schlichten Titel:

FAMA FRATERNITATIS
oder
Bruderschafft deß
Hochloblichen Ordens
Roseae Crucis
An die Haupter, Stande
vnd Gelerten Europae

Im Text dieser Schrift offenbart sich die Fraternität (Bruderschaft) des R. C. und entbietet zunächst allen Lesern Gruß, Liebe und Gebet. Der weise und gnädige Gott habe in den letzten Tagen seine Gnade und Güte reichlich über das menschliche Geschlecht ausgegossen, auf daß sich die Erkenntnis seines Sohnes und der Natur mehr und mehr erweitere und hocherleuchtete *Ingenia* auferstehe (Ingenium = Naturanlage, Gemütsart, Geisteskraft, Begabung, usw.). Diese *Ingenia* würden die zum Teil verunreinigte und unvollkommene Kunst wieder zurecht bringen, den Mensch seine Herrlichkeit verstehen zu lassen, in welcher Weise er Mikrokosmos sei und wieweit sich seine Kunst in der Natur erstrecke.

Dann ist von einem weiland andächtigen, geistlichen und hocherleuchteten Vatter Fr. C. R. die Rede, einem Teutschen und der Fraternität Haupt und Anfänger. Als Fünfjähriger in ein Kloster gesteckt, tritt er als Jugendlicher eine Pilgerfahrt mit Bruder P. A. L. über „Cypern" und Damaskus (im Text findet sich Damcar, doch beides bietet eine sinnvolle esoterische Bedeutung) zum Heiligen Grabe an, auf der er sich das Wissen des Orients aneignet. Nach Jahren des Studiums arabischer Weisheit erscheint ihm Jerusalem nicht mehr so wichtig, und nach der Rückkehr über Ägypten und Fes, stößt er in Spanien bei seinem Versuch, dieses Wissen abzugeben, auf Ablehnung und Unverständnis. Er kehrt schließlich nach Deutschland zurück und bringt sein Wissen zu Papier. Weitere Fratres nimmt er in sein Haus auf und sendet sie später in verschiedene Länder. Für sich selbst baut er ein siebeneckiges Mausoleum.

Wichtiger Bestandteil dieser kleinen Schrift bildet die spätere Wiederentdeckung des Grabes von nunmehr Fr. C. R. C. Es endet mit den Worten: „Es

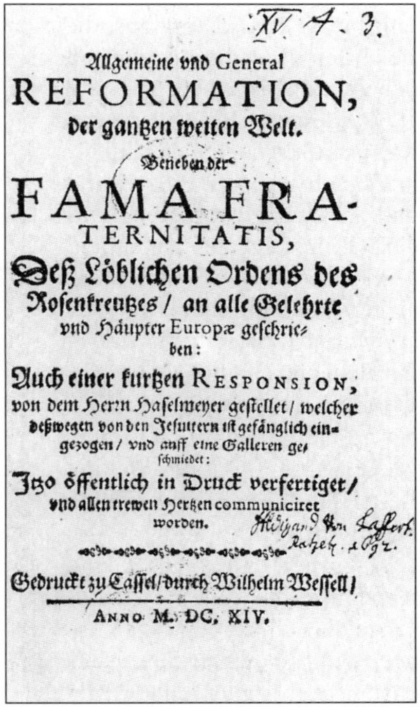
Allgemeine vnd General
REFORMATION,
der gantzen weiten Welt.
Beneben der
FAMA FRATERNITATIS,
Deß Löblichen Ordens des Rosenkreutzes / an alle Gelehrte vnd Häupter Europæ geschrieben:
Auch einer kurtzen RESPONSION, von dem Herrn Haselmeyer gestellet / welcher deßwegen von den Jesuitern ist gefänglich eingezogen / vnd auff eine Galleren geschmiedet:
Itzo öffentlich in Druck verfertiget / vnd allen trewen Hertzen communiciret worden.
Gedruckt zu Cassel / durch Wilhelm Wessell /
ANNO M. DC. XIV.

Fama Fraternitatis,
Originalausgabe, Kassel 1614

soll auch wohl vnser Gebäw, da es auch hundert tausendt Menschen hatten von nahem gesehen, der gottlosen Welt in Ewigkeit ohnberühret, ohnzerstöret, vnbesichtigt vnd wohl gar verborgen bleiben. SUB UMBRA ALARUM TUARUM JEHOVA (Unter dem Schatten Deiner Flügel, Jehova!)."

Im Frühjahr 1995 richteten die Bibliotheca Philosophica Hermetica Amsterdam und die Herzog August Bibliothek in Wolfenbüttel daselbst eine Ausstellung aus, die sich den rosenkreuzerischen Schriften zwischen 1610 und 1660 widmete. Im Mittelpunkt stand natürlich auch die aktuelle Forschung um Entstehung und Autorschaft der *Fama*, aus der wir im folgenden schöpfen.

Während der Zeit (1605-1607), als Andreae an seiner *Chymischen Hochzeit* schrieb, war er mit Benedikt Figulus (1567- um 1615, Arzt und von ihm als Globetrotter beschimpft) und dem Alchemisten Christoph Welling (1588- um 1650) bekannt. Auch die Freundschaft Andreaes zu Tobias Hess (1558-1614) und Abraham Hölzl (um 1580-1651) soll zu dieser Zeit begonnen haben (Wollgast, 1988: 107). Wollgast zitiert van Dülmen, der meint, die *Fama* – um die es hier geht – sei ein Gemeinschaftswerk von Andreae, Hess und Hölzl, wobei Hölzl für die Zusammenstellung und Verbreitung der Texte zuständig gewesen sei (Wollgast, 1988: 304).

Im Jahre 1607 lernten sich dann Benedikt Figulus und Adam Haslmayr (1562 - nach 1626) kennen (Gilly, 1995: 38). Haslmayr, in Bozen geboren, war katholischer Pfarrschullehrer und Musiker. Etwa 1586 erhielt er „von einem guten Freund" ein Exemplar der *Philosophia Sagax* des Paracelsus.

Christoph Besold, 1631: Aus: Cimelia Rhodostaurotica, Amsterdam 1995

Carlos Gilly, Autor und Herausgeber des Kataloges besagter Ausstellung in Wolfenbüttel, vermutet, dieser Freund sei ein gewisser Lorenz Lutz gewesen. Angeregt durch diese Schrift „bekehrte" sich Haslmayr 1594 nach einem langen Wandlungsprozeß zum Paracelsismus. Die Herausgabe eines kleinen Traktates im Jahre 1603 führte zu einem Verhör in Innsbruck und zur Entlassung aus der Pfarrschule. Hinfort arbeitete er als Notar, Übersetzer alchemistischer Schriften, Chymicus und spagyrischer Mediziner in Schwaz/Tirol (östlich von Innsbruck) und Umgebung (Gilly, 1995: 30). Nach eigenen Angaben (Unterthenigste Verantwortung v. 28.01.1611) hatte Haslmayr eine Handschrift der *Fama* im Jahre 1610 in Tirol erhalten. Diese *Fama* aber ist mit der später als Druck erschienenen (Kassel 1614) noch nicht identisch.

Auch im hohen Norden, in Dänemark, hatte der Däne Ole Worm ein Jahr später (1611) eine Abschrift der *Fama* in Besitz. Er will sie von einem berühmten Chemiker einer deutschen Universität erhalten haben, wobei Gilly vermutet, es handele sich um Johannes Hartmann (1568-1631) in Marburg (Gilly, 1995: 29).

Logisch würde es erscheinen, wenn Haslmayr zu diesem Zweck die *Fama*-Handschrift von Tobias Hess über seinen Freund Benedikt Figulus zugespielt bekommen hätte. Daß einige Passagen der *Fama* Geistesgut des Tobias Hess sind, gilt praktisch als erwiesen. Dabei handelt es sich um seine apokalyptischen Berechnungen und seine Erwartung eines dritten Zeitalters des Geistes nach dem bevorstehenden Untergang des Papsttums, „weil die Zeit nah sein muß und häuffig Wunder und groß bedeuttliche Zeichen eins über ander neben dem trigono igneo gesehen und gehöret worden, welche in die Schrifft geführet ..."(Gilly, 1995: 37 f).

Es ist verständlich, wenn man trotz aller Widersprüche die Entstehung der *Fama* nach Tübingen verlegen will, wo seit etwa 1608 ein Freundeskreis existierte, zu dem u.a. auch Hess, Hölzl und Andreae gehörten, denn die Gedanken dieser Freunde spiegeln sich in Teilen der *Fama* wider. Was aber den Kern der *Fama* angeht, die Überlieferung, Sage oder symbolische Vita vom Vatter C. R. C., so hatten die Tübinger Freunde selbst keine Ahnung über deren Herkunft und rätselten diesbezüglich herum, ob es der Bericht von einem älteren Rosenkreuzertum sei oder eine rein symbolische Darstellung. Christoph Besold (1577-1638), ein weiteres wichtiges Mitglied dieses Tübinger Kreises, schrieb nach 1624 in sein gedrucktes Exemplar der *Fama*: Autorem suspicor J. V. A. (als Verfasser vermute ich Johann Valentin Andreae). (Gilly, 1995: 62)

Selbst damals also kursierten nur Vermutungen über diesen Text, der die Gemüter in ganz Europa so erregte! Daß der Kern der *Fama* nicht auf historischer Basis fußt, schließt man u. a. aus dem Bericht, die Schriften des Paracelsus hätten sich nach Angaben der *Fama* im Grab des 1484 verstorbenen Vatters C. R. C. befunden. Paracelsus lebte aber erst von 1493/94 bis 1541. Allerdings könnten die Paracelsus-Passagen von den Paracelsisten hinzugefügt worden sein, die offensichtlich zu Anfang des 17. Jahrhunderts den Text bearbeiteten.

Der Tübinger Freundeskreis verlegte sich schließlich darauf, den Kern der *Fama* für das Testament eines älteren Rosenkreuzertums anzusehen. Man wird kaum auf Anhieb erkannt haben, was dieser Text alles verborgen hielt. Auch heute noch bliebe es denkbar, daraus bisher noch unentdeckte Geheimnisse und Botschaften wie Überlieferungen zu entschlüsseln. Sie gilt heute als die einzige Schrift, welche die Vollständigkeit der Rosenkreuzerlehren beinhaltet und sie gleichzeitig auch bewahrt. Und wer sie zu lesen weiß, entdeckt auch die Informationen darüber, daß der Text schon lange vorher aufgezeichnet wurde. Doch die Tradition symbolhafter Sprache unter Benutzung kabbalistischer Verkürzungen macht es den meisten Menschen schwer, hinter die eigentliche Bedeutung des Textes zu kommen.

In diesem Zusammenhang sollte erwähnt werden, daß Tobias Hess im Jahre 1605 seinem Landesherrn Friedrich von Württemberg die Rolle des Vorkämpfers der politischen Weltreformation zugedacht hatte (Gilly, 1995: 36). Hess' Gedanken in der *Fama* könnten also politisch motiviert sein und in Zusammenhang mit dem Lüneburger Konvent von 1586 stehen, den König Heinrich von Navarra (seit 1589 auch König von Frankreich als Heinrich IV.) einberufen hatte. An diesem Konvent soll auch Simon Studion (1543- um 1606) teilgenommen haben (Schick, 1942: 161 f). Daß die Crucifera Milita Evangelica, die Heinrich von Navarra zusammenrief, etwas mit den Rosenkreuzern zu tun haben könnte, weist Gilly (1995: 21) zurück. Das „Rosenkreuz" in Studions *Naometria* habe eher etwas mit dem Protestantismus (vergl.: Lutherrose) zu tun. Dennoch sollte man die Freundschaft Studions mit Hess in Betracht ziehen. Beide vertraten gleichartige Ideen. Die Ankunft eines neuen – protestantischen – Reiches wurde erwartet, Studion und Hess sahen bereits die Zeichen!

Tatsächlich wurden hierzu im Winter 1609/1610 bereits die Weichen gestellt. In Paris weilte Christian I. von Anhalt-Bernburg (1568-1630), Kanzler der Pfalz, zu Gast bei oben genanntem König Heinrich IV. von Frankreich. Seit 1592 waren Christian und Heinrich befreundet. Beide planten einen großangelegten europäischen Waffengang gegen die katholischen Habsburger Mächte. Anschließend reiste Christian nach Den

Christian I. von Anhalt-Bernburg,
Kanzler und Rosenkreuzer.
Unbekannter Maler, um 1600

Haag, wohl in der gleichen Angelegenheit. Die Vorbereitungen liefen auf Hochtouren.

Heinrich IV. wurde am 14. Mai 1610 ermordet. Damit starb vorerst auch die große Unternehmung der vereinten protestantischen Mächte, das Projekt des Lüneburger Konvents auf der „öffentlichen politischen Bühne" (Frick, 1975: 287). Aber die *Fama* war als Handschrift bereits in Umlauf. Wenn wir das In-Umlauf-bringen der *Fama* als einen geplanten politischen Schachzug ansehen, muß er von den Hauptakteuren mitausgelöst und mitverantwortet worden sein. Diese wären in diesem Falle Heinrich IV. von Frankreich und Christian I. von Anhalt-Bernburg gewesen. Bereits 1606 hatte es ein Treffen der beiden in Frankreich gegeben. Man stimmte die Politik aufeinander ab. Was die Beziehung der beiden zu den Rosenkreuzern angeht, so sei daran erinnert, daß Christian von Anhalt am Kasseler RC-Kapitel von 1601 teilgenommen haben soll. Ob Heinrich IV. und die Militia Crucifera Evangelica nicht vielleicht doch mit den Rosenkreuzern zu tun hatten?

Sehen wir zunächst, wie es weiterging: Über Figulus hatte Haslmayr Anfang 1611 Carl Widemann kennengelernt, der ihn kurz darauf Fürst August von Anhalt-Plötzkau (1575-1653) vorstellte. Fürst August, ein Bruder von Christian von Anhalt und Fürst Ludwig von Anhalt-Köthen, dem Begründer der „Fruchtbringenden Gesellschaft", hätte Haslmayr gerne zum Vorsteher seines alchemistischen Laboratoriums gemacht, doch Haslmayr wollte lieber in seine

Heimat zurück. Im Dezember 1611 weilte er aber wieder bei Fürst August in Zerbst und überreichte ihm eine Abschrift der *Fama*. Der Fürst war von dieser Schrift begeistert (Gilly, 1995: 32, 40).

Im März 1612 erscheint dann eine *Antwort An die lobwürdige Brüderschafft der Theosophe von RosenCreutz N. N. vom Adam Haselmayr Archiducalem Alumnum, Notarium seu ludicem ordinarium Caesareum, der zeyten heyligen Creutz Dörflein bey Hall in Tyroll wohnende. Ad Famam Fraternitatis Einfeltigist geantwortet. Anno 1612. Getruckt im Jar/Anno 1612.*

Und etwa einen Monat später verfaßt Haslmayr eine Schrift namens *Theosophia Decretalis*, in der er Fürst August von Anhalt-Plötzkau zum künftigen Imperator der Rosenkreuzer ausruft. Dieser lehnt aber ab.

Haslmayr weiß nicht, wer die wirklichen Rosenkreuzer sind. Es muß Gerüchte gegeben haben, daß man diese in Südfrankreich finden könne (oder wenigstens Hinweise über die älteren Brüder). Daher beschließt er im gleichen Jahr, nach Montpellier zu reisen. Vor der Abreise empfiehlt er sich noch seinem Landesherrn Erzherzog Maximilian von Tirol an, den er für seinen Beschützer hält und wendet sich an die Tiroler Hofkanzlei. Dort aber liegt bereits ein Haftbefehl gegen ihn vor. Statt nach Montpellier ging die Reise nun nach Genua, wo er viereinhalb Jahre auf der Galeere rudern mußte. Auch Figulus wurde verhaftet und hatte noch einige Monate länger zu rudern als sein Freund Haslmayr (Gilly, 1995: 33, 37 f).

In Marburg erschien dann 1613 ein Schulbuch von Johann Combach, in dem ein herzlicher Gruß an die Bruderschaft vom Rosenkreuz mit einer Danksagung für das in der *Fama* angekündigte Reformprogramm abgedruckt ist (Gilly, 1995: 42).

Auch das Geschehen an der Universität Leiden muß uns interessieren. Thomas Erpenius (1584-1624), ein Schüler des französischen Altertumsforschers Joseph Justus Scaliger (1540-1609), erlangte 1608 dort den Doktortitel. Er reiste daraufhin nach London, Paris, Genf und Heidelberg, um die orientalische Literatur in den berühmten Bibliotheken zu studieren. 1612 kam er in die Niederlande zurück und erhielt im folgenden Jahr (1613) die Professur für orientalische Sprachen in Leiden. Leiden war – wie Heidelberg – ein Zentrum des europäischen Humanismus. In seiner Antrittsrede wertete Erpenius die arabische Kultur höher als die griechisch-römische (Lademacher, 1993: 320). Er und die Leidenener Humanisten sahen sich im Einklang mit der *Fama*, speziell mit der Legende vom Vatter

Schloß Weissenstein (heute Wilhelmshöhe).
Gemälde von J. H. Tischbein d. Ä. um 1766. (Schloß Fasanerie, Eichenzell).
Eines der wenigen Bilder des 1606-1610 von Landgraf Moritz errichteten ersten Schloßbaus.

C. R. C. und dessen Erfahrung, daß die arabische Wissenschaft derzeit der christlich-abendländischen weit überlegen wäre. Man versuchte sich in die rosenkreuzerische Tradition zu stellen, was darin gipfelte, daß z. B. der Erpenius-Schüler Golius (Jacobus Gool 1596-1666) mehrfach nach Marokko reiste, wo sich laut *Fama* jährlich Wissenschaftler zum Erfahrungsaustausch trafen. Golius lehrte nicht nur orientalische Sprachen, er war auch Mathematiker und Begründer der Leidener Sternwarte (zu Golius: Lademacher, 1993).

Ein anderer Humanist, Thomas Coryate (1577-1617), ein Engländer, der 1610 Gruterus in Heidelberg besucht hatte, reiste (zu Fuß) von dort weiter in die Niederlande, wo er wohl in Leiden von der Stimmung, die die *Fama* verbreitete, angezogen und angesteckt wurde. Von dort brach er dann wieder auf und zog durch Griechenland, das Heilige Land, Persien und Indien, wo er starb (Mittler/Werner, 1986: 36 f; Rachum, o. J.: 113). Vielleicht hoffte er, wie einst der Vatter C. R. C., einen Kreis von Eingeweihten im Osten zu finden.

Dann aber erschien 1614 in Kassel beim Hofdrucker Wilhelm Wessel die

Allgemeine und
General Reformation,
der gantzen weiten Welt.
Beneben der

FAMA FRATERNITATIS,

Deß Löblichen Ordens des
Rosenkreutzes,
an alle Gelehrte und Häupter
Europae geschrieben.
Auch einer kurtzen Responsion,
von dem Herrn Haselmeyer
gestellet,
welcher deßwegen von den
Jesuitern
ist gefänglich eingezogen,
und auff eine
Galleren geschmiedet:
Jtzo öffentlich in Druck verfertiget
vnd allen trewen Hertzen
communiciret
worden.

Landgraf Moritz von Hessen-Kassel hatte im ehemaligen Kloster Weissenstein, dort, wo sich jetzt das Schloß Wilhelmshöhe erhebt, eine Druckerei gegründet und den Drucker Wilhelm Wessel dazu bestellt. Da dieser Hofdrucker es auf keinen Fall gewagt hätte, ohne eine Rückendeckung die rosenkreuzerischen Manifeste zu veröffentlichen, müssen wir von der Zustimmung oder Inauftraggabe des Landgrafen selbst ausgehen. So weigerte Wessel sich im Dezember 1614, die hieroglyphische Schrift *Epharmosis Mundi* des Raphael Eglin zu drucken, solange dieser keine Bewilligung des Landgrafen vorweisen konnte (Gilly, 1995: 70).

Es erhebt sich die Frage, warum ein jahrelang nur als Handschrift kursierender Text plötzlich gedruckt wurde. Wenn die Verfasser es gewollt hätten, wäre die Schrift sicher auch in eine viel zuverlässigere Form veröffentlicht worden. Es muß Andreae und seine Freunde sicherlich Schreck und Wut getroffen haben, jetzt ihre geheimen Gedanken oder Zusätze veröffentlicht zu sehen. Gab es bei den reformatorischen Landesfürsten geheime Pläne? Wir wissen von einem steten kulturellen Austausch der Höfe Pfalz und Hessen-Kassel (Heinemann, 1983: 196 und Demandt, 1980: 250 f) und von den Plänen einer allgemeinen protestantischen Erhebung, die im Kreis unter dem pfälzischen Kanzler Christian I. von Anhalt geboren wurde.

Den Verfassern oder früheren Herausgebern blieb jedenfalls nun nichts weiter übrig, als den kommenden Dingen und drohenden Repressalien entgegenzusehen und sich notfalls – wie auch immer – aus der Schlinge zu ziehen.

Wie und wo aber könnte die *Fama* als Testament oder verschlüsselter Initiationsweg des Ordens R+C wirklich entstanden sein?

Die Rosenkreuzer und ihre Schriften jener Zeit lassen sich in eine uralte mystische Traditionskette einordnen. Joost R. Ritmann, Gründer der Bibliotheca Philosophica Hermetica, sieht in seinem Vorwort des Wolfenbütteler Kataloges zu den rosenkreuzerischen Handschriften und Drucken (Gilly, 1995: X) den Beginn dieser Tradition in Ägypten, und wir stimmen ihm zu. Wie wir sieht auch Gilly (1995: 2 f) in der florentinischen Akademie des Ficino (1433-1499) ein Glied dieser Kette, wobei wir auch Ficinos Vorgänger Georgios Gemistos Plethon (1355-1450) nicht vergessen wollen. Die Akademie in Florenz, von Cosimo de Medici gesponsert, wie wir heute sagen würden, hatte viele Ableger, die sich als humanistische Sodalitäten in Europa verbreiteten. Ausgehend von der durch Conrad Celtis (1459-1508) gegründeten Sodalitas litteraria Rhenania, an der einst Wimphelings und Reuchlins humanistische Dramen aufgeführt wurden, bildete sich auf dem Heidelberger Schloß ein reformatorischer Dichterkreis, der sich um den als Gelehrten, lateinischen Dichter und Staatsmann berühmten Paulus Melissus (Paul Schede, 1539-1602) und den bewunderten Philologen Janus Gruterus (1560-1627) scharte. Die kurfürstlichen Räte Petrus Denasius (1560-1610, bekannt als Humanist und Poet) und Jörg Michael Lingelsheim und der Hebraist und Kosmograph Sebastian Münster (1488-1552) gehörten ebenfalls zu den Mitgliedern. Später wurde Julius Wilhelm Zinkgref (1591-1635) Leiter dieses Kreises (Salzer/von Tunk, o. J.: 25 f). Das Ziel der Gesellschaft sollte es sein, verschollene klassische Texte aufzufinden und neu herauszugeben.

Von Heidelberg aus gründete Conrad Celtis weitere „Städtegruppen" (Burger, 1969: 221 ff). Die Tradition dieser Akademien bzw. Sodalitäten ist christlich-kabbalistisch und hermetisch, wie auch der geheime Sinn der *Fama*. Nur Persönlichkeiten, die in dieser Tradition vertraut

Angebliches **Bildnis Reuchlins** um 1700 aus dem Nachlaß J. H. Mays in der Universitätsbibliothek Gießen. Nach Ferd. Bols, *Schlafende Alte*, Rembrandt zugeschrieben, um 1635. In: Max Brod, *Johannes Reuchlin und sein Kampf. Eine historische Monographie*, Wiesbaden 1988

waren, konnten entsprechendes Gedankengut in die *Fama* hineinlegen.

Wenn wir Persönlichkeiten suchen, die sich in der Renaissance um die christliche Kabbala verdient gemacht hatten, stoßen wir automatisch auf Johannes Reuchlin (1455-1496). In seinem Widmungsbrief an Papst Leo X. – in der Vorrede seines Hauptwerkes *De arte cabalistica* – schreibt Reuchlin von einer „Philosophie in Symbolen" (symbolica philosophica), als welche er die Kabbala ansieht und die nach seiner Meinung auch die Grundlage der pythagoräischen Lehre bilden soll (Brod, 1988: 48). Diese „symbolica philosophica" muß man kennen, will man die Sprache der (Ur-) *Fama* verstehen.

Als Ausdruck des geistigen Bandes, das den humanistischen Staatsmann Reuchlin mit dem klassisch gebildeten humanistischen Bischof Johann von Dalberg (auch Dalburg genannt) zusammenschloß, widmete er letzterem sein Buch *De verbo mirifico* (Brod, 1988: 91). Von Dalberg, Kanzler der Kurpfalz, war seinerzeit Mittelpunkt der bereits oben genannten Academia Platonica mit dem Namen Sodalitas litteraria Rhenania (später als deutsche Dachorganisation mit dem Namen Sodalitas litteraria per universam Germaniam (vergl. Burger, 1969: 274 f) und machte Heidelberg binnen kurzem zu einem Zentrum der Renaissance in Deutschland. Reuchlin kannte ihn seit 1491. In den Jahren 1496-1499 hielt sich Reuchlin in Heidelberg überwiegend in jenem Kreise auf.

In der Vorrede zu dem oben genannten Werk, das durch einen empfehlenden Brief des Maulbronner Mönches Conrad Leontorius eingeleitet wurde, schrieb Reuchlin u. a. über die Kabbala: „Die Symbole jener heiligen Philosophie und die verehrungswürdigen Zeichen übernatürlicher Kräfte können (heute) nicht verstanden, ja nicht einmal gelesen werden. Daher fliehen die meisten Forscher, von Ekel oder vergeblicher Anstrengung angegriffen, entsetzt diese löbliche Art der Kontemplation oder geben sie auf, nachdem sie einen Anfang mit ihr gemacht haben ..." (Brod, 1988: 91).

Reuchlins Beruf war die Juristerei, seine Philosophie die des Nikolaus von Kues (Cusanus), seine Lieblingsbeschäftigung aber die Kabbala. Er wird heute neben Erasmus von Rotterdam (1469?-1536) und Mutianus

Tischrunde der Fruchtbringenden Gesellschaft.
Rechts Herzog Wilhelm von Sachsen-Weimar (Der Schmackhafte), am Kopf Ludwig von Anhalt-Köthen (Der Nährende).

Rufus (1471-1526) zu den Häuptern des deutschen Humanismus gezählt.

Im Lauf der Zeit ging es mit der Sodalitas in Heidelberg auf und ab. Die Zeit des Georg Michael Lingelsheim (1556-1636), in dessen Haus zuletzt die Zusammenkünfte der literarischen Sodalität stattgefunden haben sollen, beendet zwar die Stellung Heidelbergs als Mittelpunkt dieser Tradition, diese wird aber von der Fruchtbringenden Gesellschaft fortgesetzt. Martin Opitz (1597-1639), der z.B. zum Kreis um Lingelsheim gehörte, finden wir später in dieser Gesellschaft wieder.

Die Fruchtbringende Gesellschaft, 1617 gegründet, trat nach außen hin, wie ihr italienisches Vorbild in Florenz, als Sprachgesellschaft auf. Doch hier wie dort finden sich zu viele Pansophen, Alchemisten und der „Rosenkreuzerei" verdächtige Personen, als daß man ihnen darin Glauben schenken könnte. Zwar übersetzte und veröffentlichte man wichtige Werke in Wissenschaft und Kunst und versuchte sich an einer Sprachbereinigung zugunsten einer Hervorhebung der Volkssprache, um die fremdsprachlichen Anteile zu verdrängen, doch es ging wohl um mehr. Man suchte die Natursprache als diejenige, die dem göttlichen Wesenskern aller Dinge vermutlich in ihrer Ausdrucksweise am nähesten kam. Durch den starken Einfluß des Comenius auf diese Gesellschaft versuchte man möglicherweise auch, das deutsche Alphabet mit der jüdischen Kabbala in Beziehung zu setzen (Peuckert, 1928: 353 ff). Sprache als Werkzeug geistiger Schöpfung von und für Adepten und Anhänger einer Generalreformation? Wir kommen in Kapitel XXI auf diese Gesellschaft und ihre Ableger zurück.

Betrachten wir in der Traditionskette eine Linie, die von Florenz über Heidelberg nach Weimar und Köthen führt, den Hauptzentren der Fruchtbringenden Gesellschaft, bis hin nach Gottorf bei Schleswig als Zentrum dieser Bewegung, und wie innerhalb dieser Traditionskette die *Fama fraternitatis* aus alten und neuen Bestandteilen zusammengesetzt wurde, dann könnte Heidelberg als ein Ort in Frage kommen, wo man schon früh Teile dieses verschlüsselten Textes zusammenstückelte.

Janus Gruterus, letzter Bibliothekar der berühmten Palatina, führte einen intensiven Schriftverkehr mit Christoph Besold, der zum Tübinger Freundeskreis gehörte (Wollgast, 1988: 269). Er war vermutlich also über alles informiert, was in Tübingen vor sich ging, wußte auch von den Berechnungen und Spekulationen, die Tobias Hess dort durchführte. Und Gruterus hatte Beziehungen zu Gelehrten in ganz Europa, besonders auch nach England, wo er aufgewachsen war, darüber hinaus zu den Humanisten-Brüdern in Leiden. Dort lebte man gemäß der *Fama*, zumindest so, wie man ihren Inhalt verstand.

Engen Kontakt pflegte der Heidelberger Kreis zu einer Gruppe in Frankfurt. Diese Gruppe führte offensichtlich der Nürnberger Handelsmann Nikolaus Pfaff (1586- ?) und hatte auch Schwestergruppen in Straßburg, Nürnberg, Danzig und Schlesien. Zu diesem Kreis gehörten ebenso der Buchhändler und Kupferstecher Matthäus Merian aus Frankfurt wie der Sozianer und Keplerfreund Florian Crusius aus Danzig, Abraham von Frankenberg und Homagius (Wollgast, 1988: 584 f). Der Rosenkreuzer Nollius (um 1590-1626) brachte ab 1605 seine Werke in Frankfurt heraus. In Frankfurt und Danzig erschienen dann 1615 weitere Auflagen der *Fama*.

Auch in Kassel (und Marburg) gab es weitere Auflagen. Zu erwähnen wären noch Ausgaben in niederländischer Sprache (1615) und ein Jahr später auf schwedisch (Gilly, 1995: 119). Die schwedische Ausgabe übersetzte und veröffentlichte der Lehrer König Gustavs II. Adolfs und Reichsantiquarius Johannes Bureus (1568-1652).

Doch für die Entstehung der *Fama* gibt es auch andere Hinweise:

Der Philosoph Leibniz, der in seiner Jugend in Nürnberg dem Rosenkreuzerorden 1667 beitrat und rasch das Amt des Sekretärs übernahm (Schuster, 1905: 1. Band, 514), vermutet vorrangig in Joachim Jungius den Autoren der *Fama*. Yates weist diesbezüglich auch auf einen J. A. Fabricius hin, der von einem „Sekretär in Heidelberg" erfahren habe, Jungius sei der Autor der *Fama* gewesen und bezieht sich auf die „Acta eruditorum".

Daß der Heidelberger Kreis um Melissus und Gruterus Beziehungen zu Gruppen in den Druckorten der *Fama* und internationale Beziehungen pflegte (z. B. nach Prag, London, Leiden usw.), haben wir bereits erwähnt. Um ein Beispiel zu bringen, sei hier die Dichterin Westonia (Elizabeth Jane Weston, 1582-1612) genannt, die in Prag einen Kreis um sich scharte und sowohl mit Melissus in Heidelberg als auch mit Gleichgesinnten in ihrer englischen Heimat in Verbindung stand (Evans, 1980: 53). Verheiratet war sie seit 1603 mit Johann Leon, Hofjurist in Prag und Agent des Herzogs Heinrich Julius von Braunschweig .

Was den A. M. O. R. C. betrifft, so sieht dieser in Sir Francis Bacon (1561-1626) den maßgeblichen Autoren (Crux Rosae, 1981: 11 f). Bacons Vorstellungen wurden zu Leitideen der sogenannten „wissenschaftlichen Bewegung" in England in der Mitte des 17. Jahrhunderts und bei der Gründung der wissenschaftlichen Akademien und Gesellschaften im 17. und 18. Jahrhundert. Das 17. Jahrhundert fand noch ein überwiegend ungebrochenes Verhältnis zu Bacon. Man interpretierte ihn nicht, sondern setzte sein Werk fort, wenn auch nicht immer in einer Richtung. Hieran beteiligten sich so unterschiedliche Geister wie Descartes, Leibniz, Boyle, Newton oder Vico (Krohn, 1987: 10). Allerdings erscheint es unlogisch, Bacon hätte als Engländer die *Fama* in Deutsch verfaßt, die Elias Ashmole später mühevoll ins Englische übersetzen mußte (Yates, 1975: 204, 285). Daß von Bacon die Idee stammt, die *Fama* zu veröffentlichen, wäre aber durchaus denkbar. Zunächst erschien sie in deutscher Sprache mit schwäbischem Akzent und erst 1652 gedruckt in Englisch, allerdings nicht die Übersetzung Ashmoles, von der nur Handschriften existieren. Der Ausgabe von 1652 liegt eine Übersetzung von Thomas Vaughan zugrunde (1975: 247).

Wir haben u. a. Jungius als mutmaßlichen Mitautor der *Fama* genannt. Mit ihm sind wir wieder an den Schauplatz im Norden zurückgekehrt.

VI

Joachim Jungius

Jungius spielte im Orden vom Rosenkreuz mit Sicherheit eine herausragende Rolle. Leibniz nennt Jungius, wie schon angeführt, als Autoren der *Fama fraternitatis*, einer Schrift, die ihrem äußeren Verständnis nach das damalige Bildungssystem anprangerte und eine allgemeine Reform, insbesondere in der Wissenschaft, aber auch in der Religion forderte. Die Schrift wehrte sich zudem gegen die seinerzeit herrschende Autoritätsgläubigkeit.

Leibniz stellt Jungius in einer Zeit, in der aus dem katholischen Lager Schmähschriften wider „die Rosenkreutzen Ungeziefer" unter die Leute gebracht wurden (Yates, 1975: 111), natürlich ein besseres Zeugnis aus. Lassen wir Leibniz persönlich zu Wort kommen.

„Unter allen, die jemals eine Ars Inveniendi in Angriff genommen haben, kenne ich keinen, der tiefer in diesen Gegenstand eingedrungen wäre, als Joachim Jungius aus Lübeck. Ihn darf ich hier um so weniger übergehen, als sein Verdienst nirgends nach Gebühr anerkannt worden ist. Und doch besaß Deutschland zu seiner Zeit, nach Kepler, kaum einen einzigen Mann, den es gleich Galilei und Descartes hätte gegenüberstellen können. Wäre es ihm vergönnt gewesen, seine Gedanken zu vollenden, so hätte er uns vieles gegeben, was für die Begründung einer wissenschaftlichen Philosophie von größtem Nutzen gewesen wäre. Denn mit bewundernswürdigem Fleiß hatte er die Verschiedenheit der Begriffe erforscht und eine Analyse der Beweisform begründet, die sich von der herkömmlichen weit unterscheidet. Auch war er nicht nur mit allen Teilen der Gelehrsamkeit, sondern auch mit dem Inneren der Mathematik in einer Weise vertraut, die fast über das Verständnis seiner Zeit und des Ortes, den ihm Geburt und Schicksal zugewiesen hatten, hinausging. Seine Entdeckung in der Mechanik und Geometrie und viele Beobachtungen über die Natur sind noch heute vorhanden und würden im höchsten Maße verdienen, herausgegeben zu werden. Aber allzu lange hatte er den Kampf gegen Gespenster, d.h., den Kampf gegen die Nichtigkeiten der Vulgärphilosophie zu führen, die er gelegentlich vorzüglich geißelte. Wäre er zu einer Zeit geboren worden, in der die Dunkelheit schon verscheucht war, hätte er seine ganze Kraft auf die Erforschung der Sachen selbst verwenden können, so hätte er ohne Zweifel den höchsten Preis in der Wissenschaft davon getragen. Aber er war schon alt und seine Kraft war gebrochen, als die Schriften Galileis und

Joachim Jungius.
Kupferstich von Arnoldus Pitersen, 1644. Staatsarchiv Hamburg

Amos Comenius, Gemälde von Gustav Sykora.

Descartes' in Deutschland bekannt zu werden begannen ..."

Dieses Zitat gebrauchte auch Professor Rudolf W. Meyer, Zürich (Joachim Jungius-Gesellschaft der Wissenschaft Hamburg, 1957: 32) in einem Vortrag vor der Jungius-Gesellschaft in Hamburg. Im gleichen Vortrag sagte Dr. Meyer: „ ...Wie weit die pansophischen Ideale eines Johann Valentin Andreae und anderer (Hein, Morsius, Pöhmer, Wülfer) auf ihn gewirkt haben, bleibt dahingestellt ..." (1957: 33).

Mit den pansophischen Idealen wurden sehr geschickt die rosenkreuzerischen Ideale umschrieben. Die deutschen Rosenkreuzer, die sich vor dem Zweiten Weltkrieg zumeist dem in den USA konstituierten A. M. O. R. C. (Alter Mystischer Orden Rosae Crucis) anschlossen, waren als Loge „Pansophia" bekannt. Der Begriff „Pansophia" steht in enger Beziehung zu dem Rosenkreuzer und Freund des Jungius, Amos Comenius.

Comenius hatte ein Programm entwickelt, das bis heute Aktualität besitzt.

1. Das Wissen des Altertums muß aus den antiken Autoren herausgelöst,
2. auf seine Wahrheit geprüft und übersichtlich in sachlicher Ordnung zusammengestellt werden.
3. Im Plan einer solchen systematischen Ordnung erscheinen dann

die leeren Stellen aller Wissenschaften, an denen die Forschung anzusetzen und das Wissen der Antike zu ergänzen hat.

4. Das gesicherte Wissen ordnen bedeutet zugleich, die rationalen Strukturen sichtbar zu machen, denen die Fülle der Kontingente, der zufälligen, bloß historischen Erscheinungen, unterworfen ist.
5. Die grundlegende Vorarbeit aller weiteren Forschung, die in der Aufstellung jenes Planes und der rationalen Strukturen besteht, ist nur durch Teamarbeit in einer Gesellschaft möglichst aller Gelehrten möglich.
6. Als Ergänzung der neuen *Instauratio magna scientiarum* ist eine *Didactia* zu erfinden, eine einheitliche Lehrkunst, die sich selbst nach einem rationalen Plan aufbaut.

Comenius entwickelte den Gedanken einer *Via Lucis*, einem Weg, einem Pfad des Lichtes. Dazu sagt er:

„... und jedermann soll die Möglichkeit dazu erhalten, soweit sein ingenium befähigt ist, die Aufklärung des Weges zu erfassen ..." (Joachim Jungius-Gesellschaft der Wissenschaft Hamburg, 1957: 100).

Jedermann kann heute in den Orden vom Rosenkreuz eintreten und den Weg des Lichtes gehen, weder Adel noch ein akademischer Grad sind Voraussetzung. Von jedem wird nur verlangt, sich selbst zu erkennen und alle seine Anlagen für den pansophischen Weg der Erkenntnis zu nutzen.

Professor Dr. Meyer erwähnte in seinem Vortrag u. a. Andreae und Morsius, die möglicherweise Einfluß auf Jungius gehabt haben. Andreae war der Autor der *Chymischen Hochzeit Christiani Rosenkreutz*, die wir schon erwähnten, und Morsius, über den wir noch ausführlich berichten, bildete den Stein des Anstoßes, durch den man in Lübeck die damaligen Jungius-Anhänger als Rosenkreuzer enttarnte.

Am 22. Oktober 1587 wird Joachim Junge, der heute unter dem Namen Jungius bekannt ist, in Lübeck als einziger Sohn des Nikolaus Junge, Lehrer am Lübecker Gymnasium St. Katharinen, und seiner Frau Brigitte geb. Holdmann geboren. Zwei Jahre später erliegt der Vater einem Mord, für dessen Motive heute keine Nachrichten mehr vorliegen.

Jungius besuchte in Lübeck ebenfalls den Unterricht zu St. Katharinen, dem heutigen Katharineum (ehemals Franziskanerkloster), den er 1605 abschloß. Dort lehrten sie einen über Melanchthon vermittelten Aristotelismus, der auf Logik, Rhetorik und Moral zugeschnitten war und alle tieferen philosophischen Fragestellungen ausschloß (Joachim-Jungius-Gesellschaft der Wissenschaft Hamburg, 1957: 23). Diese Form der Philosophie konnte Jungius bereits als Schüler in keiner Weise befriedigen. Als Autodidakt widmete er sich tiefergehenden Studien. So beschäftigte er sich mit den Lehren des Ramus wie des Fonseca und hat seinen Mitschülern in Privatvorlesungen die Dialektik des Ramus erklärt.

Petrus Ramus (Pierre de la Rameé, 1515-1572), ein berühmter französischer Philosoph und Humanist, wurde in der Bartholomäusnacht getötet. Mit ihm, sowie mit Amarus Ranconet (1498-1559), dem Arzt Jean #(1497-1558), Leibarzt König Henris II. (reg. 1547-1559), und dem Mathematiker Petrus Nonius (Pedro Nunez, 1492-1577) traf 1550 der Rosenkreuzer John Dee in Paris zusammen (Frick, 1975: 277).

Jungius unterrichtete, selbst noch Schüler, das Gedankengut dieses in Frankreich als Rosenkreuzer angesehenen Gelehrten in Lübeck, bevor er später zu anderen aus der Bruderschaft stieß und sich ihnen bis an sein Lebensende verbunden fühlte. Es ist heute schwer, Literatur über Ramus bzw. des Ramus zu finden. Professor Rudolf W. Meyer (Joachim Jungius-Gesellschaft für Wissenschaft, Hamburg, 1957), den wir hier als Quelle zur Lehrtätigkeit von Jungius benutzen, sagte über Ramus: „Er bereitete den Gedanken einer philosophischen Grundwissenschaft – einer scientis generalis – vor, die an den realen Einzelwissenschaften ihren Halt besitzt."

Auch die heutigen Rosenkreuzer sehen die wahre Philosophie als Zusammenfassung aller Wissenschaften zu einem Gesamtwissen nach der Art Platons, während Aristoteles das Wissen säuberlich in einzelne Sparten zu unterteilen versuchte. Die Verselbständigung der einzelnen Wissenschaften führte zu Konkurrenzkämpfen unter den einzelnen Sparten sowie zu einseitig fachspezifischen Aussagen. Wenn wir diesen Nachteil aufzeigen, müssen wir allerdings auch anerkennen, was die Einzelwissenschaften an Wissen zusammengetragen haben. Nur im weiterhin verstärkten interdisziplinären Austausch wird die Forschung ihre großen Aufgaben lösen können. Aus diesen Gedanken heraus wird es begreiflich, was „Pansophie" bedeutet. Der Pansoph ist der Auffassung, daß die wahre Natur der einzelnen Dinge nur in ihrer Beziehung zum Einen, das alles Seiende einschließt, erkannt werden kann.

Diese hohen Gedanken hegte Jungius bereits in seiner Kindheit. Er fand intuitiv einen didaktischen Stil, der junge Menschen zu fesseln vermochte. Er unterrichtete besser als seine Lehrer in der Schule, die sich allerdings auch an ihre Vorschriften und an das seinerzeit geltende Dogma zu halten hatten.

Durch das Wirken des noch jugendlichen Jungius baute sich auf ganz natürliche Weise ein Freundeskreis in Lübeck auf, der sich regelmäßig traf, um im Gespräch dem Licht der Wahrheit näherzukommen. Sie trennten sich auch nicht, als Jungius wegen seiner Studien im Jahre 1606 Lübeck verließ.

Als Neunzehnjähriger immatrikulierte sich Jungius in jenem Jahre an der Universität Rostock. Er studierte zunächst Philosophie, Naturwissenschaften und Mathematik. 1608 zog er als Magister der freien Künste nach Gießen, wo er sich am 30. Mai immatrikulierte. Schon ein Jahr später unterrichtete er dort als Professor für Mathematik. Hier in Gießen lernte er den pädagogischen Reformer Wolfgang Ratichius aus Wilster in Holstein (1571-1635) kennen.

Ratichius kam 1610 aus Holland zurück. Professor Meyer nimmt an, er sei von den Gedanken Bacons angeregt gewesen. Der ehemalige Schüler des Hamburger Johanneums hatte in Holland, dem Zentrum humanistischer Philologie und des Weltverkehrs, die gelehrten Sprachen, besonders die orientalischen, studiert. Dabei entwickelte er eine Lehrmethode, die er die „Naturgemäße" nannte (Joachim Jungius-Gesellschaft für Wissenschaft, Hamburg, 1957: 101 f). Dieses neue Lehrsystem erwies sich den bisherigen vermutlich überlegen, und Ratichius begann es seit 1612 mit viel Pathos, leider auch mit viel Rechthaberei und Unduldsamkeit zu propagieren. Er tadelte das Auswendiglernen unverstandener Sätze und Regeln, die Ungleichheit der Schulbücher sowie den Zwang und die Strafen beim Lernen. Des weiteren forderte er, Unterricht sollte stets in der Muttersprache der Lernenden begonnen werden (aus dem *Nachbericht von der neuen Lehrkunst Wolfgang Ratichii*, 1613).

In Gießen wußte Ratichius seine Mitprofessoren Jungius und Helvicius zu begeistern. Das Dreigestirn fühlte sich berufen, das neue Lehrsystem in ganz Deutschland zu verbreiten. Auf Wunsch des Landgrafen Ludwig V. von Hessen-Darmstadt reisten alle drei im Jahre 1612 nach Frankfurt. In welchem Arbeitsverhältnis Jungius zum Darmstädter Hof stand oder ob er im Auftrage des Ordens R + C visitieren sollte, ließ sich noch nicht ermitteln.

VII

Der Stern von Hessen-Kassel

Wie zu jeder Zeitenwende steigen zahllose Auguren wie Phönix aus der Asche und glauben, ihre Zeit sei gekommen. So hatten auch viele, die es zu wissen glaubten, für den Wechsel zum 17. Jahrhundert den Weltuntergang prophezeit. Anders Paracelsus, der um 1599 oder 1603 den Beginn einer positiven Aufbruchstimmung weissagte. Tatsächlich erschien 1604 ein neuer Stern, eine Supernova am Himmel zwischen dem Schwan und dem Schlangenträger. Die Astrologen nahmen leidenschaftlichst Anteil, Johannes Kepler veröffentlichte *De stella nova*. Robert Fludd erklärte: „Der Serpentarius ist in der Länge des Schützen angetroffen worden, der seinen natürlichen Stand im neunten Hause hat, das dem Jupiter angehört. Dies Haus zeigt Weisheit, Religion und wahre Gesichte an. Der neue Stern im Schwan ist in der Länge des Steinbocks gefunden worden, gehört demnach ins zehnte Haus und deutet auf eine Erhöhung der Welt durch Verbesserung" (Peuckert, 1928: 53).

In Umkehrung der wahren astrologischen Gesetze erwartete man nun die positiven Auswirkungen, die schon lange eingetreten waren. Und man brachte allenthalben dieses bedeutende kosmische Omen mit den Rosenkreuzern in Verbindung. Hieß es nicht in der *Fama*, Vatter R. C. sei 1484 verstorben und trug die verborgene Tür in seinem Grab nicht die Inschrift: Post CXX annos patebo?

Ahnherr und Stifter des Hauses Hessen beider Linien, zu Kassel und Darmstadt, war Philipp der Großmütige (1504-1567). Wie Johann Rantzau und Prinz Christian von Dänemark weilte der Landgraf auf dem Wormser Reichstag und wurde Zeuge des Auftritts von Luther. Nachdem Philipp auf einer Reise nach Heidelberg 1524 mit Melanchthon zusammentraf, entschied er sich für die neue Lehre und mit dem Kurfürsten von Sachsen bildete er fortan die Stütze des Protestantismus (Vehse, 1991: 11). In Hessen wurde die Lehre des Protestantismus gestattet, wobei die geordnete Einführung der neuen Lehre dem Hofprediger Adam Krafft (1493-1558) oblag. Alle Geistlichen mußten sich in das Erziehungswesen des Staates eingliedern. Allerdings lehnte Philipp Luthers strenges Abgrenzen ab. 1529 organisierte er in Marburg das berühmte Religionsgespräch zwischen Luther und Zwingli, das leider den Riß unter den Protestanten nur noch mehr vertiefte.

Philipp sorgte aber noch für einen größeren Unmut unter den Gläubigen, als er im stillen Einverständnis mit Luther, Melanchthon und dem Kurfürst von Sachsen sich heimlich eine Zweitgemahlin antrauen ließ. Christine von Sachsen-Dresden, die ihm zehn Kinder gebar, hätte nie in eine Scheidung eingewilligt. Da auf Bigamie seit der „hochnotpeinlichen Gerichtsordnung" Karls des Großen aber die Todesstrafe stand, sollte alles in großer Heimlichkeit geschehen. Doch das pikante Geschehen kam ans Tageslicht und verursachte allgemeine und heftige Empörung, vor allem unter seinen Glaubensbrüdern. Als Philipp dann als Führer des Schmalkaldischen Bundes beim aussichtsreichen Feldzug 1546 gegen das Heer des abwesenden Kaisers so zaghaft vorging, daß der leichte Sieg in eine schmähliche Niederlage endete, warfen ihm alle Verrat aus Angst vor Karl V. vor. Wenn es Verrat war, nutzte es ihm nichts. Wie wir schon hörten, verbrachte er fünf Jahre in kaiserlicher Gefangenschaft, aus der ihn erst sein Schwiegersohn Moritz von Sachsen befreite.

Von seinen fünf Töchtern heiratete Agnes 1541 jenen Moritz, und nach dessen Tod Johann Friedrich von Sachsen, einen Vetter ihres verstorbenen Mannes. Elisabeth vermählte sich mit dem Kurfürsten von der Pfalz, Ludwig VI., Anna mit Pfalzgraf Wolfgang von Zweibrücken. Barbara ehelichte Herzog Georg von Württemberg-Mümpelgard, ein Bruder und Freund Philipps, der mit Hilfe des Landgrafen von Hessen wieder seine

Regierung antreten konnte und dann ebenfalls bald das lutherische Bekenntnis in Württemberg einführte. Tochter Christine heiratete Herzog Adolf von Holstein.

Die vier Söhne stifteten die Linien Kassel, Darmstadt, Marburg und Rheinfels, wobei die beiden letzteren schon bald wieder ausstarben. Aus dem Haus Hessen-Rheinfels stammte die vermeintliche Mutter des Grafen St. Germain, der so eng mit der Geschichte der Rosenkreuzer verknüpft bleibt.

In Kassel folgte Philipps ältester Sohn Wilhelm IV., der schon zu Lebzeiten seines Vaters „der Weise" genannt wurde. Der biedere, korpulente und in Religionsfragen sehr tolerante Fürst, ein Zeitgenosse von Kaiser Rudolf II. in Prag, beschäftigte sich wie er vornehmlich mit Astronomie und Mechanik. 1575 besuchte Tycho von Brahe seinen Wissenschaftskollegen in Kassel, wo Wilhelm eine Sternwarte betrieb. Acht Tage gemeinsamer Forschung enden mit einem Geschenk an Brahe: ein von Wilhelm selbst verbesserter Sternenkatalog. Nach der Abreise des schon damals berühmten Astronomen empfahl Wilhelm ihn auf diplomatischem Wege dem dänischen König Friedrich II. und legte diesem nahe, die astronomischen Forschun-

Wilhelm IV., der Weise.
Aus: Carl Eduard Vehse,
Die Höfe zu Hessen, Leipzig/Weimar 1991

gen Brahes großzügig zu finanzieren (Mackensen, 1988: 20). Brahe, bald Mitglied des Kreises um Heinrich Rantzau, wird später den fachlichen Briefwechsel, der bis zum Tode Wilhelms geführt wurde, veröffentlichen. Noch im gleichen Jahr 1575 erstellt Eberhard Baldewein für Wilhelm einen uhrwerkbetriebenen Himmelsglobus mit einem Durchmesser von 33,2 m (1988: 15).

Der hessische Landgraf galt zudem als erfahrener Arzneiwissenschaftler, der sich auf den „praktischen Hippokrates" berief. Mit seiner Frau, Sabine von Württemberg, bereitete er in der Hausapotheke selbst Arzneien nach eigenem Rezeptbüchlein. Sabine verordnete testamentarisch, diese Apotheke habe für immer kostenlos Arznei an alle Armen und Einwohner der Umgebung abzugeben. Nicht weit von dieser Beschäftigung liegt die Alchemie, die er trotz der Warnung seines Vaters lange und eifrig betrieb. Er gelangte allerdings zu der Überzeugung, wer vorgebe, metallische und natürliche Substanzen verändern zu können, sei ein Lügner (Vehse, 1991: 22 f).

In seinem Lustgarten hielt Wilhelm sich seltene und neuartige Pflanzen, die Agenten für ihn aus allen Landen einkaufen mußten. Daneben betätigte er sich forschend als Landwirt, wobei er besonders gerne pfropfte und okulierte, um die Natur weiter zu veredeln.

Seine Gelehrsamkeit, die er mit einer für seine Zeit bescheidenen Hofhaltung verband, seine friedliche Politik der Diplomatie und des Ausgleichs, machten ihn zu einem hochgeachteten und auch im Ausland angesehenen Fürsten. Der Habsburger Kaiser Maximilian, Königin Elisabeth I. von England und Heinrich IV. von Frankreich hielten enge Beziehungen zu seinem Hof. „Die streitenden Theologen aller Parteien schickten ihm ihre polemischen Werke zu und wagten doch nicht, das weise und wohltätige System seiner christlichen Duldung zu verunglimpfen" (Vehse, 1991: 23).

Als er sechzigjährig 1592 verstarb, hatten von seinen elf Kindern nur Sohn Moritz, der Sukzessor, und vier Töchter überlebt. Drei davon heirateten in die Linien Sachsen-Eisenach, Nassau-Saarbrücken und Schaumburg ein. Wenn wir die von Kassel ausgehenden verwandtschaftlichen Beziehungen genauer untersuchten, was den Rahmen dieses Buches sprengen würde, träfen wir immer wieder auf Ehepartner oder Höfe, die nun plötzlich in den Dunstkreis rosenkreuzerischer Aktivitäten geraten oder in den Mitgliedslisten der Fruchtbringenden Gesellschaft auftauchen. Zeitweise gleicht Kassel einer sprudelnden Quelle oder einem leuchtenden Stern.

Mit Moritz von Hessen-Kassel (1572-1632) tritt nun der Orden der Rosenkreuzer in die Öffentlichkeit, denn der Landgraf gilt nicht nur als sein großer Förderer, er hielt vermutlich auch eine Führungsposition darin inne. Hartleb (1936: 3) nennt ihn „den geistigsten Fürsten seiner Zeit". „Er lernte Hebräisch, Griechisch und Lateinisch, Italienisch, Französisch und Englisch, Holländisch, Spanisch und Ungarisch. Er versuchte sich sogar im Persischen. Er schrieb eine deutsche Sprachlehre, eine lateinische Poetik und ein französisches Wörterbuch. Er hatte bedeutende mathematische, astronomische und chemische Kenntnisse. Er war ein nicht unerfahrener Architekt, er war auch Jurist und schließlich ein Kriegswissenschaftler von hohem Rang." Der Kasseler Hof, vielleicht der glänzendste seiner Zeit in Deutschland, bestach durch Stil, Formgefühl, Niveau und wurde zum Treffpunkt und Magnet reisender Gelehrter und Künstler. Moritz schrieb auch Theaterstücke und hier, in Kassel, entstand dann auch der erste selbständige Theaterbau in Deutschland, da Moritz englische Komödianten an seinen Hof gezogen hatte. Sie brachten zum ersten Male den Gedanken eines Berufsschauspielertums nach Deutschland, eine entwickelte Technik, eine sprachliche und gestische Durchbildung, „daß ihre Bühne sich nicht mehr illustrierend, sondern aktiv schaffend betätigte" (Hartleb, 1936: 9). Dies ist insofern von Bedeutung, da sich hinter einigen Theaterstücken und -gruppen durchaus mystische Rituale der Templer und Rosenkreuzer verbergen konnten (Baigent/Leigh, 1990: 148; siehe auch Yates, 1975: 22, die auf die Inszenierung der Hochzeitsrituale des Winterkönigs in Heidelberg durch Sir Francis Bacon hinweist).

Im Jahre 1601 soll in Kassel ein Rosenkreuzer-Kapitel gegründet worden sein. Diesem Kapitel gehörten Adelige wie der Primat Friedrich-Heinrich, der künftige Statthalter der Niederlande, an, Landgraf Ludwig von Hessen-Darmstadt, Markgraf Hans-Georg von Brandenburg, Kurfürst Friedrich III. (vermutlich aber Friedrich IV.) von der Pfalz und Prinz Christian von Anhalt-Bernburg. Auch Andreae, der Arzt Michael Maier, der Wissenschaftler Raphael Eglinus, der Theologe Anton Thys und Professor Jongmann sollen Mitglieder gewesen sein, wie der Historiker Ch. Ralenbeck anläßlich eines internationalen Rosenkreuzer- und Freimaurer-Symposions aufführt (Marquès-Riviere, 1979: 312).

1606 hatte Moritz mit dem Bau des Schlosses Weissenstein, dem heutigen Schloß Wilhelmshöhe, begonnen und auch mit dem Bau des Gigantenschlosses, dem damaligen Einweihungszentrum der Rosenkreuzer. 1612 gab Adam Haslmayr in Kassel eine Antwort auf die *Fama* heraus, die er 1610 gesehen haben wollte und 1614 erschienen hier unter dem Hofdrucker Wessel auf der heutigen Wilhelmshöhe zwei Auflagen der *Fama* (siehe Kap. V).

Modell des Landgrafenschlosses **Butzbach** um 1637
mit viereckiger Turmsternwarte.
Museum Butzbach

Unter der Leitung von Moritz soll 1615 ein Rosenkreuzerkapitel zusammengekommen sein, dem neben Ludwig V. von Hessen-Darmstadt, Markgraf Hans-Georg von Brandenburg und Christian von Anhalt, die wir schon als Mitglieder des Kasseler Kapitels kennen, auch der künftige Winterkönig, Kurfürst Friedrich V. von der Pfalz angehörte; dazu Herzog Friedrich III. von Schleswig, Michael Maier, der Verleger De Bry, Philipp von Hessen-Butzbach und sein Leibarzt Daniel Mögling, wie Crux Rosae (1988: 10 f) ohne Angaben von Quellen berichtet. Man beriet wohl über die weiteren Aktivitäten der Fraternität und besichtigte die im Entstehen begriffenen Einweihungsanlagen im Park, deren Beendigung leider der Ausbruch des Dreißigjährigen Krieges verhinderte.

Durch Erbteilung war seit 1609 ein kleines neues Fürstentum entstanden: Hessen-Butzbach als Sitz einer Hessen-Darmstädter Nebenlinie. Hier erbaute der erwähnte Kapitelteilnehmer, Philipp von Hessen-Butzbach, für sich ein zeitgemäßes Residenzschloß. Zeitgenossen bewunderten die Ausstattung des Schlosses, das Observierstüblein und den „Lustgarten" mit seinen Wasserspielen. Philipp war mit Johannes Kepler befreundet, der ihn mehrfach in Butzbach besuchte, und stand mit Galilei, den er in Italien kennengelernt hatte, und anderen Persönlichkeiten seiner Zeit in Briefwechsel. Sein Leben ist aus den Schilderungen des Hofmalers Valentin Wagner und des Arztes Dr. Georg Faber überliefert (Sante, 1960: Stichwort: Butzbach).

Der Leibarzt des Landgrafen Philipp von Hessen-Butzbach, Daniel Mögling, schrieb unter dem Pseudonym „Theophilus Schweighart" die *Pandora*, eine Verteidigungsschrift gegen alle Gegner der Rosenkreuzer. Der aus einem alten Tübinger Arztgeschlecht stammende rührige Autor erzählt von so manchen Bedrängnissen als Pansoph und Rosenkreuzer. Seine Schrift *Pansophie* oder *Speculum Sophicum Rhodo-Stauroticum* (Frankfurt 1618) wurde ins Französische übersetzt (Schick, 1942: 184 ff). Peuckert (1928: 163) schreibt über ihn: „Wenn man von den Rosenkreutzern spricht, und wenn das Wort tatsächlich etwas bedeuten soll, dann muß man an die Männer vom Schlage Schweigharts denken. Was tat es dabei, daß auch an ihm ein Erdenrest, zu tragen peinlich, noch klebt? Daß er so spricht, als wüßte er etwas, als gehöre er möglicherweise zu ihrer Bruderschaft. Das war vielleicht die Untugend, von der er spricht, er selber für seine Person sei in der Tugend noch nicht ganz perfekt, aber durch Gottes Gnaden dennoch zu den pansophicis studiis zugelassen. Narren und Träumer waren es. Aber die Träumer stehen am Anfang von allen großen Dingen. Wäre ihr Unterfangen gelungen, die Wissenschaft mit der Religion zu vermählen, es wäre manches heute vielleicht anders."

Philipp von Hessen-Butzbach.
Kupferstich von Sebastian Fure, Frankfurt o. J.
Museum Butzbach

Weil Philipp kinderlos starb, fiel 1643 das kleine Fürstentum an Hessen-Darmstadt zurück, das auf der katholischen Seite stand. Hessen-Kassel aber erlebte derweil alle Greuel des Dreißigjährigen Krieges. Moritz, der 1602 fünf Monate in Frankreich weilte und Heinrich IV. versprochen hatte, bei dessen Versuch einer militärischen Föderation gegen den Kaiser beizustehen, die nur durch die Ermordung des französischen Königs verhindert wurde, führte bald, wie vorher sein Vater, eines der Zentren des protestantischen Widerstands. Im Jahre 1605 nahm er das Bekenntnis der Reformierten an, das ihn in noch größere Nähe der Niederländer, Engländer und französischen Hugenotten brachte. Zuvor hatte er in zweiter Ehe die Calvinistin Juliane von Nassau-Siegen aus Holland geheiratet. Während die Lutheraner ihre Vormachtstellung im deutschen Protestantismus nun gefährdet sahen, glaubten die Jesuiten, die innere Auflösung der Gegner sei groß genug, um zum endgültigen Schlag auszuholen.

Als nach der Schlacht am Weißen Berge der verhaßte Winterkönig besiegt galt – hierbei hatte sich Moritz vornehm zurückgehalten –, richteten die Katholiken ihr Hauptaugenmerk auf denjenigen, der nun das protestantische Lager anführte. Hatten in Kassel nicht alle vor der Gegenreformation Flüchtenden ständig Schutz und Aufnahme gefunden? Während sich die katholischen Verbündeten von allen Seiten auf das kleine Ländchen warfen, versuchte Moritz verzweifelt Truppen auszuheben. Der hessische Adel aber nahm gelassen Neutralitätsverhandlungen auf. Als Tillys Sieg über den dänischen König Christian bekannt wurde (siehe nächstes Kapitel), glaubte Moritz seine Sache verloren und nur durch eine Abdankung 1627 das Schlimmste für sein Land verhindern zu können. Er zog sich nach Melsungen zurück, betrieb hinfort eifrig Alchemie und beschäftigte sich schriftstellerisch mit Betrachtungen der Ewigkeit. Er verstarb am 15. März 1632.

Sein Nachfolger und Sohn, Landgraf Wilhelm V. (reg. 1627-1637), zählte wie sein Vater zu den Mitgliedern der Fruchtbringenden Gesellschaft, konnte sich aber wohl wegen seiner militärischen Aktivitäten im Dreißigjährigen Krieg an der Seite Gustav Adolfs von Schweden nicht voll den geistigen Reformen und seinen mystischen Aufgaben widmen. Der Verlegung des Einweihungszentrums von Kassel nach Gottorf lag eine Vereinbarung zugrunde.

Nach Biedermann gab es in den zwanziger Jahren des 17. Jahrhunderts R+C-Zirkel in Amsterdam, Haag, Hamburg, Erfurt, Venedig und anderen Städten (Biedermann, 1976: 275 ff). Von den Aktivitäten in Schleswig, Eutin, Lübeck und Bad Segeberg haben wir bereits berichtet. In Kassel aber stellte damals das Kapitel vorübergehend seine Wirkungsstätte als Einweihungszentrum der Rosenkreuzer ein. Michael Maier, der möglicherweise einflußreichste Rosenkreuzer seiner Zeit und Leibarzt von Moritz, war schon 1622 in Magdeburg gestorben.

Wie schwierig es ist, wirklich greifbare Fakten über die Rosenkreuzer in Kassel zu bekommen, zeigt eine Dissertation von Hans Gerhard Lenz (1981: 61) über Johann Thoelde, den manche für den Verfasser der Schriften des Basilius Valentinus halten. Lenz zitiert aus einem Druck des 18. Jahrhunderts mit dem Titel *Chemisch-Physikalische Nebenstunden*:

„Der berühmte Thoelden hatte sich vorhero, ehe noch der Orden der rosenkreutzer Anno 1604 aufblühte, durch Aufsuchen und Herausgabe der Schriften des Basilii Valentini, in Republica chemica verdiente gemacht. Die drey ersten herausgegebenen Schriften sind: Der Tractat, von dem großen Stein der Uralten, danebst denen zwölf Schlüßeln, 1599 gedruckt. Hernach der Tractat von den natürlichen und übernatürlichen Dingen, 1603 und der Triumphwagen, 1604 gedruckt. Weil nun die Rosenkreutzer, nach 20 jährigem Alter und Majorität ihres Ordens, darüber mißgünstig wurden, daß dergleichen geheime und verborgene Schriften ans Tageslicht gekommen waren, und sie allein Besitzer der Geheimniße seyn wollten: So suchten sie, fernere Ausgabe dergleichen Schriften zu verhindern, und den Herrn Thoelden zu persuadiren, in ihrem Orden geheimer Secretarius zu werden, und er hat auch eine geraume Zeitlang die Funktion dieses Secretarius verwaltet. Man findet auch keine spätere, als bis 1624 von Hr. Tholden heraus gegebene Schriften, welches nachdenklich ist. Sein Coelum chemicum, welches er als eine Sammlung von Rosenkreutzerischen Arcanis vor sich im Manuscripto aufbehalten, ist eine geraume Zeit nach seinem Tode herausgekommen. Sein Sohn, welchen ich Anno 1740 als einen Mann von 84 Jahren gesprochen, hatte verschiedene von seines Vaters Schriften in Besitz. Sed haec in trasitu."

Der erwähnte Sohn kann allenfalls sein Enkel gewesen sein. Dieser, ein J. G. Toeltius, gab tatsächlich eine entsprechende Schrift mit dem Titel *Coelum Reseratum Chymicum* heraus.

Obwohl niemand bezweifelt, daß es Rosenkreuzer in Kassel gab, sind die Beweise – bis auf *Fama* und *Confessio fraternitatis* – schwer als solche zu verwerten. Dennoch spricht der obige Text des 17. Jahrhunderts die Art und Weise des Verhaltens der einstigen Rosenkreuzer an. Hinter verschlossenen Türen konnten die „esoteri-

Langraf Moritz von Hessen und seine zweite Gemahlin Juliane von Nassau samt ihren 14 Kindern.
Gemälde, Erich August zugeschrieben, Hessisches Landesmuseum

schen" Weisheiten zwanglos ausgesprochen werden. Begann allerdings jemand, die u. a. pansophischen Lehren öffentlich, z. B. in der Universität zu verbreiten, reagierte die Landesregierung rasch und erstaunlich regide. Derartiges mußten Ende des Jahres 1619 die Lehrer Philipp Homagius und Georg Zimmermann erleben, als sie öffentlich pansophische Gedanken verbreiteten. Zimmermann wurde des Landes verwiesen, Homagius landete im Kerker (Peuckert, 1928: 173 ff).

Wir hatten das Dreigestirn Jungius, Helvicius und Ratichius verlassen, als sie im Auftrag des Landgrafen und Rosenkreuzers Ludwig V. von Hessen-Darmstadt nach Frankfurt reisten. Dort legte Ratichius auf dem Reichstag einen Plan zur Reform des Unterrichtswesens vor. Er erhielt eine Musterschule eingerichtet – ein Beweis, was für ein sehr überzeugender Redner Ratichius gewesen sein mußte.

Aber Ratichius hatte keine Geduld. Überall wollte er das neue System verbreitet wissen, nicht nur an einer Musterschule. Und so reisten die drei Gelehrten von Ort zu Ort. Irgendwann schloß sich ihnen wohl auch Comenius an, der als Schulreformer größere Bekanntheit genießt als Ratichius. Comenius führte das aus, was Ratichius durch seine Ungeduld nicht schaffte. Später wurde er Bischof der „Böhmischen Brüder" und hat in seiner Eigenschaft als Mitglied der Bruderschaft vom Rosenkreuz eine ähnliche Rolle gespielt wie Jungius oder Hartlib. Letzterer soll in England die Bildung von Rosenkreuzer-Ortsgruppen organisiert haben. Es scheint jedoch, daß Comenius erst zu Jungius und Helvicius stieß, als diese sich, im Jahre 1615, von Ratichius getrennt hatten. Beide gaben im gleichen Jahr eine Denkschrift über die Schulreform des Ratichius heraus. Nach Lehrs (1962: 14) soll der damals zwanzigjährige Comenius diese Schrift gelesen haben und so auf die wertvollen Gedanken der Verbesserung des Schulwesens aufmerksam geworden sein.

Comenius wurde Schulreformer, Jungius aber besann sich darauf, daß die Welt noch viel mehr zu lehren bot. Der junge Professor verlegte sich 1616 wieder auf das Studium, diesmal der Medizin. Er begann das Studium in Rostock, wechselte dann aber nach Padua über. Padua soll damals die fortschrittlichste medizinische Fakultät gehabt haben. Dort promovierte er im Jahre 1618.

Man konnte zu dieser Zeit in zwei Jahren den Beruf eines Arztes erlernen. Wer allerdings ernstlich erkrankte, zog es vor, einen Barbier aufzusuchen. An den medizinischen Fakultäten lernte man die Schriften des Hippokrates, des Galenius usw. auswendig. Wissenschaftliche Forschung war unbekannt, und die ersten Ansätze dazu formulierte schon in der Renaissance ein Roger Bacon, der aber seine Zeitgenossen nicht nur damit in jeder Hinsicht überforderte, später dann Sir Francis Bacon und einige Jahre danach Jungius.

Bevor sich Jungius als Medizinstudent nach Padua begab, hatte er sich mit dem Rostocker Universitätsbibliothekar Joachimus Morsius angefreundet. Morsius, Sohn reicher Eltern und voller Wissensdurst, war fünf Jahre jünger als Jungius. Mit Morsius werden wir uns später noch beschäftigen müssen. Er führte eine Art Poesiealbum, in das sich seine Freunde eintrugen. Am 18. Oktober 1616 trug sich Jungius in dieses Buch ein.

Jungius, selbst junger und begeisterter Rosenkreuzer, wird dem jungen Bibliothekar gewiß etliche geheimnisvolle Hinweise über den Orden gegeben haben. Vor dem Zweiten Weltkrieg hatten sich noch Briefe aus dem Jahre 1616 erhalten, in denen Morsius versuchte, Kontakt mit den Rosenkreuzern aufzunehmen. Er erhielt vorerst keine Antwort.

Morsius unternahm eine Studienreise nach Kopenhagen und Stettin, Jungius machte sich also auf nach Padua. Die beiden Freunde blieben brieflich in Verbindung.

VIII

Das neue Zentrum im Norden: Holstein-Gottorf

König Friedrich I. von Dänemark hatte zwei Söhne. Einer wurde sein Nachfolger als König Christian III. Der andere, Herzog Adolf, heiratete 1564 Christine von Hessen. Christine stammte, wie bereits berichtet, aus einer Rosenkreuzerfamilie und wird auch ihre Kinder vermutlich im Sinne dieser Ideale erzogen haben. Ihr Sohn und späterer Erbprinz Johann Adolf wurde sogar an den Kasseler Hof gebracht (Kellebenz, 1985: 21). Christine stand in ständigem Briefverkehr mit ihrem Vater. Auch wenn es sich vorwiegend um Erbschaftsangelegenheiten handelte, war Landgraf Wilhelm IV. wohl mit Erfolg bemüht, auf die Gottorfer Politik Einfluß zu nehmen (Waitz; 1865: II, 113).

Adolf entpuppte sich als aktiver Bauherr. Unter ihm entstand ein Mittelpunkt geistiger und künstlerischer Lebenskultur des Nordens wie der wissenschaftlichen Bildung. Zwei italienische Architekten ließ er Schloß Gottorf 1565-1568 um- und ausbauen. Allerdings konnten erst seine Nachfolger das Innenleben zusammentragen. Als die weltberühmte Bibliotheca Palatina in Heidelberg ausgeraubt war, gab es in Schleswig unter dem Enkel Adolfs, Herzog Fried-

Schloß Gottorf um 1584. Aus: Braun/ Hogenberg, *Civitates Orbis Terrarum*, Köln 1572-1618.

rich III. (Herzog 1616-1659), bereits eine fast ebenbürtige Sammlung.

„Religiöse Themen beschäftigten ihn (Herzog Adolf) wenig", schreibt H. Kellebenz in *Schleswig in der Gottorfer Zeit 1544-1711* (S. 16 f) und begründet dies mit der Tatsache, daß Adolf als Protestant im Dienste des katholischen Kaisers stand. Wir sehen Adolf in einem anderen Licht. Der Herzog wußte Politik und Religion genau zu trennen und sprach der Kirche den Einfluß in der Politik und das Monopol in der Bildung ab. In der Religion erkannte er die Bremse der Wissenschaft, die sie zu dieser Zeit auch war. Darüber hinaus bekannte sich Adolf zur religiösen Toleranz und blieb darin seinem Vater treu. Religiöse Toleranz kann man nicht als Gleichgültigkeit bewerten. Außerdem unterstütze das Haus Gottorf die Kirche in ihrer seelsorgerischen Funktion. Vielleicht dachte Adolf tiefer über Gott nach als mancher religiöse Fanatiker seiner Zeit.

Herzog Adolf dankte 1586 ab. Seinen Sohn, Herzog Friedrich II., setzte er zum Nachfolger ein. Friedrich starb aber bereits 1587, und sein jüngerer Bruder, Herzog Philipp, lebte auch nur bis 1590.

Johann Adolf, ein weiterer Sohn Adolfs, ging zunächst einen anderen Weg, bevor er in Schleswig das Amt Philipps übernahm. Als Elfjähriger wählte ihn das Lübecker Domkapitel zum Fürstbischof. Er war der erste Fürstbischof aus dem Hause Holstein-Gottorf, die bis 1803 in Eutin residierten (Peters, 1958: 69 ff). Unter Johann Adolf spürte Eutin noch nicht viel von der fürstbischöflichen Epoche. Von dem elfjährigen Knaben konnten keine eingreifenden Änderungen ausgehen, und für das Domkapitel in Lübeck repräsentierte der Fürstbischof nur eine Symbolfigur.

Als Herzog Philipp 1590 starb, übernahm der jugendliche Fürstbischof Johann Adolf zusätzlich dessen Amt in Schleswig. Johann Adolf heiratete die Schwester des dänischen Königs Christian IV. Ein jüngerer Bruder Johann Adolfs, Johann Friedrich, war ebenfalls in jungen Jahren Erzbischof von Bremen geworden. 1607 wählte das Domkapitel des Fürstbistums Lübeck Johann Friedrich zum Fürstbischof. Damit konnte sich Johann Adolf nun voll seinen Tätigkeiten in Schleswig widmen. Unter ihm begannen die Arbeiten an den Anlagen rund um das Schloß Gottorf nach Heidelberger Stil. Auch Einflüsse aus Kassel muß man bei der Gestaltung zugestehen. Ahnte die Bruderschaft den Beginn des Silanums im „Reich"? Schleswig-Holstein gehörte ja zum Territorium der dänischen Krone. Jedenfalls behielt der Kasseler Hof die Tradition der politischen Einflußnahme unter ihm bei. Es haben sich Briefe des Landgrafen Moritz von Hessen-Kassel überliefert, welche die Religion betreffen. Es geht in einem Fall um die Verbesserung christlicher Re-

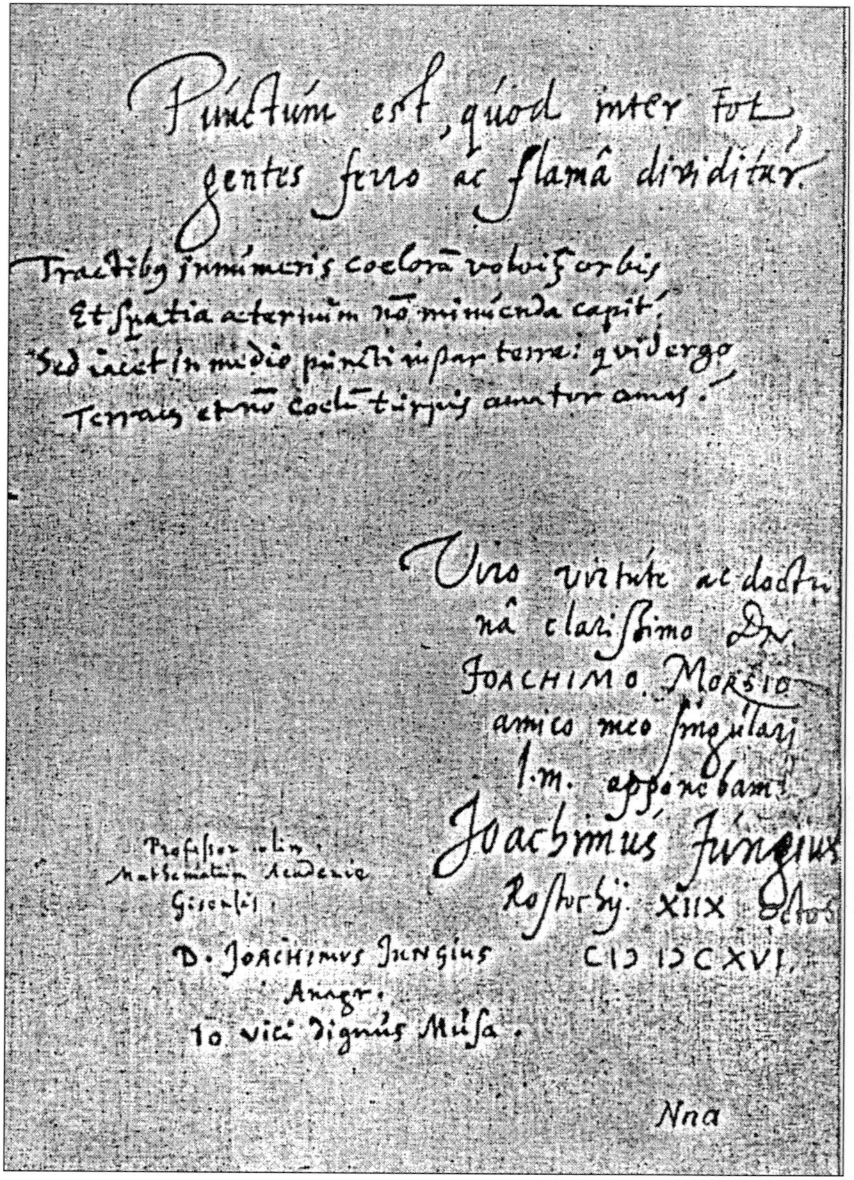
Punctum est, quod inter tot
gentes ferro ac flamâ dividitur.

Viro virtute ac doctrinâ clarissimo Dn.
JOACHIMO MORSIO
amico meo singulari
l.m. apponebam
Joachimus Jungius
Rostochij XIIX Octob.
CIↃ IↃCXVI.

D. JOACHIMUS JUNGIUS

Eintragung des Joachim Jungius
im Morsius-Album

ligionsvorstellung und Reformierung in bezug auf übrig gebliebene Reliquien und Zeremonien. Moritz rät über seinen Gesandten Hans Ludwig von Herstall dem Fürstbischof des Fürstbistums Lübeck, Johann Adolf, bei der Reformierung behutsam und vorsichtig vorzugehen und entsprechenden Unterricht vorausgehen zu lassen. Nach dem Tode Herzog Johann Adolfs entsandte Landgraf Moritz Justus Andrecht mit der Instruktion zu kondulieren und den Wunsch auszusprechen, Herzog Friedrich III. möge der reformierten Religion seines Vaters treu bleiben. Gleichzeitig warnt Landgraf Moritz vor einer plötzlichen und totalen Reformation (Waitz, 1865: II, 113).

In dem sogenannten *Morsius-Album* des Joachim Morsius, in dem sich auch Joachim Jungius eingetragen hatte, finden wir eine Eintragung Johann Adolfs aus dem Jahre 1616 ohne Angabe des Ortes auf Seite 72. Dieses Morsius-Album (*Album Academicum et Apodemicum*, vier Bände und ein Registerband, herausgegeben von Jakob von Melle) enthält Stammbucheintragungen in Form von Sprüchen und Widmungen, längeren Gedichten und Briefen, von Zeichnungen, erläuternden Familien- oder literaturgeschichtlichen Notizen und Exzerpten, meist von Morsius' Hand bei jeder Eintragung später hinzugefügt, besonders aus geschichtlichen und alchemistischen Schriften. Die Sammlung wurde 1610 begonnen und auf verschiedenen Reisen des Inhabers zusammengebracht; die Mehrzahl stammt also aus West- und Norddeutschland, den Niederlanden und England. 1680 kaufte Pomarius das Album von einer alten Frau. Er vererbte es 1731 an seinen Schwiegersohn Jakob von Melle. Aus Melles Besitz kam es ins Lübecker Stadtarchiv, von dort 1881 in die Stadtbibliothek. Das Album bestand aus vier Bänden, die wohl im Zweiten Weltkrieg in die Sowjetunion gelangten. Inzwischen wurde einer der Bände nach Lübeck zurückgegeben. Der Verbleib der anderen drei Bände ist noch unklar. Das Register der Eintragungen übernahm die Morsius-Biographie von Heinrich Schneider *Joachim Morsius und sein Kreis* aus dem Jahre 1929. Wir kommen noch öfter auf dieses Album zurück.

1616 ist das Todesjahr von Johann Adolf und der Zeitpunkt, zu dem Jungius und Morsius in Rostock zusammentrafen. Morsius studierte dort Theologie. Im selben Jahr ersuchte er vermutlich um Aufnahme in den Orden vom Rosenkreuz.

Die herzogliche Familie als ein vermutlicher Mittelpunkt des Ordens wird in diesem Jahr auf den jungen und begabten Morsius aufmerksam geworden sein und ihn möglicherweise eingeladen haben, um ihn kennenlernen zu können. Morsius, am 3. Januar 1593 zu Hamburg geboren, war nicht mittellos, hatte doch sein Vater schon als Goldschmied für Heinrich Rantzau gearbeitet und gewiß einen künstlerischen Ruf genossen. Doch lebte der Sohn in dieser Zeit nur als ein gewöhnlicher Student und Bibliothekar. Wenn Morsius plötzlich Zugang in fürstliche Kreise erhielt, dann verdankte er dies vielleicht seinem Wunsche, sich dem Gedankengut der Rosenkreuzer zu nähern. Diesen Wunsch hatte gewiß Jungius in ihm erweckt. Die herzogliche Eintragung aus dem Jahre 1616 im Morsius-Album belegt einen freundschaftlichen Kontakt zu Johann Adolf, der sich wohl bald auf die Familie erstreckte. Bis zu seinem Tode 1643 war Morsius als Freund und Gesellschafter Herzog Friedrichs III. bekannt und auch am dänischen Hofe ein gern gesehener Gast.

Nach dem Studium in Rostock scheint er schon früh zu chemisch-alchemistischen Forschungen hinübergewechselt zu haben. Dies zog ihn auch nach Leiden, wo er zwischen 1615-18 wohl als Bibliothekar an der dortigen Universität arbeitete. Über Jena und Leipzig kehrte er wieder zur Universität Rostock zurück (Schick, 1942: 144 ff).

Bereits zu Ostern 1616 erhielt Morsius einen Brief von seinem Heidelberger Kollegen, dem Universitätsbibliothekar Professor Janus Gruterus. Gruterus pflegte weitreichende rosenkreuzerische Verbindungen. Die überwiegende Zeit seines Lebens wirkte er in Heidelberg, nach dem Ende der dortigen R+C-Aktivitäten in Leiden. Den Brief schrieb dieser aus Frankfurt.

Morsius begab sich, wie bereits in vergangenen Jahren, 1617 erneut auf Studienreisen. Er besuchte Kopenhagen und Kronenberg, kam nach Rostock zurück und suchte im Dezember zwecks besonderer Studien den Theologen Johannes Corvenius in Greifswald auf.

Im Jahre 1618 begann Morsius eine Studienreise nach Frankreich und Italien, ohne jemals diese Länder zu erreichen. Über Lübeck, Stade, Hamburg, Bremen, Oldenburg, Emden und Franeker besuchte er noch einmal Leiden, wo er, wie auch in Amsterdam und Haag, studierte. Dabei pflegte er Beziehungen zum Kreis des 1606 verstorbenen Justus Lipsius, zu Gerhard Vossius, Barläus, dem Theosophen Daniel van Vlierden zu Niedorp auf Drebbel. In Leiden veröffentlichte Morsius einige philologische und naturphilosophische Werke.

1619 nahm Morsius an der Dordrechter Synode teil und unternahm eine „stürmische" Seereise nach England. Er studierte in Oxford und Cambridge, wo er die Magisterwürde erhielt. In England lernte er den berühmten Rosenkreuzer Robert Fludd kennen. Im Februar 1620 verließ Morsius die Britische Insel und erreichte wiederum Amsterdam.

Robert Fludd,
Stich von Matthäus Merian

Im Jahre 1616 hatte an der Theologischen Fakultät von Rostock ein anonymes Sendschreiben die Aufmerksamkeit erregt, worin der Autor zum Beitritt zur Rosenkreuzer-Bruderschaft aufforderte. Wie eine kurz darauf folgende zweite Schrift in Form eines Briefes an die Rosenkreuzer-Bruderschaft unter dem Pseudonym „Anastasius Philaretus Cosmopolitia" werden beide Morsius zugeschrieben. „Seit einem Jahr, so heißt es darin, habe er sich eifrig mit den Rosenkreuzer-Schriften befaßt und bitte nun dringend um eine Zusammenkunft mit den Brüdern, um von seinen Irrwegen auf die Bahn der Wahrheit gedrängt zu werden. Er stamme aus einer angesehenen Familie Holsteins und habe die Theosophie als Braut erwählt in der Hoffnung, sie einmal als Gattin heimzuführen, denn er mache sich nichts aus Reichtum und Ehren, da er der Meinung sei, daß man alle Schätze in sich selber suchen müsse. Zum Schluß spricht er die Hoffnung aus, daß das neue theosophische Licht, welches kleinliche Geister vergebens zu löschen versuchten, bald in aller Welt strahlen werde" (Schick, 1942: 189 f). Natürlich erhielt Morsius wie alle anderen, die nach dem Erscheinen der *Fama* an den Orden schrieben, keinerlei Antwort und versuchte vermutlich, auf seinen vielen Reisen den Kontakt mit den Rosenkreuzern aufzunehmen. Er, der den geheimnisvollen Orden vom Rosenkreuz suchte, merkte möglicherweise gar nicht, daß er schon lange Fühlung zu diesem hatte. Wichtige Ordensmitglieder nahmen Kontakt zu ihm auf, ohne sich ihm als solche zu offenbaren.

Unmittelbar nach seiner England- und Hollandreise 1620 veröffentlichte Morsius dann zwei Abhandlungen eines gewissen Cornelius Drebbel, Alchemist aus Alkmar, den er wohl in England kennengelernt hatte, und machte die Männer bekannt, die ihn außer Drebbel stark beeinflußt hätten: der Theosoph Daniel van Vlierden zu Niedorp und der Londoner Arzt Robert Fludd (Schick, 1942: 191).

Im Juli kehrte er in seine Heimatstadt Hamburg zurück und bereiste von hier aus Deutschland. Bereits im August 1620 traf er mit dem Gießener Professor und Paracelsist Heinrich Nollius in Hamburg zusammen. Eine Folge dieser Zusammenkunft war seine Veröffentlichung eines der chemisch-theosophischen Werke des Nollius, der *Via sapientiae truna.* Nollius plante nach Schick eine Gemeinschaft der *Bruderschaft des himmlischen Rades zu Wiederherstellung der hermetischen Medizin und Philosophie* und hoffte damit eine radikale Änderung aller Zustände, Wissenschaften und Einrichtungen, eine vollkommene Reformation, besonders in der Philosophie, heraufzubeschwören. Mit besonderer Findigkeit wußte Morsius weitere Verbindungen mit zahlreichen anderen Anhängern des neuen chemischen Lichtes zu pflegen, wie mit den Straßburger Ärzten Valentin Charstadt und Johann Nikolaus Furich, mit dem mecklenburgischen Arzt Adrian von Mynsicht und mit Michael Maier, dem Leibarzt Rudolfs II. und des Landgrafen Moritz von Hessen (Schick, 1942: 190 f).

Will-Erich Peuckert glaubt in diesem „unruhig umherschweifenden und rastlos suchenden Weisheitsjünger" einen der wenigen historisch relativ faßbaren und vielleicht sogar besonders charakteristischen Rosenkreuzer sehen zu dürfen, ja ihr Idealbild (Peuckert, 1928: VII).

Da Morsius und seine Freunde sich als Naturphilosophen bezeichneten, obwohl Schick und Peuckert sie dem rosenkreuzerischem „Lager" zurechnen, suchten sie bald die Annäherung an die vermeintlich strenger wissenschaftlich orientierte Societas ereunetica. Da diese aber bislang frei von „solchem Schwärmertum und solcher Unklarheit" geblieben sei, hätten sie damit das große Ansehen dieses Kollegiums ernsthaft gefährdet.

Doch bevor wir uns mit diesem Kollegium näher beschäftigen, müssen wir unseren Blick wieder auf die gesamteuropäische Bühne richten.

IX

Die Tragödie des „Winterkönigs"

Wir berichteten bereits, daß Karl V. auf dem Höhepunkt seiner Macht von einem unerwarteten Angriff überrascht wurde. 1552 mußte der Kaiser vor Moritz von Sachsen fliehen. Durch den Passauer Vertrag erhielten die gefangenen protestantischen Fürsten die Freiheit zurück.

Drei Jahre später, 1555, kam es zum Augsburger Religionsfrieden. Den Reichsständen wurde – mit einem Vorbehalt für die geistlichen Fürstentümer – das Recht der Entscheidung über den Glauben ihrer Länder zugestanden. An Religionsfreiheit war noch lange nicht zu denken, aber man konnte von einem ersten Schritt dorthin sprechen. Der Glauben der Reichsangehörigen fiel nicht mehr in den Zuständigkeitsbereich des Kaisers. 1556 dankte Karl V. ab. Das habsburgische Reich löste sich in die spanische und österreichische Linie auf. Der Bruder Karls V., Ferdinand I., folgte im Amt des deutschen Kaisers.

In der Kurpfalz trat der spätere Calvinist Friedrich III. im Mai 1557 die Regierung an und führte umgehend die Reformation ein. 1563 entstand unter der führenden Beteiligung dieses Kurfürsten der sogenannte „Heidelberger Katechismus" der Reformierten (Calvinisten). Es wurde und blieb bis heute das wichtigste Dokument aller reformierten Kirchen. Heidelberg stieg zu einem überregionalen geistigen Zentrum auf, übernahm aber auch immer mehr die Oppositionsführung zum Kaiserhaus. Friedrich III. knüpfte zudem die ersten Beziehungen zu den französischen Hugenotten und den niederländischen Reformierten. Ein Heer von 10.000 Mann unterstützte den Freiheitskampf der Niederländer unter den Oraniern, wurde allerdings von den Spaniern vernichtend geschlagen.

1576 wurde der von Kurfürst Friedrich III. stark unterstützte Rudolf II. zum deutschen Kaiser gewählt. An seinem Hofe versammelte er die größten Köpfe der Wissenschaft. Auch Tycho Brahe, Kepler, John Dee und der allgemein als unseriös abgestempelte Alchemist Edward Kelley zog es nach Prag. Etliche Anhänger oder Mitglieder der Rosenkreuzer-Bruderschaft zählten zu seinen Beratern, wie der Astronom und kaiserliche Leibarzt Tadeàs Hájek; der Weltreisende, Schüler Dees und Freund Giordano Brunos, Philip Sidney und die Führer der böhmischen Protestanten, die Brüder Wilhelm und Peter Wok von Rosenberg, um nur die bekanntesten zu nennen (Evans, 1980: 134 ff). Ein späterer Leibarzt Rudolfs II. war der 1568 in Rendsburg (Holstein) geborene Michael Maier. Obwohl manche behaupten, er sei Imperator des Ordens R + C gewesen, bestritt er in der Öffentlichkeit jede Ordenszugehörigkeit und äußerte sich nur derart, daß er glücklich sei, wäre er denn ein Rosenkreuzer.

Rudolf II. wird nicht zu den großen Politikern im

Friedrich V. und Elisabeth als Königspaar von Böhmen.
Zur Zeit ihrer Krönung veröffentlichter Stich, 1619, National Portrait Gallery

Sinne üblicher Machtentfaltung gerechnet. Doch was ihn über seine Zeit und Zeitgenossen – die oft nur einen Menschen mit skurrilen Neigungen und Ansätze von Wahnsinn in ihm sahen – überlegen machte, war der Samen der Gedankenfreiheit, den er

Kurfürst Friedrich V. von der Pfalz,
Reiß-Museum, Mannheim

ausgiebig säte. Er förderte auch die Freiheit der Wissenschaft und der Religion, vielleicht aufgrund des Einflusses, mit Sicherheit aber im Einklang mit den Zielen der Rosenkreuzer, die an seinem Hofe weilten.

Es lag nicht in Rudolfs Macht, schon zu seiner Zeit die Religionsfreiheit in seinem Reiche zu verkünden und er verhielt sich auch später im scheinbaren Gegensatz dazu. Durch sogenannte Majestätsbriefe erwirkten die Protestanten in Siebenbürgen, Ungarn und Böhmen allerdings Vorrechte. Den böhmischen Ständen wurde 1609 sogar Religionsfreiheit und das Recht der Königswahl zugestanden. Doch die unter jesuitischem und spanisch-katholischem Einfluß stehenden österreichischen Habsburger verfolgten eine harte Politik des „wehret den Anfängen".

1608 hatte sich die protestantische Union formiert. Sie wurde durch die Bemühungen des Kurfürsten Friedrich IV. von der Pfalz, vor allem aber aufgrund der rastlosen Initiative seines Kanzlers, Christian von Anhalt, gegründet. Im Jahre 1610, ein Jahr nach der Einführung der Religionsfreiheit, löste Friedrich V. von der Pfalz seinen Vater Friedrich IV. ab.

Friedrich V., in Sedan auf der hugenottischen Ritterakademie ausgebildet, stand in jungen Jahren unter dem Einfluß seines calvinistischen Onkels, dem Herzog von Bouillon, bei dem er sieben Jahre lebte. Im Herbst 1608 stimmte der pfälzische Rat dafür, eine Ehe zwischen Friedrich mit Elisabeth Stuart, Tochter des Königs Jakob I. von England, anzustreben, die auch 1613 zustandekam (Parker, 1991: 91). Es gibt auch Gerüchte, daß andere Kreise die Fäden dafür zogen. Wie auch immer: Was für die einen den Zusammenschluß der protestantischen Bewegung in Deutschland mit den Hugenotten, niederländisch-Reformierten und England stärken sollte, war möglicherweise für andere sogar ein spirituell-symbolischer Traum: Eine Ehe des sich in rosenkreuzerischen Kreisen Bewegenden und Führer der Reformierten, Friedrich V., mit einer

Elisabeth Stuart,
Reiß-Museum, Mannheim

gleichnamigen Nachkommin der alten Schutzpatronin aller religiösen und geistigen Reformer in Europa, Königin Elisabeth I. Zu welch übergreifenden Assoziationen regten allein die Namen dieser Protagonisten an! Bereits die Hochzeitszeremonien entfalteten eine rege rosenkreuzerische Symbolik (Yates, 1975: 13). In der Pfalz brauchte sich die Bruderschaft nicht zu verstecken. Es schien, als würde sich der rosenkreuzerische Gedanke von Freiheit und Fortschritt nun frei entfalten können.

Jedoch bereits 1612 ging für alle reformerischen Geister mit der Wahl von Matthias zum deutschen Kaiser ein ganz anderer Stern auf. In dem Jahr, in dem in Schlesien die *Aurora – oder die Morgenröte im Aufgang* des Jakob Böhme erschien, trat mit Matthias, dem Bruder Rudolfs II., ein Kaiser sein Amt an, der alle Staatsgeschäfte seinem Vertrauten, Kardinal Melchior Khlesl, überließ, der in den österreichischen Erblanden schon erfolgreich die Gegenreformation durchgeführt hatte.

Trotzdem vermochten sich unter Matthias die Protestanten aber noch zu behaupten. Auch die Rosenkreuzer, die durch ihre fürstlichen Mitglieder die Entwicklung der Freiheit in Wissenschaft und Religion zu lenken versuchten, arbeiteten vorerst ungehindert weiter.

Heute empfinden wir die Religionsfreiheit als einen Fortschritt, den wir nicht mehr missen möchten, obwohl wieder genügend Fanatiker daran rütteln wollen. Damals ließen in Böhmen, dem Land der Religionsfreiheit, katholische Herren zwei protestantische Kirchen auf ihren Boden abreißen, nachdem sie vorher bei Kaiser Matthias ein Verbot dieser Bauten durchsetzen konnten. Dies führte zur Revolte. Am 21. Mai 1618 wurde in Prag ein Protestantentag berufen. Die Abgesandten der Versammlung warfen zwei Tage später zwei kaiserliche Statthalter samt ihrem Sekretär aus dem Fenster des Hradschin. Sie landeten auf einem Misthaufen. Damit hatte die Revolution begonnen und, wie viele behaupten, auch der Dreißigjährige Krieg.

1619 starb Kaiser Matthias. Sein Nachfolger, Ferdinand II., ein treuer Diener seiner Kirche, Zögling der Jesuiten, „neben Maximilian von Bayern die stärkste Stütze des katholischen Glaubens in einer Stunde der größten Gefahr für die römische Kirche ..." (Freund, 1979: 332) wird nun zum großen Vorkämpfer der Gegenreformation.

Das protestantische Böhmen, das seine freiheitlichen Vorrechte nicht missen wollte, verweigerte Ferdinand II. den Gehorsam, der von den Ständen zum König gewählt worden war und mit seinen jesuitischen Beratern zügig daran ging, die böhmische (hussitische) Kirche zu unterdrücken. Selbst liberale Katholiken versuchten sich gegen diese Politik zu stemmen. So pochte Böhmen auf das von Rudolf II. verbriefte Recht der freien Königswahl. Nach vergeblichen Verhandlungen mit dem Kurfürsten von Sachsen und dem Herzog von Savoyen, denen die Krone Böhmens angetragen wurde, wählten sie schließlich Friedrich V. von der Pfalz zu ihrem König. Es gab dazu vorher enge Kontakte Christian von Anhalts mit den Führern der Protestanten in Böhmen, den Rosenbergs, und dem Kreis um Karl Zierotin in Mähren, dem Gönner und Schutzherrn von Comenius. Der pfälzische Kurfürst zögerte lange, fühlte sich von mehreren Seiten politisch wie religiös-spirituell in diese Rolle gedrängt, glaubte sich aber schließlich behaupten zu können. Er war in gutem Glauben, seinen Schwiegervater, Jakob I. von England, hinter sich zu haben. Doch schnell wurde klar, daß Jakob gar nicht daran dachte, seinem Schwiegersohn beizustehen, was dann auch die anderen reformierten Fürsten der Union veranlaßte, von diesem gefährlichen Zug abzuspringen. Als Friedrich sich schließlich entschloß, die Krone anzunehmen, war er längst isoliert und das Fiasko abzusehen. Die Tatsache, daß er und seine zumeist unbestritten fähigen Berater dennoch diesem jetzt fast aussichtslosen Abenteuer noch zustimmten, läßt für all die Forscher, die nicht vorschnell von einem „leichtsinnigen, unerfahrenen und unfähigen jungen Kurfürsten" sprechen, noch so manche Fragen offen.

Dem englischen König aber unterstellt die Forschung die unterschiedlichsten Beweggründe. Durch seine im eigenen Lande äußerst unpopuläre Außenpolitik, mit keiner der im Dreißigjährigen Krieg kämpfenden Parteien zu brechen, andererseits aber mit einer ungenügenden Friedensvermittlungspolitik löste er jedenfalls in Europa ein Chaos aus. Durch sein Nichtstun schlug er die Reform, die in die Revolution gedrängt worden war, nieder. Im ersten Augenblick mögen wir dies bedauern. Doch können wir ermessen, was geschehen wäre, hätte England einen protestantischen Gegenkönig in Konfrontation mit dem „allerkatholischsten Hause Habsburg" unterstützt? Viele Anhänger einer von der *Fama fraternitatis* geforderten Generalreformation klagten über diese Wendung des Schicksals auf dem Kontinent. Gehörte es aber überhaupt zu den Zielen der Rosenkreuzer, eine Art „Priesterkönig" als Machtinstrument und mit Hegemonialanspruch aufzubauen?

Der an sich schwache Kaiser Ferdinand II. verbündete sich nun mit Maximilian von Bayern und der katholischen Liga. Am 8. November 1620 wurde der König von Böhmen in der Schlacht am Weißen Berg geschlagen. Er floh mit seiner Frau ins Exil nach Holland. Noch einmal dazu der Historiker Freund (1979: 335): „ ... Die Schlacht am Weißen Berg ist eine der großen Entscheidungsschlachten der Weltgeschichte und stellt einen Wendepunkt der deutschen Geschichte dar. Böhmen brauchte drei Jahrhunderte, um die Schlacht am Weißen Berg zu überwinden ..."

1621 schien es so, als hätte die katholische Liga auch den Rosenkreuzern den Garaus gemacht. Die Spanier fielen unter General Tilly in die Pfalz ein. Auf Anweisung Maximilians von Bayern ließ Tilly die berühmte „Bibliotheca Palatina" durch den päpstlichen Legaten Leo Allaci von den Emporen der Heiliggeistkirche entfernen und als Geschenk an Papst Gregor XV. nach Rom transportieren. Wollte der Vatikan teilhaben an dem überlieferten Wissen seiner Gegner? Schließlich waren in dieser ursprünglich pfalzgräflichen Bibliothek die vor allem arabischen Handschriften eines Jakob Fugger eingeflossen, wie auch neuere Werke des Humanismus. Oder sollte der Herd des Humanismus, der sich seit der Gründung der Akademie der Medicis in Florenz auch allzusehr mit der jüdisch-christlichen Mystik befaßte, zum Erlöschen gebracht werden? Zu den Büchern, die nach Rom wanderten, gehörten auch etliche aus dem Privatbesitz des Jan Gruterus (Mittler / Werner, 1986: 37). War aber wirklich alles aus?

Für die Rosenkreuzer wird der Boden immer heißer. Wer nicht in die letzten Oasen der Religionsfreiheit flüchten konnte, Niederlande, England

Segeberg 1585, Kupferstich von Johann Greve in: Braun-Hogenberg, *Civitates Orbis Terrarum*, Köln 1572-1618. Unterhalb der Burg, rechts am Hang, das schloßartige Privathaus von Heinrich Rantzau (heute nicht mehr erhalten).

oder Brandenburg (Skandinavien lag damals wohl außerhalb des Gesichtskreises), konnte vermutlich nur zum Opportunisten werden. Einige aber dachten weiter. Unter der Führung Heidelberger Humanisten charterten sie das Schiff „Santa Maria", um nach Amerika auszuwandern. Dort gründeten sie in Philadelphia eine rosenkreuzerische Gemeinde und galten dort als „Pietisten", die Frommen.

Zum Schluß dieses Kapitels ein Szenenwechsel. Ort der Handlung: Bad Segeberg in Holstein. Auf der Siegburg in Segeberg trifft sich im gleichen Jahr (1621) eine glänzende Gesellschaft. Der Dänenkönig Christian IV., eine ganze Reihe norddeutscher Fürsten, die Gesandten von Schweden, England, der Niederlande und Friedrich, der Winterkönig von Böhmen, haben sich eingefunden (Stadt Bad Segeberg, 1937: 43). Noch hat niemand aufgegeben. Der Drang zur Freiheit des Denkens ist stärker als alle Gewalt und Unterdrückung.

Ein Jahr später, 1622, machten Rosenkreuzer erstmals in der Geschichte Lübecks unter diesem Namen von sich reden. Als „Gelehrte Gesellschaft" konnten sich die Mitglieder bis zu diesem Jahr frei versammeln. Dann aber stießen sich die kaisertreuen Lübecker an dem Begriff „Rosenkreuzer"; davon aber soll an späterer Stelle berichtet werden.

X

Die Rostocker „Societas ereunetica"

In der Vergangenheit bezeichnete man die Rosenkreuzer oft als „die unsichtbare Gesellschaft". Teilweise leugnete man ihre Existenz mit einem Ausschließlichkeitsanspruch und stellte die, die sich Rosenkreuzer nannten, kurzweg als Scharlatane hin. Hier liegt natürlich auch eine unkorrekte Begriffsverflachung vor. *Rosenkreuzer* ist ein Endzustand wie vergleichsweise der Kommunismus. Es gibt per Definition also tatsächlich *noch* keine Rosenkreuzer, wie es auch noch keine Kommunisten gibt, trotz häufiger Behauptung. Es gab immer nur Mitglieder oder Anhänger einer mehr oder minder organisierten Bewegung.

Wenn allerdings große und anerkannte Wissenschaftler dem Orden vom Rosenkreuz angehörten, versuchte man oft alles, um dies in Abrede zu stellen. Die Beschäftigung mit solchen Lehren, „schwärmerische Rosenkreuzerei" benannt und mit geistiger Vagabundiererei gleichgesetzt, wird dann als Jugendsünde hingestellt, und man erwähnt im gleichen Atemzug, daß dieser oder jener Vertreter zu den bahnbrechenden Wissenschaftlern zu zählen und dies nicht mit einer Mitgliedschaft bei einem hermetischen Orden zu vereinbaren sei. Erinnern wir uns aber an die *Fama fraternitatis*. Sie kämpfte um den Fortschritt in der Wissenschaft, um die Freiheit des Denkens und verlangte eine allgemeine Reform.

Jungius gilt heute unumstritten als einer der großen Wissenschaftler seiner Zeit. Mit den Waffen logischer und empirischer Kritik wollte er die Naturwissenschaften durchdringen und sie aus dem „Labyrinth metaphysischer Spekulationen" herausführen. So wurde er zum Vorkämpfer für modernes wissenschaftliches Denken und Arbeiten. Als Goethe 1828 in Jena die Werke des Jungius las, meinte er, daß man etliche Zeit des Forschens hätte sparen können, hätte man die Ergebnisse der biologischen Forschung des Jungius berücksichtigt. Wenn Jungius bereits damals nach heutigem wissenschaftlichen Verständnis vorging, dann tat er es im Sinne der Rosenkreuzermanifeste, die ja zumindest teilweise aus seiner Feder oder seinem Geiste stammen sollen.

1618 habilitierte Jungius in Padua als Doktor der Medizin. Im Anschluß finden wir ihn als Professor für Mathematik in Rostock und Lübeck. In dieser Zeit beginnt eine verstärkte wissenschaftliche Forschung und der Beginn seiner reichhaltigen wissenschaftlichen Veröffentlichungen. 1622 (oder 1623) gründete er in Rostock die Societas ereunetica (Gelehrte Gesellschaft) als erste wissenschaftliche Akademie in Deutschland. Sie gehört zu den zahlreichen im 17. Jahrhundert gegründeten Gesellschaften in denen sich naturwissenschaftlich interessierte Laien und Ärzte zusammenschlossen. In der Regel erfreuten sie sich dabei der Förderung eines Mäzens. Solche Gesellschaften existierten 1603 bis 1630 in Rom, 1657 in Florenz und ähnelten der englischen „Royal Society" und der französischen „Akademie der Wissenschaften".

Die Rostocker Gelehrte Gesellschaft soll sich speziell die Accademia dei Lincei von Rom zum Vorbild genommen haben (Kangro, 1968: 336). Diese römische Accademia, 1603 von Cesi gegründet, wollte allgemein die Naturwissenschaften fördern. Die Societas ereunetica forderte aber weitergehend, „die Wahrheit aus der Vernunft und der Erfahrung zu erforschen und die gefundene Wahrheit zu erweisen; ... (sie) von der Sophistik zu befreien, zu einer demonstrativen Gewißheit zurückzuführen, durch richtige Unterweisung zu verbreiten und schließlich durch glückliche Erfindung zu mehren." Das Ziel war, „die Wissenschaft von Grund auf neu zu beginnen, keine Regel und keine Anweisung zuzulassen, die nicht von neuem gründlich erforscht und erprobt worden sei" (Joachim Jungius-Gesellschaft für Wissenschaft Hamburg, 1957: 91). Sie legte ihren Mitgliedern geradezu die Pflicht auf, im Wettstreit miteinander nach neuen Erkenntnissen auf allen Wissensgebieten zu ringen.

Hier begann die Basisarbeit, um Wissenschaft aus der Enge von spezifischer Fachbereichsforschung und von Eckdaten religiös-spiritueller Überlagerung herauszuführen, auch wenn mancher mutmaßte, die Einladung zur Mitgliedschaft vor allem norddeutscher Wissenschaftler, richte sich gegen den von den Jesuiten überlagerten Süden. Aber hier begann sich auch Wissenschaft in den Dienst des Fortschritts der Allgemeinheit zu stellen. In diesem Sinne arbeitete diese Gesellschaft, ob von rosenkreuzerischem Gedankengut nun zersetzt oder getragen, im Sinne und Auftrag der *Fama fraternitatis.*

Der überwiegende Teil der Mitglieder wohnte in Lübeck (Schneider, 1929). Zu den ersten gehörte vor allem der geschätzte Freund Johann Valentin Andreaes und des Jungius, der 1585 zu Vörde geborene Johann Adolph Tassius, ein auch im Ausland angesehener Mathematiker, dessen Name oft in einem Atemzuge mit Descartes genannt wurde.

Hans Schick (1942: 143) glaubt nicht an eine Verfasserschaft von Jungius hinsichtlich der *Fama*, gibt aber zu:

„... Mit Recht sehen wir daher in der ‚Societas ereunetica' einen gesünderen und ernsteren Versuch, den in der ‚Fama' auftauchenden Plan eines ‚Collegium philosophicum' – allerdings völlig unabhängig von der Utopie – zu verwirklichen, ein Versuch, dem Männer wie Leibniz und Comenius ihre Anerkennung nicht versagt haben ...". Im gleichen Kapitel erwähnt er zudem, daß Andreae ebenfalls dem rosenkreuzerischen Kapitel in Kassel angehörte.

Schick sieht den Einfluß des Andreae auf Jungius (und nicht umgekehrt) dadurch bestätigt, daß, als Jungius 1619 aus Italien nach Rostock zurückkehrte, dort bereits ein Kreis von Freunden des Andreae existierte. Dazu zählten der Jurist Heinrich Hein, der Theologe, Mathematiker und Topograph Eilhard Lubinus (1565-1621), der Theologe Paul Tarnovius und sein Neffe Johann Tarnovius sowie Johann Affelmann (Schick, 1942: 141).

Dies hätte ein Andreae-Einfluß aus zweiter Hand sein können, wenn nicht Jungius schon ein paar Jahre früher – zumindest kurzzeitig – im Dienste des Landgrafen Ludwig V. von Hessen-Darmstadt gestanden hätte. Dieser trug den Beinamen „der Getreue", da er, obschon Lutheraner, bis zum Tode treu den Habsburgern diente, was ihn auch in krassen Gegensatz zu seinem Vetter, Moritz von Hessen-Kassel, brachte. Der Historiker Rahlenbek behauptet, Ludwig hätte trotzdem zum Kasseler Kapitel gezählt. Auch wenn die Angaben Rahlenbeks angezweifelt werden, gibt es doch ausreichend Hinweise auf diverse rosenkreuzerische Kontakte „des Getreuen".

Über Ludwig urteilt Volker Press: „Die intellektuelle Brillianz des Landgrafen

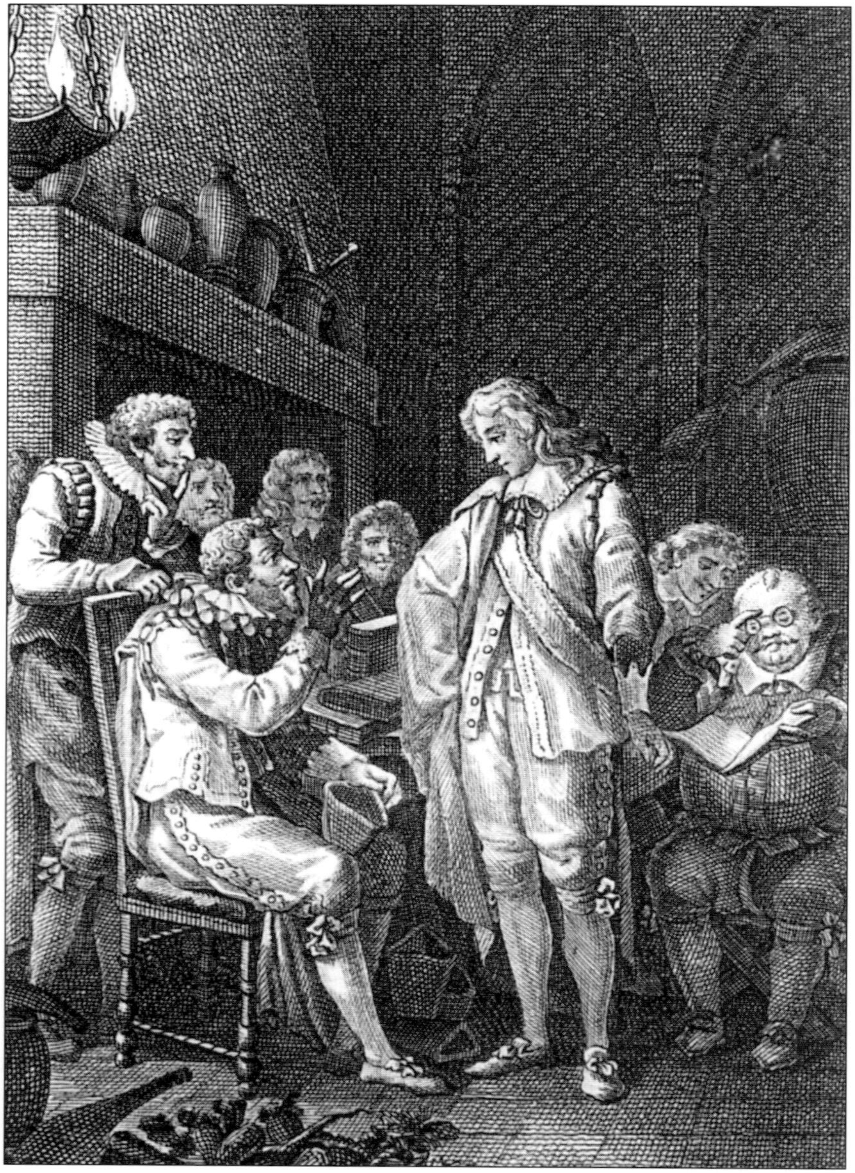

Moritz von Hessen-Kassel darf nicht darüberhinwegtäuschen, daß er in seinem Vetter Ludwig V. einen ebenbürtigen und reichspolitisch überlegenen Gegner fand. Ludwig V. (1577-1626, Landesfürst seit 1596) hatte nicht die Genialität des Kasselers, aber auch er war ein gebildeter und bedeutender Fürst, der den Ausbau des Darmstädter Territoriums im Sinne des Vaters fortgesetzt hatte. Auch er war sprachkundig, auch er bevorzugte einen ausgesprochen höfischen Stil. Zu seinem Paten Ludwig IV. hatte er die besten Beziehungen ... Während Moritz sich politisch immer mehr als Außenseiter profilierte, knüpfte der Darmstädter Landgraf jene reichspolitischen Beziehungen, die ihn zum Konflikt befähigten – anfangs vor allem zu den Kurfürsten von Sachsen und von Mainz". (in: Heinemeyer, 1986: 293)

Leider fand die Societas ereunetica in den ersten Jahren des Dreißigjährigen Krieges schon ein Ende – so heißt es jedenfalls im allgemeinen. Georg Schuster allerdings bringt die Rostocker Akademie mit anderen „alchemistischen Gesellschaften" in Verbindung, die sich in Nürnberg, Wien (?), Prag (?), Braunschweig, Helmstedt, Lüneburg, Hamburg, Bremen, Erfurt, Danzig, Mantua, Venedig, Amsterdam

Leibniz wird 1667 Sekretär einer geheimen Gesellschaft von Alchemisten in Nürnberg. Niedersächsische Landesbibliothek, Hannover

und Haag organisiert hatten und länger bestanden. Noch 1676 machte nämlich Johann Wulfert, ein Freund von Leibniz und später Mitglied der Berliner Akademie eine Rundreise durch Deutschland, um diese Gesellschaften aufzusuchen. Zu der Nürnberger Gruppe zählt Schuster Justus Jakob Leibniz, dem Oheim des Philosophen, Pfarrer an St. Jakob daselbst. Im Jahre 1667 nimmt man den einundzwanzigjährigen Neffen des Pfarrers, Gottfried Wilhelm Leibniz, als Sekretär in diesen Alchemisten- und Rosenkreuzerkreis auf. Diese Gruppe pflegte wiederum regen Austausch mit gleichgesinnten Freundeskreisen in Oberitalien, England, den Niederlanden und natürlich Deutschland (Schuster, 1905: I, 513 f).

XI

Lübeck im Kampf gegen die „Enthusiasten"

Im Jahre 1622 traf Morsius mit drei Freunden in Lübeck ein. Morsius hatte zu dieser Zeit bereits etliche Bekannte in Lübeck. So auch Johann Kirchmann, Philologe, Rektor der Lateinschule im Katharineum und späterer Bibliothekar in Lübeck (gest. 1634). Eintragungen im Morsius-Album in den Jahren 1612, 1618, 1632. Es gibt eine Sammlung von Briefen namhafter Gelehrter an Kirchmann, die auffällig macht, daß der Freundeskreis Kirchmanns mit dem des Morsius weitgehend identisch war, obwohl er nicht zu denen gehörte, die in Ottendorfs Haus später verhaftet wurden. Kirchmann scheint auch eigentlicher Mittelpunkt der Jungius-Freunde in Lübeck gewesen zu sein (Stolterfoth, 1929: 24 ff). Hier sei daran erinnert, daß Morsius auch gute Beziehungen zum Hause Holstein-Gottorf und damit zum Fürstbischof für das Bistum Lübeck hatte.

Durch seinen Kontakt mit Männern, die dem Orden vom Rosenkreuz angehörten und dies auch offenbarten, und durch sein relativ auffälliges Suchen nach diesem Orden war Morsius nicht nur als wissensdurstiger Gelehrter, sondern auch als „*der* Rosenkreuzer" in Lübeck bekannt.

Lübeck als freie protestantische Reichsstadt im Norden verstand sich auf der Seite des Kaisers. Der Kaiser aber hatte den Winterkönig verjagt und eindeutig gegen alle seine politischen und geistigen Anhänger Stel-

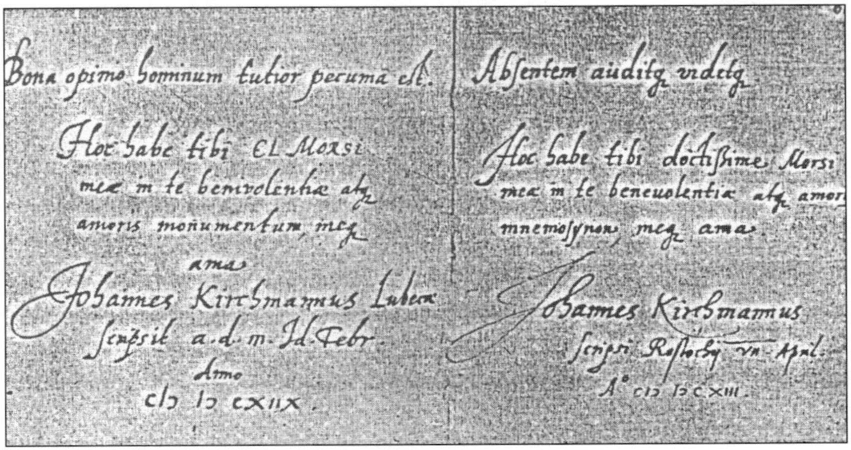
Bona opimo hominum tutior peruma est.
Hoc habe tibi Cl. Morsi
meæ in te benivolentiæ atq.
amoris monumentum, meq.
ama
Johannes Kirchmannus Lubec.
scripsit a. d. III. Id. Febr.
Anno
CIↃ IↃ CXIIX

Absentem audito videto.
Hoc habe tibi doctissime Morsi
meæ in te beneuolentiæ atq. amoris
mnemosynon, meq. ama.
Johannes Kirchmannus
scripsi Rostochii VII April.
A° CIↃ IↃ CXIII.

Eintragung von Johann Kirchmann im Morsius-Album

lung bezogen. Wenn man im Jahre 1622 Morsius einer peinlichen Durchsuchung unterzog, dann um Beweise zu finden, daß er einer dieser gefährlichen Enthusiasten sei. Und solche Beweise ließen sich leicht finden.

Die vortrefflichsten Mitglieder der Gesellschaft verloren ihren guten Ruf, wenn man sie mit den „Rosenkreuzern" in Verbindung brachte. Dafür sorgten vor allem die Schmähschriften aus dem Lager der Gegenreformation. An den protestantischen Fürstenhöfen begegnete man ihnen zwar durchaus mit Interesse; in der Provinz dagegen hegte man ablehnendes Mißtrauen und warf ihnen vor, „Enthusiasten" zu sein.

Unter Enthusiasmus verstand man eine göttliche Begeisterung. Das Wort leitet sich vom griechischen Theos (= Gott) ab. Es bedeutete die mit Inspiration verbundene Ergriffenheit und außerordentliche Erlebnisfähigkeit, die als göttliche Begeisterung verstanden wurde. Enthusiasmus schrieb man vor allem den Dichtern zu, in der Spätantike aber auch den bildenden Künstlern. Enthusiasmus galt als eine der unerläßlichen Voraussetzungen erfolgreichen künstlerischen Schaffens. Aristoteles, der um 1600 zum Lehrprogramm der Schulen gehörte, maß dem Enthusiasmus nur geringen Wert bei. Der Idealismus Platons und der späteren Platoniker sah im Enthusiasmus ein Aufsteigen zur göttlichen Idee des Schönen (Irmscher, 1974: 150).

Wir können also im Enthusiasmus damaliger Sinngebung die Fähigkeit verstehen, göttliche Inspiration zu erhalten, die zu vollkommenen Werken befähigt. Dies bedeutet auch, daß der Mensch befähigt ist, selbst durch Gott inspiriert zu werden, ohne den Umweg über die Kirche und ihre Autorität zu benötigen.

Hier haben wir wohl den Stein zu suchen, an dem die Kirche sich stieß. Die Pfarrer legten sich auch entsprechend wortreich ins Zeug. Sie ahnten wohl nicht, daß ihr Bischof häufig selbst zu den Mystikern gehörte. Aus der Warte eines Pfarrers darf einem Bischof allerdings wiederum göttliche Inspiration zugestanden werden.

Ein Mann, der besondere Inspirationen erhalten hatte, war der schlesische Schuster Jakob Böhme, mit dem Morsius als Schüler über die wahre Interpretation rosenkreuzerischer Gedankeninhalte in Schriftverkehr stand und von dem Morsius ein Buch mit sich führte, als er im Jahre 1622 von Lüneburg aus in Lübeck einzog. Begleitet wurde er dabei von dem Mitglied der Societas eurenetica Leonhardt Elver, dem Glogauer Arzt und Böhme-Verehrer Balthasar Walter und von Johann Staritius, einem angeblichen „landfahrenden Scharlatan", der auf seinen Reisen durch Arabien, Syrien und Ägypten nach der kabbalistischen Weisheit gesucht habe und in Dresden als Goldmacher aufgetaucht sei (Schick, 1942: 191).

Morsius hatte zwei starke Gegner: den Klerus als Feind der Enthusiasten und den Senat, der einen potentiellen Aufruhr gegen die kaisertreue Staatsgewalt fürchtete. Doch seine Freundschaft zum Fürstbischof und einige Anhänger im Senat retteten ihn aus dieser Situation. Der Rat der Stadt machte erst mobil, als er von „Zusammenkünften" der „Rosenkreuzer" hörte. Bei Morsius wurden einige Bücher beschlagnahmt, darunter auch ein Buch von Jakob Böhme *Der Weg zu Christo*. Im Senat herrschte Uneinigkeit, ob diese „Schwärmer" harmlos oder gefährlich seien und man versuchte, die Zusammenkünfte fürderhin zu unterbinden. Als 1624 bekannt wurde, daß sich die Gruppe weiterhin heimlich traf, gab es erneuten Ärger mit den Behörden.

Man kann verstehen, daß Autoren diese rosenkreuzerischen Schwärmer, die sich heimlich getroffen hatten und über geheimnisvolle Dinge redeten, in keiner Weise mit der Societas ereunetica in Verbindung gebracht sehen möchten. Wenn man aber heute ganz offen die Royal Society des 17. Jahrhunderts in London als rosenkreuzerisch bezeichnet (Yates, 1975: 114 ff), dürfte es auch im nachhinein für die Societas ereunetica eigentlich keine Schande sein, wenn sie offensichtlich rosenkreuzerisch untermauert war.

Es sind aber noch andere Umstände zu beleuchten: Der lübsche Senat und das Geistliche Ministerium trugen einen harten Macht- und Kompetenzstreit miteinander aus. So forderte z. B. 1578 das Geistliche Ministerium den Rat in einem Memorandum auf, Maßnahmen gegen die Entheiligung des Sonntags, gegen Verletzungen der kirchlichen Lebensordnung, gegen unsittliches Treiben, gegen Unordnung in der Schule usw. zu ergreifen. Ein Geistlicher verglich die Lübecker Verhältnisse sogar mit dem Augias-Stall (Hauschild, 1981: 280). Der Rat hielt die Geistlichkeit zunächst hin, worauf von der Kanzel in zunehmenden Maße polemisiert wurde. 1582 zitierte man die Prediger in das Rathaus. Der Rat wies schroff darauf hin, daß er der „Arbeitgeber" der Geistlichkeit sei und die Geistlichen sich hüten mögen, sich in die Angelegenheiten des Rates zu mischen.

Darüber hinaus machte der Rat sein Recht geltend, auch in Kirchenangelegenheiten hineinreden zu dürfen. Unter anderem kritisierte der Rat das Schelten und Fluchen von der Kanzel, das Anprangern angeblicher Sünder, die Übertreibung bei der Kritik von Mißständen, die Einführung neuartiger Gebühren für kirchliche Amtshandlungen. Scharf wurde auch hervorgehoben, daß Prediger ihre Amtshandlungen gelegentlich in angetrunkenem Zustand vollzogen hatten (Hauschild, 1981: 281). In diesem Sinne ging der Zank weiter. Doch den Dogmatikern in beiden Reihen gelang es nicht, sich durchzusetzen.

Großes Mißtrauen aber herrschte nicht nur zwischen dem Rat und der Geistlichkeit, sondern auch zwischen Lübeck und Schleswig-Holstein. In Schleswig und Holstein machte man sich über das strenge Luthertum in Lübeck lustig. Man war hier für andere Auffassungen durchaus aufgeschlossen, z. B. für den Calvinismus. Am Hof des Bischofs in Eutin hielt man einen reformierten Prediger.

Dies alles soll die Situation in Lübeck verdeutlichen, als sich dort eine rosenkreuzerische Bewegung zu konstituieren versuchte. Sie wird also 1622 zum ersten Male erwähnt, als Morsius und seine Freunde in Lübeck „einfielen" und Versammlungen abhielten. Wir könnten also dieses Jahr als Beginn solcher Aktivitäten ansetzen, aber da gibt es noch einige Fassaden am Lübecker Rathaus.

Fassade am Lübecker Markt

Wer sich in Lehrmeinungen verbohrt, wird nie die Wahrheit erfahren. Es gab um dieses Problem etlichen Streit. Der Bischof in Eutin verwahrte sich gegen alle Anfeindungen, und irgendwie verlief der ganze Streit im Sande.

Die Schmuckfassaden weisen etliche Rosenkreuz-Symbole auf und tragen an einer Front die Jahreszahl 1570, das Jahr, in dem Heinrich Rantzau Heidelberg besucht hatte. Zu dieser Zeit regierte ein Verwandter Heinrich Rantzaus als Fürstbischof in Lübeck, Bischof von

Holle. Eberhard von Holle, ehemals Abt von Lüneburg, war der erste evangelische Bischof, den der Papst legitimierte (1562) und der sogar vom Kaiser durch Belehnung mit Regalien anerkannt wurde. Rechtlich scheint dies nach dem Religionsfrieden von 1555 eigentlich ein Unding. Wir haben hier einen schönen Beweis, daß auch Unmögliches möglich gemacht werden kann. Erinnern wir uns daran, daß Heinrich Rantzau als Protestant mit dem katholischen Kaiser befreundet war. Als Drahtzieher für diese Situation am Sitz des Fürstbischofs kommen der holsteinische Adel und der dänische König in Betracht.

Als Eberhard von Holle noch als Abt in Lüneburg wirkte, gab es dort möglicherweise bereits die Militia Crucifera Evangeliae, die Schick und andere Autoren als Rosenkreuzerorganisation einstufen. Aus neuerer Sicht sollte man eher von einem Gremium von Vertretern überwiegend neutemplerischer Orden reden. Auch der Orden vom Rosenkreuz war durch eine Delegation vertreten. Ins Licht der Öffentlichkeit trat die Organisation durch ein Konvent 1586 zu Lüneburg, über das Kapitel IV berichtet. Im selben Jahr verstarb am 5. Juli Eberhard von Holle und wurde am 12. Juli in der St. Michaeliskirche beigesetzt. Man sagte ihm nach, er konspirierte mit ausländischen Mächten (Schäfer, 1967: 110). Nur wenige Tage nach seinem Tod müssen die zahlreichen ausländischen Gäste angereist sein, die sich möglicherweise als Kondulenz-Besucher tarnten.

Gestatten wir uns einen Rückblick:

Auch die Lübecker Reformationsaktivitäten begannen in Wittenberg. Der Lübecker Jürgen Benedicti-Sengestake studierte hier bei Luther und Melanchthon.

Ebenso lehrte der Doktorvater Luthers, Andreas Bodenstein-Karlstadt, in Wittenberg und wird den Lübekker Studenten beeinflußt haben. Besonders im Jahre 1521, als Luther auf der Wartburg lebte, müssen wir in Bodenstein-Karlstadt die führende Person der Durchführung der Reformation in Wittenberg sehen. Nach der Rückkehr Luthers wurde Bodenstein-Karlstadt von diesem 1522 samt den „Schwärmern" aus Wittenberg vertrieben. Im gleichen Jahr verließ auch Jürgen Benedicti-Sengestake Wittenberg und kehrte nach Lübeck zurück. Während seiner Studienzeit hatte er beständig Wittenberger Schriftgut nach Lübeck gesandt. Von 1520 an druckte diese protestantischen Schriften in Lübeck ein gewisser Hans Arndes.

Bodenstein-Karlstadt zählt zu den Mystikern. Der Gegner der Rosenkreuzer, Christopherus Nigrinus, (Sphynx Rosacea, das ist: Der Entdeckung der Brüderschafft deß löblichen Ordensdeß Rosen Creutzes ... , Frankfurt 1618) sieht in Karlstadt den wiedererstandenen Christian Rosenkreutz, weil er einhundertzwanzig Jahre nach Wiclifs Tode (wieder)gekommen sei.

John Wiclif, ein englischer Reformator (ca. 1325-1384), übersetzte die Evangelien in die englische Sprache und wird als der Vorläufer Luthers angesehen. Seine Ideen wirkten bis nach Böhmen, wo die Hussiten die Lehren aufgriffen. Die Rosenkreuzer Böhmens hatten zwar ihren Tempel auf Burg Karlstein, ob aber Karlstadt ein Rosenkreuzer war, ist nicht überliefert. Doch sollte vielleicht einmal geforscht werden, wie oder was Nigrinus´ zu seiner Ansicht brachte.

1522 bis 1528 wurde die Leonhardsbruderschaft (zum Burgkloster gehörend) zum Hauptträger der protestantischen Bewegung in Lübeck. Die evangelischen Mitglieder der Bruderschaft sammelten sich überwiegend im Marienkirchspiel und trafen sich in Privathäusern. Zu ihnen gehörten u. a. Jakob Krappe, Jasper Bomhower, Hans Sengestake, Harman Israhel. 1523-1527 hielt der humanistisch-evangelische Prediger Johannes Cusanus hier Vorträge. Als Humanist scheint er den Mystikern näher als den Lutheranern gestanden zu haben, weil Luther sich als entschiedener Gegner der Humanisten erwies (man lese Luthers Tischrede gegen Erasmus von Rotterdam). Jürgen Benedicti-Sengestake arbeitete seit 1522 im Untergrund an der Vergrößerung dieses Kreises.

Humanistische Aktivitäten gab es in Lübeck schon länger. Damit meinen wir den organisierten Humanismus, der ein Netz von sogenannten Sodalitäten logenähnlicher Art in Europa gründete. Mittelpunkt für Deutschland bildete damals Heidelberg. Conrad Celtis zog damals von Ort zu Ort und gründete eine Kette von Sodalitas-Einrichtungen. Als er sich um 1500 in Lübeck aufhielt, ist zwar von keiner Gründung die Rede, allerdings bekannt, daß zu jener Zeit eine schon länger existierende literarische Gesellschaft in Lübeck bestand. Diese, so Olaf Schwencke (1965: 20 ff), scheint in Beziehung zum Lübecker Katharinenkloster (Franziskaner) gestanden zu haben. Auch Hauschild (1981: 150 f) berichtet von diesem Kreis, sieht aber Schwenckes Theorie als nicht erwiesen, wenn auch denkbar an. Er weist statt dessen auf den Einfluß der Devotio moderna auf die Literaten hin.

Die Devotio moderna arbeitete eng mit den Humanisten zusammen (Burger, 1969: 217). So war die Schule des Alexander Hegius in Deventer eine Einrichtung der Fraterherren der Devotio moderna, bildete aber Humanisten heran, die wir dann in den Sodalitäten oder bei den Augustiner-Fraterherren wiederfinden. Letztere stellten ihre Fratres auch für die Arbeit im organisierten Humanismus frei, wie das Beispiel des Erasmus von Rotterdam beweist (Gail, 1981).

Conrad Celtes,
Holzschnitt von Hans Burgkmair, 1502

Ein weiterer Kreis, möglicherweise mehr lutherisch als mystisch-reformatorisch, sammelte sich seit 1522 um den Kustos in St. Marien, Johannes Steenhoff. Die Unterschiede können zu dieser Zeit kaum prägnant gewesen sein, weil Luther selbst noch aus der Mystik (z.B. Tauler) schöpfte. Kreuz und Rose sind trotz Verfolgungen der Rosenkreuzer bis heute das Emblem der Lutheraner.

Die angestaute Wut gegen die degenerierte Kirche verschaffte sich 1523/24 in der Bevölkerung Luft. Die Gottesdienste wurden gestört, die Pfaffen verspottet. Die Ägidiengemeinde konvertierte zum Protestantismus..

1524 verbot der Rat der Stadt schließlich die protestantische Bewegung. Als der „weiße Mönch" Johann Osenbrügge, der Kontakt zu Protestanten in Hamburg und Holland hielt, im Hause des Leonhardsbruders Bomhower vor ca. 300 Zuhörern predigte, führte dies zu seiner Festnahme. Bis 1528 blieb der „weiße Mönch" inhaftiert.

Es kam zu Unruhen und zu einer Protestkundgebung der Lübecker auf dem Marktplatz (1528). Der Rat gab wegen der Unruhen Stück für Stück nach. Auch die Kirche versuchte schädlichen Ballast abzuwerfen und verbot den Klerikern u. a. den Betrieb von Bordellen. Die Lübecker fuhren derweil zum Gottesdienst nach Oldesloe, später nach Grönau an der Stadtgrenze (1529).

In Schleswig-Holstein begann man zu dieser Zeit „Schwarmgeister" zu verfolgen. Luther, der sich von der Mystik seit 1525 völlig abgewandt hatte, ließ bereits 1522 die „Schwärmer" aus Wittenberg vertreiben. Es blieb aber nur eine Vertreibung aus der Öffentlichkeit. 1586 traf oder bildete Giordano Bruno in Wittenberg

Fassade am Lübecker Markt

offensichtlich wieder eine rosenkreuzerisch-„schwärmerische" Gruppierung, die man nach ihm später „Giordanisten" nannte.

Die Lutheraner verfolgten schließlich die Rosenkreuzer. Bugenhagen nahm 1529 an der Flensburger Disputation mit den „Schwärmern" teil, die zur Landesverweisung eines gewissen Hoffmann und seiner Anhänger führte. Bugenhagen genoß als Wittenberger Pastor, Professor und Verhandlungsführer einen guten Ruf und vermochte es wohl, Menschen mit unterschiedlichen Meinungen und Grundsätzen gemeinsamen Beschlüssen zuzuführen. Dies mag ein Grund gewesen sein, daß sich die Leonhardsbrüder darum bemühten, Bugenhagen für die Durchführung der Reformation in Lübeck zu gewinnen, nachdem der Rat der Stadt, um eine Steuererhöhung durchzusetzen, 1530 einzig noch die lutherische Predigt anordnete.

Die Leonhardsbrüder Jakob Krappe und Johann von Achelen hatten weite Reisen unternommen, um schließlich am 28. Oktober 1530 mit Bugenhagen in der Hansestadt Lübeck einzutreffen. Die Fortsetzung gehört mehr zur Kirchengeschichte. Es ist schwierig, daß lutherische Rosenkreuz und das rosenkreuzerische Symbol scharf voneinander zu trennen. Hier wachsen zwei Äste aus einem Stamm. Man ahnt vielleicht, warum gerade die Leonhardsbruderschaft (Burgkloster) für Kreuz und Rose kämpften. Mit Eberhard von Holle, dem Verwandten Heinrich Rantzaus, nehmen wir den Faden wieder auf.

Als Bischof versuchte Eberhard von Holle (Hauschild, 1981: 255 f) von 1567 an, das protestantische Bekenntnis in Lübeck durchzusetzen. Er besetzte die Stellen des Lübecker Kapitels zunehmend mit evangelischen Domherren. 1571 demonstrierte er den vorläufigen Abschluß der Reformation durch die Einführung des evangelischen Gottesdienstes im Hochchor des Lübecker Doms. Aller Widerstand dagegen verlief im Sande.

Die Reformation war ein Teil der allgemeinen Reform, auf welche die Rosenkreuzer hinwirkten. In der Kirche lag derart viel im Argen, daß man auch in katholischen Kreisen vor einer Reformbedürftigkeit durchaus nicht die Augen verschloß. Leider erstarrte die protestantische Kirche, kaum daß man sich konstituiert hatte, zu einem toten Dogmatismus, der sich allen Erkenntnissen, die gegen die Statuten verstießen, verschloß. Der Kampf zwischen Reformierten und Lutheranern wurde schließlich härter geführt, als die Auseinandersetzung beider mit den Katholiken. Fürsten und Bischöfe dachten aber an eine Allianz aller protestantischen Richtungen. In diesem Sinne trafen sich auch die führenden Häupter in aller Eintracht. Es sei hier an das Treffen auf der Siegburg in Segeberg im Jahre 1621 erinnert.

Die *Fama fraternitatis* hatte viel gefordert: Für die äußere Behandlung ihrer Themenbandbreite nicht nur eine Reform des Glaubens und des religiösen Bekenntnisses, sondern ja auch des wissenschaftlichen Denkens und Forschens. Die Theologie verstand sich damals jedoch mehr als Machtinstrument. Gab man ihr nur neue Statuten (sprich Vorschriften und Bekenntnisse) in die Hand, verteidigte sie diese andere Wahrheit mit der gleichen Härte, Schärfe und Intoleranz wie die nunmehr abgelehnte.

Das Volk besaß noch nicht die notwendige Reife für die Freiheit des Denkens und die Freiheit der Sprache. Niemand begriff, was die geistigen Reformer eigentlich wollten. Aber die Ideen keimten bereits, auch wenn sie im ansonsten wuchernden Gestrüpp nur von wenigen Aufmerksamen wahrgenommen werden konnten. Einige der von den Vordenkern im Lande vertretenen Ideale wurden im Laufe der Jahrhunderte Stück für Stück verwirklicht. Die Konfessionen reden heute von Ökumene und praktizieren sie des öfteren. Wir genießen Redefreiheit und die Wissenschaften arbeiten ungehindert, wenngleich die bei uns erreichten Fortschritte noch nicht in allen Teilen der Welt verwirklicht sind. Auch in unserem Lande stehen noch viele notwendige Verbesserungen an. Doch die Bruderschaft hat in ihrer langen Tradition Geduld gelernt ...

Bischof von Holle setzte sich in Lübeck als verlängerter Arm des Hauses Holstein-Gottorf durch. In der Zeit seines Wirkens entstanden an der Rathausfassade 1570 die Rosenkreuzsymbole. 1587, ein Jahr nach dem Tode dieses Bischofs, errichtete man in Lübeck, Schüsselbuden- Ecke Braunstraße, das Amtshaus der Krämerkompanie. Die Innenseiten des Portals, das noch heute erhalten ist und sich an anderer Stelle in der Braunstraße befindet, weisen Rosenkreuzsymbole auf. Dies kann kein Zufall sein, weil dieses Gebäude – es mußte dem Paketpostamt weichen – später als Versammlungshaus der Rosenkreuzer in Lübeck bekannt wurde. 1625 gelangt dieses Haus in Besitz von Heinrich Ottendorf. Vermutlich erbte er es von einem Verwandten, der offensichtlich, wie Ottendorf, ebenfalls der Bruderschaft angehörte. Wenn wir dies annehmen, erhalten die Symbole am Portal einen Sinn.

XII

Herzog Friedrich III. von Holstein und der Riesenglobus

Wir berichteten bereits, daß Johann Adolf von Holstein-Gottorf zunächst als Elfjähriger für das Amt des Fürstbischofs von Lübeck im Jahre 1586 eingesetzt wurde. 1590 übernahm er zusätzlich das Amt des Herzogs von Holstein mit der Residenz in Gottorf. Als 1607 sein jüngerer Bruder das Bischofsamt in Eutin antrat, konnte Johann Adolf sich ganz seiner Arbeit in Gottorf widmen. Er traf Vorbereitungen, aus seiner Residenz bei Schleswig ein bedeutendes Kulturzentrum entstehen zu lassen. Als er 1616 starb, folgte sein Sohn, Friedrich III., als Herzog von Holstein.

Über den Aktivitäten der Herzöge von Holstein läßt sich der Geist von Hessen-Kassel erspüren. Wie in Kassel der Herkules auf dem Herkulesberg thronte, so schuf man unter Friedrich III. im sogenannten Neuewerk auf einem Postament inmitten eines Teiches eine Herkulesstatue. Dies blieb nicht das einzige, was Gottorf mit Kassel verband.

Im protestantischen Schleswig-Holstein hielt sich Friedrich III. einen reformierten Hofprediger aus Hessen: Philipp Caesar, also einen Calvinisten und keinen Lutheraner.

Die Kunstkammer in Gottorf basierte auf der Sammlung des 1633 verstorbenen Arztes Paludanus. Dieser hatte Litauen und Polen bereist, in Padua studiert, war nach Levante gekommen und bereiste Syrien, Palästina und Ägypten. Über Malta und Sizilien erreichte er Rom und reiste über das europäische Festland, wobei er unschätzbare Kunstwerte zusammentrug. Unter Leitung von Adam Olearius wurden die Schätze in der Königshalle im Schloß Gottorf aufgestellt.

Olearius aus Aschersleben war der bedeutendste Gelehrte am Hof, den der Zar gerne als Hofastronom nach Moskau geholt hätte. Aber der herzogliche Rat, Mathematiker, Astronom, Bibliothekar, Übersetzer aus dem Persischen und weltbekannte Autor seiner Reisebeschreibungen nach Persien zog aus bestimmten Gründen den kleinen Gottorfer Hof vor.

Neben den Kunstschätzen, zu denen auch die Horte einiger aufgelöster Klöster gehörten, existierte eine Bibliothek, ein alchemistisches Laboratorium, in der brauchbare Medikamente hergestellt wurden, und vieles mehr.

Das für uns Interessanteste ist das Neuewerk: ein sogenannter „Lustgarten" zu sehr praktischen Zwecken. Ein langer Aufgang führt vom „Taltempel"

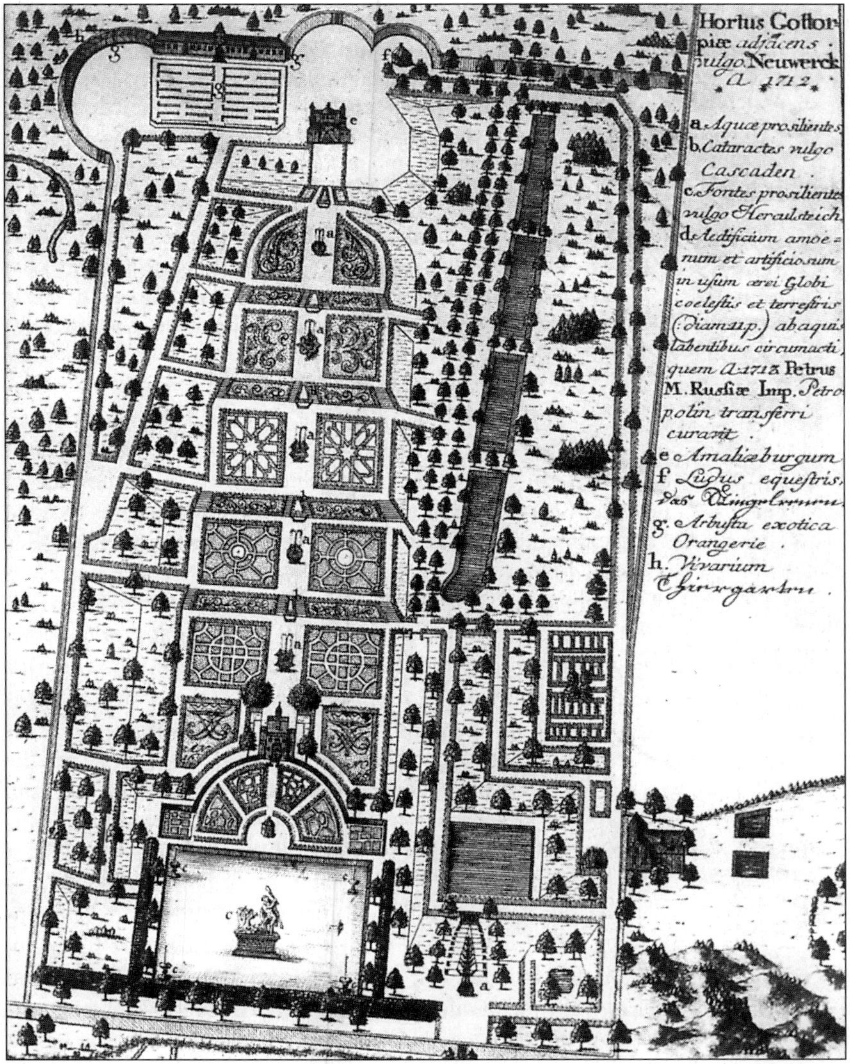

Plan des Neuen Werkes im ursprünglichen Zustand. Rechts unten der Springbrunnen, die Kaskaden, das Tempelchen und der Teich, die einzig erhaltenen Teile der einstigen Anlage. Kupferstich nach einer 1712 datierten Planzeichnung, abgedruckt in: Ernst Schlee, *Der Gottorfer Globus Herzog Friedrichs III.*, Heide 1991.

über fünf Terrassen aufwärts zur Amalienburg. Hier konnten, ähnlich wie in Kassel, sehr eindrucksvolle Einweihungszeremonien durchgeführt werden, die heute im wesentlich bescheidenerem Rahmen den selben Zweck erfüllen müssen.

Einzelheiten sollten hier nicht zur Sprache kommen. Eines sei aber noch besonders erwähnt: der Riesenglobus. Bevor wir hier aber vom Gottorfer Riesenglobus sprechen, müssen wir von einem anderen Riesenglobus berichten, der ganz offensichtlich das Vorbild der Gottorfer Weiterentwicklung darstellen sollte.

Die Schrift *Chymische Hochzeit: Christiani Rosenkreutz. Anno 1459*, die im Jahre 1616 erschien und offensichtlich aus der Feder des lutherischen Theologen Johann Valentin Andreae stammt (er gab es selber zu), beschreibt einen solchen Globus.

Andreae soll über den Professor der Mathematik, Tassius, in Hamburg Verbindung zu Jungius gehabt haben (Rijckenborgh, 1981: 354). Ähnlich wie Jungius scharte Andreae in seiner Jugend einen Kreis junger Menschen um sich. Auch mit dem Bischof der Böhmischen Brüder, Amos Comenius, den wir als Rosenkreuzer bereits kennengelernt haben, stand er in Verbindung (Wehr, 1980: 83 ff).

Über den Globus führt Andreae am Ende der Beschreibung des dritten Tages unter anderem folgendes aus: „... Endlich kam ich in einen großen

Inneres des **Globus bei der Aufstellung 1946** in der Lübecker Gasanstalt. Abbildungen in: Ernst Schlee, „Der Gottorfer Globus Herzog Friedrichs III., Heide 1991.

Saal, der den anderen schon lange gezeigt worden war. In der Mitte stand eine Erdkugel mit einem Durchmesser von dreißig Fuß. Beinahe die Hälfte davon, bis auf einen kleinen Teil, den die Stufen einnahmen, war in der Erde eingegraben. Dieser Globus konnte von zwei Männern über Gelenke so geschickt gedreht werden, daß niemals mehr als das, was über dem Horizont lag, zu sehen war ... Hierauf führte uns der Page in den Globus hinein. Dieser war so gemacht, daß sich auf dem Meer, wo sie am besten Platz hatte, eine Tafel befand, auf der drei Aufträge und der Name des Autors standen. Diese Platte konnte man vorsichtig aufheben und über ein Brett in das Innere kommen, das Platz für vier Personen bot. Es war nicht mehr als ein rundes Brett, auf dem wir sitzen und selbst am hellen Tage (damals war es bereits dunkel) die Sterne wahrnehmen konnten. Sie kamen mir vor wie lauter Karfunkel, die in ihrer richtigen Ordnung und Bahn so prächtig strahlten, daß ich fast nicht mehr nach draußen wollte" (Dülmen, 1981: 78 f).

Es sei noch hinzugefügt, daß Frances A. Yates (1975) das Vorbild des Schlosses, das in der *Chymischen Hochzeit* beschrieben wird, im Heidelberger Schloß sieht.

Der Gottorfer Riesenglobus hatte einen Durchmesser von drei Metern und konnte durch einen hineingeleiteten Bach per Wasserkraft in Umdrehung gebracht werden (Brand/Klüver, 1976: 178). Für ihn mußte eigens ein Gebäude errichtet werden, die „Friedrichsburg", der Taltempel im Neuewerk.

Durch Verbindungen mit Persien im Rahmen weitgesteckter, ehrgeiziger Handelsbeziehungen, die Olearius mit einer gesamteuropäischen Expedition dorthin eingeleitet hatte, erhielt die Friedrichsburg ein asiatisches Aussehen, eines der frühesten Beispiele in Europa für die Übernahme orientalischer Baustile. Das Gebäude bestand aus drei Geschossen mit Balustraden, geschweiftem Türmchen mit hohem Helm, flachen Dächern und Arkaden.

In seinem Innern stand der Riesenglobus, der nach Anweisungen Adam Olearius' von Andreas Bösch aus Limburg gefertigt worden war. Sein Innenleben bot Platz für einen Tisch, an dem zwölf Personen Platz nehmen konnten, und gewährte von außen den Anblick der Erde mit ihren Kontinenten, im Innern den des Firmaments (Rumohr, o. J.: 147 f). Eindeutig sollte hier der Globus aus der *Chymischen Hochzeit* übertroffen werden. Es ist denkbar, daß auch er Einweihungszwecken diente. Der Bau konnte jedenfalls im Jahre 1654 fertiggestellt werden.

Herzog Friedrich III. zählte zu den Mitgliedern der Fruchtbringenden Gesellschaft, die wir bereits erwähnten, und unterhielt weiterhin recht enge Verbindungen zum Kasseler Hof. Als die Fruchtbringende Gesellschaft um 1680 ihre Arbeit einstellte, übernahmen die „Antimasoniten" die Anlage in Neuewerk. Die Antimasoniten, schon 1739 in Oberhessen (Büdingen) bezeugt, später mit Sozietäten in Hamburg, Kopenhagen und anderen Orten, hatten ihr Zentrum in Gottorf von 1741-1779. Nach außen hin vertraten sie „eine adelige Gesellschaft, die sich durch wohltätige Werke und Übung jeglicher Tugend auszuzeichnen gedachte" (Schuster, 1905: II, 253). Das Statut dieser den Freimaurern nachgeschaffenen Gesellschaft fertigte 1742 König Christian VII. von Dänemark aus. Sie nahmen auch Frauen gleichberechtigt in ihre Reihen auf, womit sie sich gleichzeitig in diesem Punkt von den Freimaurern distanzierten. Möglicherweise gingen später die Martinisten aus dieser Sozietät hervor.

Darüber hinaus bildete sich in Schleswig im Schmiedenhof eine literarische Gesellschaft, die mit den „Lübecker Literaten" in Verbindung stand. Der Vater des bekannten Malers Overbeck gehörte allen literarischen Zirkeln in Lübeck an und bildete wohl deren Mittelpunkt. Aus den Annalen der „Lübecker Brüder Freimaurer" läßt sich Overbeck als „Rosenkreuzer" identifizieren.

Sichtbares Zeichen des Endes mystischer Arbeit im Einweihungszentrum Neuewerk war der Besuch von Zar Peter I. von Rußland 1713 in Schleswig, der bei dieser Gelegenheit vom dänischen König Friedrich IV. den Globus geschenkt bekam. Der Sohn Herzog Friedrichs IV., Carl Friedrich, hatte die Tochter Peters I. geheiratet. Ihr gemeinsamer Sohn wurde Zar Peter III. Oder gab es noch andere Gründe, dieses Geschenk nach Petersburg zu vergeben?

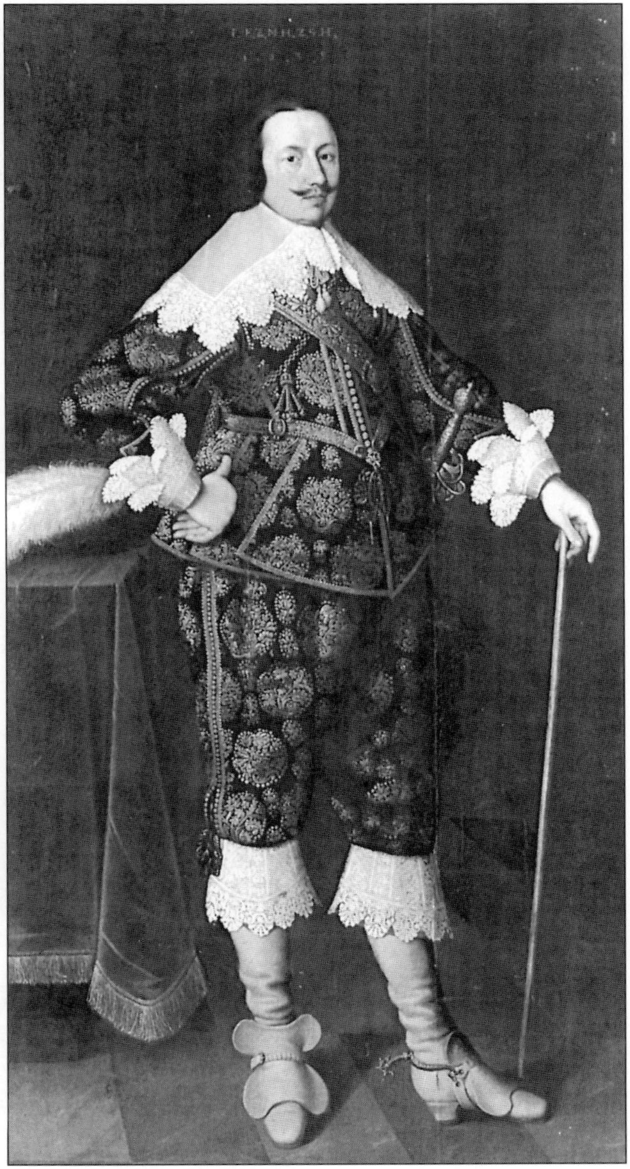

Herzog Friedrich III.
von Holstein-Gottorf (1597-1659).
Schloß Glücksburg

Um den Globus zu transportieren, mußte die Friedrichsburg teilweise abgebrochen werden. Im Zweiten Weltkrieg holte man den Globus zurück und bewahrte ihn in der Lübecker Gasanstalt auf. Heute soll er sich im Lomonossow-Museum von St. Petersburg befinden. Er kann vermutlich leider nicht besichtigt werden.

Durch den Krieg um die Ostseevorherrschaft zwischen Schweden und Dänemark, bei dem sich das Haus Gottorf auf die schwedische Seite schlug, erlangte das Herzogtum mit dem wechselnden Kriegsglück zeitweise Souveränität, was mit einer beständigen Konfrontation mit Dänemark bezahlt werden mußte. Hier verstanden die mutmaßlichen Mitglieder der gleichen Bruderschaft unter den Königen von Dänemark und den Herzögen von Gottorf – die sich zu dieser Zeit beide Friedrich III. nannten und Vettern waren – keinen Spaß, oder sagen wir es vorsichtiger: die Tagespolitik forderte Prioritäten. Erst der Nordische Krieg 1700 bis 1721 setzte dem Gottorfer Staat ein definitives Ende. Die Gottorfer mußten sich mit ihrem Holsteiner Anteil begnügen und regierten ihren Zwergstaat jetzt von Kiel aus.

XIII

Kulturzentrum Eutin

Der Franziskanermönch und spätere Bischof des Bistums Lübeck, Johann I. von Diest, verlieh im Jahre 1257 Utin (Eutin) das Stadtrecht gegen den Widerstand der Ritterschaft. Bei seiner Politik gegen das Unwesen der recht unritterlichen Herrschaften arbeitete er gemeinsam mit den Dominikanern. Die Verleihungsurkunde existiert nicht mehr, und man nimmt an, das Stadtsiegel (Kreuz, Rosen, Lilien) sei seit der Verleihung des Stadtrechtes in Gebrauch (Peters, 1958: 41 f).

Roger Bacon

Ein Franziskaner stiftete also das Symbol, kein Rosenkreuzer! Kulturbeflissene Urlauber werden darauf hinweisen, in der Franziskanerkirche zu Assisi gebe es ein Fenster aus dem 15. Jahrhundert, das ein Wappen mit einer Rose und drei roten Schrägstrichen aufweist. Es handelt sich um das Orsini-Fenster. Nicht die Rosen der Rosenkreuzer, sondern Franziskanerrosen in Verbindung mit dem Bischofskreuz zieren das Eutiner Wappen.

Doch wer brachte den Franziskanern die Rose?

Roger Bacon (1214-1292) gilt als früher und bedeutender Vertreter rosenkreuzerischer Gedanken und war ein ebenso bedeutender Franziskaner, der von Papst Clemens IV. gefördert wurde, nachdem der Orden ihn zu langjährigem Schreibverbot und Klosterhaft verurteilt hatte.

Auch der Dominikaner Albertus Magnus (vermutlich 1193-1280) zählt für manche zu den frühen Vertretern im Dunstkreis des Rosenkreuzertums. Beide hatten keinen leichten Stand, sich in der Kirche zu behaupten. Die Freiheit des Denkens stand noch nicht zur

Debatte. Nur dort, wo man lesen und schreiben konnte, in den Klöstern und beim höheren Weltklerus, fand eine solche Problematik im Mittelalter überhaupt Ansatz und Gewichtung. Es muß damals bereits Rosenkreuzer in geistlichen und weltlichen Positionen gegeben haben, die niemand als solche erkannte und die sich auch nicht offen als solche bezeichneten. Lediglich das umfangreiche Wissen wird sie verdächtig gemacht haben.

Unbewiesene Behauptungen erwähnen alte Schriften, die in Köln am Rhein aufbewahrt liegen sollen und nach denen der Orden vom Rosenkreuz schon im Jahre 1115 in Deutschland aktiv gewesen sein soll, ebenso im Jahre 1230 (so Arnold de Villanova). Lassen wir Legende Legende bleiben. Frühe rosenkreuzerische Aktivitäten in Eutin sind jedenfalls nicht zu belegen. Der Stadt wurde 1257 mit dem Stadtrecht ein bestimmtes Symbol verliehen. Ein Zeichen, das den zukünftigen Weg prägen sollte.

Die Rose symbolisiert für Rosenkreuzer u. a. das erwachende und sich entfaltende Bewußtsein. Sie ist ein weibliches Prinzip, und die Rosen des Eutiner Wappens befinden sich an den Enden des Kreuz-Querbalkens, der ebenfalls das weibliche Prinzip im Menschen symbolisiert. Die Lilie, die das obere und untere Ende des Kreuzes an den männlichen Polaritäten ziert, steht für das göttliche Bewußtsein. Der mystische Lehrsatz „wie oben, so unten" findet hier eine seiner Darstellungen: das höchste Prinzip, die Vereinigung des göttlichen Bewußtseins mit dem sich öffnenden menschlichen Bewußtsein im Schnittpunkt des Kreuzes.

Unter dem Vorzeichen wahrer Hingebung zum göttlichen Bewußtsein konnte sich in Eutin vielleicht kein verknöcherter Dogmatismus breitmachen. In der Rosenstadt setzte sich ein gelebtes Christentum durch, in dem

Wappen Eutins

Nächstenliebe mehr galt als inhaltlose Bekenntnisfloskeln. Es hat Ausnahmen gegeben. Bischof Andreas Barby (reg. 1555-1559) wird uns als feudaler Ausbeuter überliefert. In seinem Testament aber hatte er 2.000 Mark zum Ausbau der Armenhilfe in Eutin ausgesetzt – damals eine gewaltige Summe.

Bischof Tidemann (reg. 1559-1561) löste Barby ab. Er ließ das St.-Georgs-Hospital errichten und stattete es mit den Zinsen aus dem Kapital des Nachlasses Barbys und der von ihm und seinem Bruder gestifteten Kapitalien aus. Nach Tidemann folgte Eberhard von Holle (reg. 1561-1586), nach ihm Fürstbischof Johann Adolf (reg. 1586-1607) und Fürstbischof Johann Friedrich (reg. 1607-1634).

Als Fürstbischof Johann Friedrich starb, ging das Erzbistum Bremen an das dänische Königshaus über, weil Herzog Johann Adolf, der fürstbischöfliche Vorgänger und Bruder Johann Friedrichs, die Schwester des dänischen Königs Christian IV. geheiratet hatte.

Johann Adolfs jüngster Sohn Hans erhielt ausschließlich das Fürstbistum Lübeck und er nahm seine Residenz wie seine Vorgänger in Eutin. Er widmete sich voll und ganz dem kleinen Bistum, wobei ihm ein enormes Erbe seiner Mutter Arbeit und Zielsetzungen sehr erleichterte. Er sammelte einen Hofstaat um sich und ließ das Schloß ausbauen. Eine Inschrift im Schloß aber zeugte von seiner Einstellung: „Tugend übertrifft Reichtum!"

Eutin entwickelte sich zu einem zarten Abglanz Gottorfs, wo Hans' älterer Bruder, Friedrich III., das Einweihungszentrum in einer höfischen „Lustgartenanlage" einrichtete. Eutin präsentierte sich da viel bescheidener.

Bischof Hans war im Sinne der Rosenkreuzer erzogen worden, denn seine Eltern und Großeltern hatten bereits den Orden gefördert, wie auch die Ur- und Großeltern aus dem Hause Hessen-Kassel. Wir können davon ausgehen, daß Bischof Hans wie seine Vorgänger seit Eberhard von Holle die Ziele einer allgemeinen Reform in Wissenschaft und Religion vertrat.

Die Politik lag mehr in den Händen des fürstbischöflichen Kanzleidirektors Christian Cassius. Dieser äußerst fähige Mann blieb auch nach dem Tode von Bischof Hans weiter im Amt. Cassius wohnte seit 1633 auf dem Grundstück in Lübeck, wo sich heute die „Gemeinnützige" befindet, wie eine Tafel am Haus beweist. Hier vertrat Cassius die Interessen des Bischofs und des Hauses Holstein-Gottorf. Wenn man von Seiten dieses Hauses so großes Vertrauen in ihn hegte, kann er eigentlich den Zielen der Bruderschaft so fern nicht gestanden haben.

Am 26. März 1633 veranstaltete der Kreis um Morsius in Mölln einen Konvent. Die Teilnehmer kamen aus Hamburg, Lübeck und Lüneburg. Das Geistliche Ministerium fühlte sich herausgefordert, reagierte heftig und wir haben deshalb heute einen Hinweis über die damaligen Aktivitäten (Schneider, 1929: 55 f).

Die so diskreditierte mystische Bewegung in Lübeck ging später im

Schloß Eutin, Vorderfront

„Pietismus" auf, so berichtet die Kirchengeschichte Lübecks (Hauschild, 1981: 298-302), der sich bald auch in Eutin entfaltete.

Der Pietismus, eine evangelische Bewegung, strebte eine Religion der praktischen Frömmigkeit und Liebestätigkeit an. In der Abkehr von der verweltlichten und erstarrten Orthodoxie sieht er das Wesen der Religion im Gefühlsleben einer lebendigen Glaubenserfahrung. Solche Strömungen haben eine recht lange Tradition und treten immer dann auf, wenn die Religion im Dogmatismus erstarrt und den Gläubigen das Gotteserlebnis vorenthält.

Im 15. Jahrhundert entwickelten die Utraquisten, gemäßigte Hussiten, auch Kalixtiner genannt, ein ähnliches Gedankengut. Aus ihnen gingen die Böhmischen Brüder hervor, zu deren Bischöfen einst auch Amos Comenius zählte. Nachkommen der Böhmischen Brüder waren die Herrenhuter Brüdergemeinde, die man als eine evangelisch-pietistische Gemeinschaft bezeichnet. Ihr Statut stammt aus dem Jahre 1727. Der eigentliche Pietismus, der sich auf eine Programmschrift Speners aus dem Jahre 1675 beruft, gehört in diese Strömung.

Wenn wir den Kreis noch weiter ziehen, können wir auch die Quäker zu den Vorgenannten hinzuzählen. Auch sie haben eine ursprüngliche Beziehung zu den Rosenkreuzern, die 1694 unter Kelpius nach Pennsylvanien in Amerika auswanderten. Johann Kelpius (1673-1708), Magister der „freien Künste" gilt nach Frick als der Begründer des amerikanischen Rosenkreuzertums (1978: 417). Die Quäker (ein Schimpfwort) nennen

Herzog Christian Albrecht von Schleswig-Holstein-Gottorf (1641-1694), Kupferstich. Schleswig-Holsteinische Landesbibliothek

sich selbst „Freunde" oder „Kinder des Lichtes". Diese im 17. Jahrhundert entstandene Religionsgemeinschaft geht auf G. Fox zurück, der nach einem visionären Erlebnis in den Jahren um 1640 einen Kreis von Anhängern um sich sammelte, der sich zu Beginn „Children of the Light" nannte. Grundlegend für den Lebensvollzug der Quäker wurde die mystische Erfahrung des „inneren Lichtes" oder des „inneren Christus", um darüber göttlicher Offenbarungen teilhaftig zu werden. Infolge der Ablehnung durch die englische Staatskirche blieben die Quäker in England bis zur Toleranzakte von 1689 schweren Verfolgungen ausgesetzt, die viele zur Auswanderung bewogen. 1681 erfolgte durch William Penn die Gründung eines eigenen Quäker-Staates in Nordamerika, das heutige Pennsylvania. Frick (1978: 427 ff) bezeichnet diese „Neuankömmlinge" auf dem amerikanischen Kontinent als theosophisch-rosenkreuzerisch-pietistisch orientiert.

Der Orden vom Rosenkreuz ist und war weder eine Religionsgemeinschaft noch an eine Religion gebunden. Wenn die Mystiker des Ordens von den kirchlichen Institutionen trotzdem oder gerade vielleicht deswegen verfolgt wurden, verstehen wir es nur zu gut, wenn sie dort ihre religiöse Heimat fanden, wo man sich göttlicher Eingebungen und Reformgedanken nicht verschloß.

Bischof Hans wurde 49 Jahre alt. Sein Nachfolger, Christian Albrecht, der Sohn Herzog Friedrichs III., amtierte als Fürstbischof von 1655 bis 1666.

Er scheint nicht viel in Eutin bewegt zu haben. Seit 1660 übernahm er die Regierung in Schleswig als Nachfolger seines Vaters. In Kiel konnte unter ihm endlich die von seinem Vater geplante Universität gegründet werden. Sie trägt heute seinen Namen. Die nach kursächsischem Vorbild in Kloster Bordesholm eingerichtete Fürstenschule als Vorgänger wurde der Universität einverleibt. Bereits vier Jahre nach der Gründung verordnete Christian Albrecht, daß alle künftig im Herzogtum Schleswig-Holstein-Gottorf ein Amt suchenden Theologen ein Biennium (2 Jahre) in Kiel studiert haben müßten, eine Bestimmung, die 1773 auf alle Beamten ausgedehnt wurde.

In den unruhigen Jahren der dänisch-holsteinischen Auseinandersetzungen wurden die Eutiner Regierungsgeschäfte weiter von Christian Cassius geführt. Als 1666 der jüngere Bruder Christian Albrechts das Amt des Fürstbischofs übernahm, stand ihm Cassius zur Seite, wie auch seinen Amtsvorgängern. Der neue Bischof, August Friedrich, regierte bis 1705. Er hielt sich geschickt aus den politischen Wirrnissen heraus und verhalf Eutin zu einem neuen Aufschwung (Peters, 1958: 74 ff).

Alles unterliegt dem Wandel von Aufstieg und Abfall, von Rhythmus und Periodizität. Die große Zeit der Rosenkreuzer in Gottorf fand spätestens ihr Ende, als 1721 Holstein-Gottorf an die königlich-dänische Linie fiel, die ihr Reich von Kopenhagen aus lenkte, während der Reststaat Holstein nun von Kiel aus regiert werden mußte. Die rosenkreuzerischen Aktivitäten verlagerten sich jetzt vermutlich ganz nach Eutin, wo Fürstbischof August Friedrich mit der

August Friedrich, Bischof von Lübeck (1646-1705). Kupferstich von H. Lennep. Schleswig-Holsteinische Landesbibliothek

Erweiterung des Schlosses und des Lustgartens begann. Die Geschichte von Eutin erwähnt, daß der Bischof von dem erfahrenen Christian Cassius gut geleitet und geführt wurde (Peters, 1958: 69 ff).

Im Jahre 1689 fegte ein Brand durch Eutin und erfaßte auch das Schloß, wobei er einen enormen Schaden anrichtete. Unverzagt wurde alles wieder aufgebaut. Eine Sandsteintafel am Eingangstor des Schlosses berichtet:

„Als des Feuers große Glut
in drei Stunden hingerafft,
was unsere Fürsten Sorg in
vielen Jahren hier geziert,
hat August Friedrichs hoher Fleiß
in Gottes Kraft
in drei Jahren Torhaus,
Hof und Vorwerk aufgeführt."

Doch in drei Jahren schaffte man es nicht. Etwa ein Jahrhundert dauerten die Arbeiten am Schloß. In der Amtszeit seines Nachfolgers, Christian August (reg. 1705-1726), fiel das Ende der Gottorfer Aktivitätsphase. Es sei auch daran erinnert, daß der Riesenglobus 1713 Schleswig verließ.

Der Gottorfer Meister Theodor Allers arbeitete nunmehr in Eutin. Er widmete sich vornehmlich der Schloßkapelle. Christian August gestaltete auch den Lustgarten um, wobei an dieser Stelle eine bescheidenere Ausgabe des Schleswiger Neuewerks entstand. Ein Zentrum der Rosenkreuzer verlagerte sich in die „Provinz" – ein Parallelfall wie in Hessen-Butzbach.

„Der Eutiner Barockgarten war eine zweischenklige Anlage. Der Scheitelpunkt der beiden Schenkel lag auf dem höchsten Punkt des Geländes in einem einstöckigen Pavillon auf dem Hügel zwischen Ehrenmal und Jungfernstieg. Der in der Ausgestaltung bevorzugte Schenkel mit Kaskaden, Fontänen, vertieftem Salon, Gartentheater, Broderie-Parterres, Bosquettes und beschnittenen Laubengängen senkte sich gegen die Südfront des Schlosses. Seine Mittelachse endigte im Gartenportal.

Der zweite Schenkel verlief zwischen Schloßbucht und Bauhof bis ans Seeufer, ungefähr in Richtung auf die Insel. Das Gartenschlößchen war aber nicht Endpunkt der Längsachse. Das ließ das Gelände nicht zu. In dem tiefer liegenden Zwickel zwischen beiden Schenkeln befand sich die Eremitage. Alleen faßten die keilförmige Gartenfläche ein ..." (Peters, 1958: 78 ff).

Ob die Gartenanlage tatsächlich Einweihungszwecken diente, kann beim jetzigen Stand der Forschung nicht eindeutig nachgewiesen werden. Allerdings entwickelte sich Eutin in der folgenden Zeit zum „Weimar des Nordens". Das Material über die literarischen Aktivitäten ist äußerst umfangreich und weist schwer zu durchschauende Querverbindungen auf. Die Eutiner literarische Gesellschaft pflegte Verbindungen zu zahllosen ähnlichen Gesellschaften, besonders aber zu der in Lübeck, die – wie bereits festgestellt – unter dem Einfluß Overbecks stand.

Schloß Eutin mit Park. Ausschnitt aus einem Stich von J. C. Löwen, 1743.

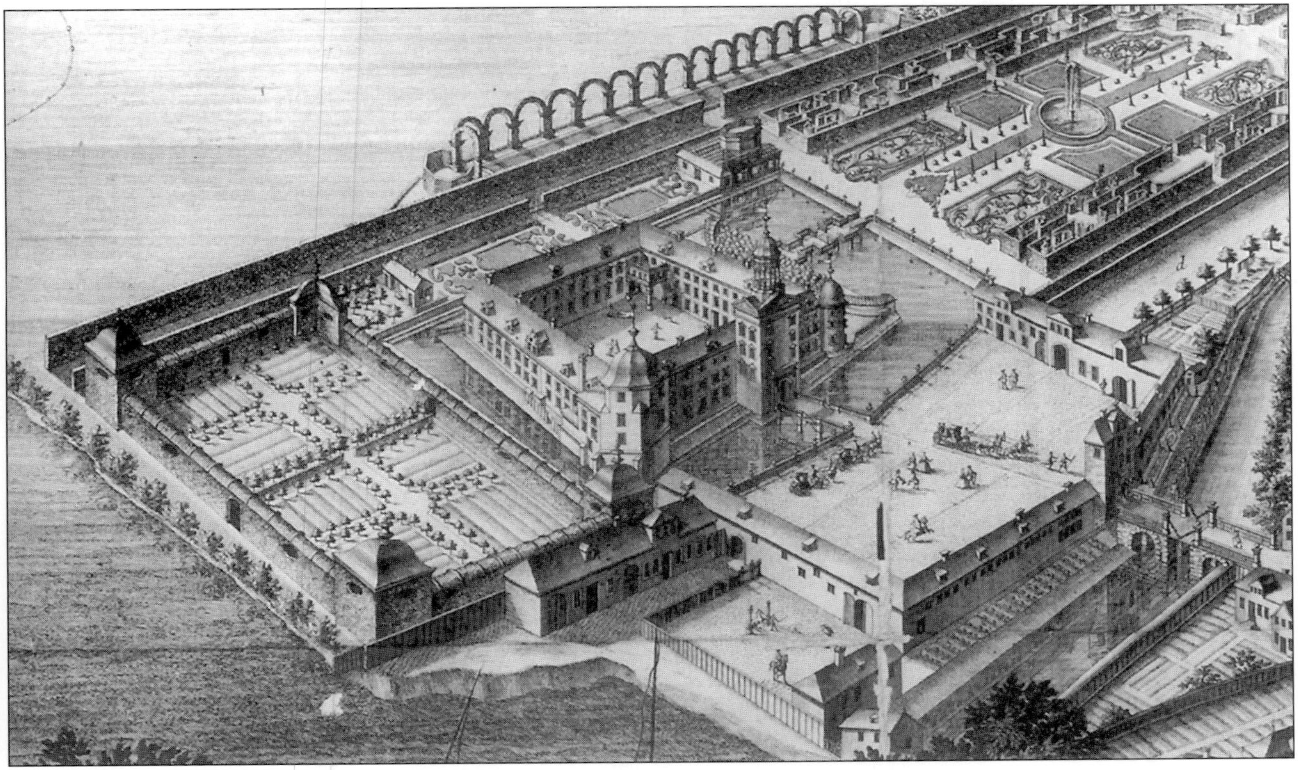

Frick weist in dieser Zeit eine Rosenkreuzergruppe in Schleswig nach. Er schreibt von kabbalistischen Studien, die über einen jüdischen Mitbruder, Frater Hirschfeld, hineingetragen wurden (1975: 488 ff). Während einer Reise des Landgrafen Karl übte die Schleswiger Bevölkerung in seiner Abwesenheit Druck auf diese Gruppe aus, weil sie einen Juden in ihrer Mitte dulde. Leider scheint Hirschfeld daraufhin ausgeschlossen worden zu sein. Er verließ Schleswig und reiste nach Frankreich, wo er schon seit längerem Kontakt mit hochrangigen Mitgliedern der Bruderschaft gehalten hatte. Nach Hirschfelds Ausschluß ging die Schleswiger Gruppe wohl bald ein.

Den literarischen Gesellschaften schlossen sich Persönlichkeiten an, die bereits in anderen Logen Rang und Würden erreicht hatten. Der bekannte Lübecker Dichter Emanuel Geibel war z. B. in Lübeck Meister vom Stuhl in der Freimaurerloge, fuhr aber darüber hinaus zu den Versammlungen der „Literarischen Gesellschaft" nach Eutin.

Hans Heinrich von Ecker und Eckhofen gründete 1781 den „Orden der Ritter und Brüder des Lichtes". Ein Zusammenhang mit den „Fratres Lucis" in Frankreich scheint möglich. Dieser Freiherr soll sich am Orden bereichert haben. Das *Internationale Freimaurerlexikon* (Lennhoff/Posner, 1932) berichtet, die kabbalistische Arbeit hätte im Vordergrund der Aktivitäten gestanden,

Der von Herzog Christian Albrecht erbaute Tempel nach seiner Restaurierung 1985.
Foto: Hans H. Sievert

wobei man wohl zahllose Juden in die Reihen aufnahm, was in jener Zeit als besonders verpönt galt. Auf dem Wilhelmsbader Konvent von 1782 beschlossen Landgraf Karl von Hessen, Statthalter des dänischen Königs in Schleswig, und Freiherr Ecker von Eckhofen die Gründung der „Ritter und Brüder St. Johannis des Evangelisten aus Asien und Europa", die „Asiatischen Brüder", „eine brüderliche Vereinigung edeldenkender, frommer, gelehrter, erfahrener und verschwiegener Männer ohne Rücksicht auf Religion, Geburt und Stand".

Der höchste erreichbare Grad dieses Ordens war der „Königliche Priester oder aechte Rosenkreuzer". Der Orden, oft einfach nur als „Aechte Rosenkreuzer" bezeichnet, galt nur als eine Absplitterung der „Fraternität der goldenen Rosenkreuzer". Nach 1785 wurden Logen in Hamburg, Hannover und Lübeck errichtet (Schuster, 1905: II, 235 ff).

Auf Christian August (Fürstbischof 1706-1726) folgte Carl (Fürstbischof 1726-1727) und Adolph Friedrich (Fürstbischof 1727-1750). Adolph Friedrich heiratete 1744 Ulrike von Preußen, die Tochter des Königs Friedrich Wilhelm I. Damit war er Schwager Friedrichs des Großen, der 1740 die „Großloge zu den drei Weltkugeln" gründete, welche in der zweiten Hälfte des 17. Jahrhunderts eng mit den Gold- und Rosenkreuzern zusammenarbeitete. Preußischer Einfluß auf Eutin ist aber kaum nachweisbar.

Fürstbischof Adolph Friedrich starb am 12. Februar 1771. Bis 1750 amtierte er als Fürstbischof von Eutin. Unter ihm erhielt der von Christian August begonnene „Lustgarten" seine Vollendung. Als schwedischer Thronfolger trat er das fürstbischöfliche Amt 1750 an seinen Bruder und Nachfolger Friedrich August (reg. 1750-1785) ab, um sich den königlichen Aufgaben widmen zu können (Dufner, 1967: 164 ff). Unter seinen Nachfolgern sollte Eutin dann noch einmal bis in das erste Drittel des 19. Jahrhunderts eine große Blüte erleben, die ganz bedeutende Geister in diese kleine Residenzstadt zog, wie der „Barde" Heinrich Wilhelm von Gerstenberg, Friedrich Heinrich Jacobi und der Maler Johann Heinrich Wilhelm Tischbein, um nur einige zu nennen.

Friedrich August von Oldenburg (reg. 1750-1785) heiratete am 21. November 1752 Friederike, die Tochter des Maximilian von Hessen-Kassel. Sie muß ihren Großvater, den Großmeister der Freimaurer und Rosenkreuzer Karl von Hessen-Kassel (1744-1836) noch kennengelernt haben. Er starb, als sie sieben Jahre alt war, und wir kommen noch auf ihn zurück. Im kleinen Eutin liefen die Fäden zusammen.

XIV

König Christian IV. von Dänemark – Der glücklose Retter der Reformation

Friedrich I., Herzog von Holstein und späterer König von Dänemark (reg. 1523-1533), hatte zwei bedeutende Söhne. Einer trat nach innenpolitischen Wirren und der sogenannten Grafenfehde als König Christian III. (reg. 1534(36)-1559) seine Nachfolge in Dänemark an. Der zweite Sohn wurde als Herzog Adolf sein Nachfolger in Holstein-Gottorf. Wie in den vorangegangenen Kapiteln schon erwähnt, heiratete Herzog Adolf 1564 die Schwester des Landgrafen und Rosenkreuzers Wilhelm IV. von Hessen, Christine.

König Christian III. setzte in seinem Reich die Reformation durch. Er schreckte vor Verhaftungen katholischer Bischöfe nicht zurück, doch es floß kein Tropfen Blut. Das Volk sah wohl Vorteile in der neuen Glaubensform. Der Staatshaushalt sanierte sich jedenfalls durch den Einzug der Kirchengüter aufs vortrefflichste.

Als Christian III. starb, übernahm sein Sohn als Friedrich II. das Amt seines Vaters. Obwohl Friedrich keine Ausbildung genossen hatte, förderte er als König mit großem Einsatz die Wissenschaften, baute Labo-

König Christian IV. von Dänemark – Der glücklose Retter der Reformation

ratorien und zog viele Wissenschaftler in sein Land. Eine besondere Förderung genoß der dänische Adlige und Wissenschaftler Tycho Brahe. Wir hörten schon, daß Landgraf Wilhelm der Weise von Hessen-Kassel ihm diesen Astronom sehr ans Herz gelegt hatte. Der Gehilfe Tycho Brahes, der Arzt Johann Isaak Pontanus, später Professor in Harderwyk, dänischer Hofhistograph (gest. 1639) und Freund des Morsius, trug sich am 13. September 1619 in das Morsius-Album ein. Von Brahe (1546-1601) befand sich ein Bildnis im Album. Die Insel Hven im Öresund stieg zum Zentrum der Wissenschaft auf. Das Lust- und Gelehrtenschloß Uranieborg, das Observatorium Stjerneborg, die Laboratorien, das Museum und die umfangreiche Bibliothek zogen viele Gelehrte in Europa an.

Friedrich II. gab seine Tochter Auguste (1580-1639) im Jahre 1596 dem Sohn seines Onkels zur Gemahlin, Herzog Johann Adolf von Holstein-Gottorf, der damals noch als Fürstbischof in Eutin amtierte. Aus dieser Ehe ging Herzog Friedrich III. von Holstein-Gottorf hervor, der wie sein Vater den Orden vom Rosenkreuz förderte. Eine weitere Tochter Friedrichs II. wurde mit Jakob I. von England vermählt, dem Schwiegervater des Winterkönigs. Wir können davon ausgehen, daß Friedrich II. wie auch sein Nachfolger, Christian IV. (reg. 1588-1648) der Bruderschaft wohlwollend gegenüberstanden.

Seite 84: **König Christian III.** von Dänemark

Tycho Brahe, nach dem beim Brand 1859 verloren gegangenen Ölbild im Schloß Frederiksborg, Kopenhagen

Christian galt als sehr volkstümlich, bei allen beliebt, und „vormittags ein trefflicher Regent ...". Man beschreibt ihn allerdings auch als leidenschaftlichen Spieler, der es „wahllos mit Frauen trieb" und regelmäßig zwei bis drei Tage hintereinander betrunken war. Selbst das hohe Alter schwächte seine Kräfte nicht. „So ist das Leben dieses Königs", klagte der englische Gesandte 1632 in Kopenhagen, „sich des Tags zu berauschen und des Nachts mit einer Hure zu vergnügen" (Petersen, 1982: 64 f). Zölle und hohe Reparationskosten aus Schweden hatten ihn zu einem der reichsten Landesherrn gemacht, der sein Gold in Fässern stapeln sollte und so auch einen glänzenden Hof zu führen vermochte.

Im ständigen Kampf mit Schweden um die Hegemonie an der Ostsee warf er begehrliche Blicke auf die säkularisierten Bistümer Bremen, Verden und Osnabrück, um sich ein Gegengewicht gegen die schwedische Expansion nach Osten zu schaffen. 1616 baute er den Hafen Glückstadt und 1621 konnte er Hamburg die dänische Lehenshoheit aufdrücken. Auf der im Februar abgehaltenen Zusammenkunft in Segeberg weigerte sich Christian aber, dem Werben der Helfer des Winterkönigs stattzugeben und gegen den Kaiser zu Felde zu ziehen, um ihm die Krone Böhmens zu erhalten. Er unterstützte statt dessen die protestantischen Mächte mit großem finanziellen Aufwand. Als 1624 jedoch Holländer, Engländer,

König Christian IV. von Dänemark um 1642. Nationalhistorisk Museum Frederiksborg

Brandenburg und Friedrich V. von der Pfalz Gustav Adolf von Schweden antrugen, ein gemeinsames Heer der Verbündeten nach Deutschland zu führen, glaubte Christian überhastet handeln zu müssen.

Kam Dänemark nicht in Gefahr, wenn der Erbfeind Schweden mit einem großen Heer in Norddeutschland operieren sollte und auch noch von der holländischen Flotte unterstützt wurde? Ohne eine neue große Konferenz der Verbündeten abzuwarten, warf er sich in das militärische Abenteuer und gab vor, die Interessen der deutschen Protestanten zu vertreten, als deren Führer er sich nun aufschwang.

Es war das Jahr, in dem die (protestantischen) Rosenkreuzer in Lübeck in die Auseinandersetzung mit dem (protestantischen) Geistlichen Ministerium gerieten, das die Ausbreitung jener „enthusiastischen Lehren" in ihrer Stadt nicht dulden wollte und die heimlichen Treffen der „Schwärmer" zu verhindern suchte. Wie in Kapitel XI berichtet, entlarvten sie die Mitglieder der Societas ereunetica durch das Auftreten des Morsius und seiner Freunde als Rosenkreuzer.

Währenddessen spitzte sich die gesamtpolitische Lage zu, als die katholische Liga unter Tilly immer weiter nach Norden vorrückte. 1621 wurde der nach Holland geflüchtete Winterkönig und Kurfürst von der Pfalz geächtet, ein Jahr später schon waren seine Erblande erobert. 1623 übertrug man seine pfälzische Kurwürde Maximilian, dem König von Bayern – die politisch-militärische Lage geriet in bedenklicher Weise aus dem Gleichgewicht. Die Waagschale hatte sich stark zugunsten der Katholischen gesenkt.

Am 17. Juni 1625 überschritt der König von Dänemark und deutsche Reichsfürst mit 20.000 Mann bei Haseldorf die Elbe, ohne allerdings bindende Zusagen militärischer oder finanzieller Art von den Verbündeten erhalten zu haben. Dies bedeutete auch den Eintritt Schleswig-Holsteins in den Dreißigjährigen Krieg. Der Zeitpunkt war denkbar ungünstig. Die Verbündeten steckten alle für sich in großen Schwierigkeiten, und einer nach dem drückte sich aus unterschiedlichsten Gründen vor der zugedachten Unterstützung. Und statt mit einem gegnerischen Heere, dem von Tilly, hatte es Christian unvermutet bald auch noch mit dem von Wallenstein zu tun.

1626 wurde der dänische König von Wallenstein an der Dessauer Elbbrücke geschlagen und von Tilly bei Lutter am Barenberge, wahrscheinlich weniger durch die Kriegskunst der Kaiserlichen als aufgrund fataler eigener Fehlentscheidungen. Damit war der Versuch, eine entscheidende Rolle in der Reichspolitik zu spielen und gegen den Kaiser anzutreten, gescheitert. Die Folgen hatten vor allem die Herzogtümer zu tragen.

Tilly besetzte seit 1625 das Lauenburgische: Mölln, Ritzerau, Behlendorf. Es kam auch zu Feindberührungen zwischen lübschen und kaiserlichen Truppen. Auf beiden Seiten wurde geplündert. Wallenstein rückte nach Holstein, Schleswig und Mecklenburg vor, und kaiserliche Truppen besetzten das Land. Am 28. oder 29. September 1627 plünderten sie Schloß Breitenberg und verbrannten oder verschleppten den größten Teil der Bibliothek Heinrich Rantzaus. Eine kleine Anzahl der Bücher konnte später zurückgekauft werden. Der Glanz der „Humanistenfeste" Breitenberg aber war dahin.

Lübeck verhielt sich neutral und blieb uneinnehmbar. Offenbar wegen der heiklen Lage löste sich 1625 die Societas ereunetica in Rostock vorübergehend auf. Es gab nur eine Rettung: das stark befestigte Lübeck.

1629 nahmen die vertriebenen Herzöge in Lübeck ihren Sitz, und in diesem Jahr kam es zum Frieden daselbst. Diesen Frieden diktierte Wallenstein. Dänemark verzichtete auf Ansprüche hinsichtlich der Stadt Bremen und des Bistums Lübeck, brauchte jedoch keinerlei Gebietsverluste hinzunehmen. Mecklenburg aber blieb kaiserlich, während Magdeburg durch Lübeck freigekauft wurde.

So endete das dänische Abenteuer noch halbwegs glimpflich, auch wenn Christian IV. sein Ansehen fast gänzlich eingebüßt hatte.

„Zu diesem Zeitpunkt lag die protestantische Sache gänzlich am Boden, doch sie hatte immerhin überlebt. Und sie hatte eine Veränderung erfahren. Alle diejenigen, die von Anfang an die Sache des pfälzischen Kurfürsten mit der protestantischen gleichgesetzt hatten, sahen sich nun bestätigt. Die europäischen Staatenlenker, katholische wie protestantische, waren von jetzt an überzeugt, daß hinter den kriegerischen Unruhen der 20er Jahre mehr steckte als der Ehrgeiz und Starrsinn Friedrichs V. Diese veränderte Sicht der Dinge verdankte sich jedoch nicht hauptsächlich der Propaganda der pfälzischen Exilregierung und ihrer Verbündeten. Sie beruhte weit mehr auf dem Vorgehen und den Äußerungen der siegreichen Habsburger und ihrer Anhänger, die Europa nicht im Zweifel ließen, daß es ihre Absicht war, ihre Erfolge uneingeschränkt für sich zu nutzen. Nachdem sie sich ein Jahrhundert lang in der Defensive befunden hatten, gab es für die Katholiken in Deutschland manche Rechnung zu begleichen" (Parker, 1991: 152 f).

Das Vordringen der Kaiserlichen bis zur Ostsee – Wallenstein wurde das Herzogtum Mecklenburg zugesprochen – und die nun einsetzende äußerste Bedrohung der Protestanten bewegten den schwedischen König, nun doch einzugreifen. Gustav II. Adolf schlug Christian IV. ein dänisch-schwedisches Bündnis vor. Christian lehnte ab, schon bei der Frage der gemeinsamen Grenzen hatte es keine Einigung gegeben. Die protestantische Bewegung in Deutschland sah darin einen fatalen Fehler Dänemarks.

1630 sollte trotzdem der Siegeszug Gustavs II. Adolfs beginnen.

XV

Gustav II. Adolf – „Der Löwe aus Mitternacht"

Beginnen wir noch einmal dort, von wo aus die Strahlen der Sonne ihre Bahn zogen:

Die Tochter Christine des Landgrafen Wilhelm IV. von Hessen, der Weise, wurde mit Herzog Adolf von Holstein-Gottorf verehelicht, der eine neue Rosenkreuzer-Aktivitätsphase in Schleswig-Holstein förderte. Eine ihrer Töchter, ebenfalls Christine genannt, heiratete in das schwedische Königshaus ein und wurde die zweite Gemahlin des Schwedenkönigs Karl IX. (reg. 1604-1611). Aus dieser Ehe ging der berühmte König Gustav II. Adolf von Schweden (Wasa) hervor (reg. 1611-1632).

Christine von Holstein-Gottorf stand auch als schwedische Königin mit ihrem Onkel, dem Landgrafen Moritz von Hessen-Kassel, in brieflicher Verbindung. Einerseits schildert die Geschichtsschreibung sie als eine garstige Intrigantin, die, wenn sie ihrem Sohn Geld lieh, dafür Zinsen nahm und triumphierte, als es ihr gelungen war, die Liebe ihres Sohnes zur Gräfin Ebba Brahe zu zerschlagen. Andererseits findet man auch Hinweise, daß Gustav II. Adolf ein gutes Verhältnis zu seiner Mutter gehabt haben soll (Wertheimer, 1981: 17). Eine Tochter des „wilden Herzogs" Adolf konnte jedenfalls kein sanftes Lamm gewesen sein. Sie gebar einen Gustav Wasa, der zugleich auch ein „Adolf" war, wie ihr Vater.

Gustav II. Adolf,
Kupferstich von W. J. Delff nach einem Gemälde von M. J. van Miereveld

Er sollte sich später auf den Kriegsschauplätzen auszeichnen, ja, so etwas wie ein Welteroberer werden. Ihn zeichnete aber aus, daß er auch im Kriege die Würde der Menschen achtete (Dufner, 1967: 106 ff).

Das Haus Wasa trachtete danach, den jungen Gustav Adolf mit der Tochter Jakobs I, von England (Stuart) zu vermählen. Man kam aber zu spät, und Elisabeth wurde vorher Gemahlin des Kurfürsten Friedrich V. von der Pfalz und teilte dessen tragisches Abenteuer um die böhmische Krone.

Der Winterkönig hatte mit seiner Familie über Schlesien, Polen, Preußen bis nach Holland fliehen müssen, wo sie bei den Verwandten seiner Mutter endlich Zuflucht fanden. Die Schicksale des Schwedenkönigs und des so sehr gedemütigten Friedrich verflochten sich allerdings noch weiterhin miteinander. Als beide sich 1631 trafen, kam es zu einer innigen Begrüßung. Beide sollten auch im gleichen Jahre 1632 kurz hintereinander sterben, und für beide Monarchen hielt man in Den Haag einen gemeinsamen Trauergottesdienst ab (Yates, 1975: 182).

Es muß hier noch nachträglich das freundschaftliche Verhältnis Gustavs II. Adolfs zu dem für die Ideale der Rosenkreuzer sich einsetzenden Herzog Friedrich III. von Holstein-Gottorf hingewiesen werden. Die Verbindung war stark genug, das gute Verhältnis Friedrichs III. zum Dänenkönig Christian IV. zu belasten (Brand/Klüver, 1976: 185 ff). Die Verbindung der Tochter Friedrichs III., Hedwig Elenore, mit König Carl X. Gustav von Schweden wird jedoch von der Geschichtsschreibung schon als bewußter Akt der Konfrontation mit Dänemark angesehen und als Wegbereiter einer Politik hin zur Souveränität des Herzogtums.

Da sich sowohl der königliche Leibarzt Andreas Singer wie auch der Staatsminister Johannes Skytte in das Morsius-Album eintrugen und Königin Marie Elenore mit der Dichterin Anna Ovena Hoyers, die zur Rosenkreuzerszene Lübecks gehörte, befreundet war, läßt sich mit einiger Sicherheit behaupten, daß der schwedische Hof der Bruderschaft mit einer gewissen Sympathie gegenüberstand. Gustav II. Adolf, dessen Bildnis das Morsius-Album zierte, wird dies sicher geduldet, vielleicht sogar bewußt gefördert haben.

Mit knapp siebzehn Jahren wurde Gustav II. Adolf die königliche Mündigkeit zuerkannt, die normalerweise erst im Alter von vierundzwanzig Jahren eintrat. Mit seinem sehr begabten Reichskanzler Axel Oxenstierna, den die schwedischen Rosenkreuzer zu ihren Förderern zählten, setzte er etliche innere Reformen durch: das Gerichtswesen erhielt eine klare hierarchische Struktur. Richter, Ärzte und Verwaltungsbeamte genossen eine bessere Ausbildung. Die wirtschaftliche Grundlage der Universität Uppsala wurde angehoben und eine weitere Universität in Åbo geplant. Erst nach seinem Tode konnte der Plan verwirklicht werden. Der Ruhm der Historiker für Gustav II. Adolf beruht weiterhin auf der Schaffung eines stehenden Nationalheeres, einer vorbildlichen Ausbildung und Disziplin der Soldaten und der technischen Modernisierung der Kriegsgeräte. Dies machte Schweden jahrzehntelang als Militärmacht überlegen.

Axel Oxenstierna, Führer der schwedisch-protestantischen Partei nach dem Tode Gustavs II. Adolfs. Kupferstich

In Finnland erbaute der König neue Städte und Straßen. In Nordamerika sowie an der Golfküste entstanden schwedische Kolonien.

Nachdem er seiner Jugendliebe Ebba Brahe entsagen mußte und Elisabeth Stuart Gemahlin des Kurfürsten von der Pfalz geworden war, sträubte sich Gustav II. Adolf innerlich gegen Gedanken an eine Ehe. Aus dynastischen Gründen, aber auch erst, nachdem er sie incognito kennengelernt hatte, heiratete er Marie Elenore, Prinzessin zu Brandenburg. Mit ihr, die ihn abgöttisch liebte, zeugte er drei Kinder. Nur die Tochter Christina (Königin 1644-1654) überlebte.

Die schwedische Politik verursachte eine ständige Verwicklung Gustavs II. Adolfs in kriegerische Auseinandersetzungen. Der Bruder seines Vaters, König Sigismund III. (König in Schweden 1592-1599), trug sowohl die Königskrone von Schweden als auch von Polen (1587-1622). Nachdem er von Karl IX. in Schweden abgesetzt wurde, erließ er 1621 von Polen aus ein Manifest an seine schwedischen Untertanen und machte seinen Anspruch auf die schwedische Krone deutlich.

Gustav II. Adolf wies über den Weg der Kanzeln auf die Gefahr der Polen und des Katholizismus hin. Er warnte vor den Jesuiten und Papisten. Diese seien die Urheber der Inquisition und der Bluthochzeit, die in allen Ländern die Protestanten bekämpften. Im August 1621 schließlich rückte er in Livland ein. Der Kampf gegen den Katholizismus und seine gewaltsame Ausbreitung begann. Er versuchte auch ein Militärbündnis aller norddeutschen Fürstentümer zur Sicherung des protestantischen Glaubens zu schließen und regte schon 1623 einen Entlastungs-Kriegszug in Norddeutschland an – unter seiner Führung. Doch da er den Erbfeind Dänemark ausklammerte und die Phalanx der Partner uneinig war und blieb, kam es nicht dazu (Berner, 1982: 242).

Nachdem 1626 Christian IV. von Dänemark bei Lutter geschlagen war, rückte Wallenstein 1628 bis Jütland vor. 1629 gelang der Friedensschluß zu Lübeck. Der Aufstieg Wallensteins und seine steigende Macht erregten auch im katholischen Lager Neid und Furcht. Die Kurfürsten setzten auf dem Regensburger Kollegialtag die Entlassung Wallensteins durch. Die Verwirrung der Situation ausnutzend, ging am 26. Juni 1630 Gustav II. Adolf mit 13.000 Mann bei Usedom an der (vor)pommerschen Küste an Land. Die ursprünglich protestantischen Lande begrüßten ihn als Befreier.

Pommern und Magdeburg waren schnell erobert. Rußland unterstützte Schweden zunächst finanziell und ließ bei allen schwedischen Siegen die Glocken läuten. 1630 stellte Rußland Hilfstruppen zur Verfügung. 1631 beschlossen Schweden und Frankreich gegenseitige Unterstützung, aber kein Verbot der katholischen Religion. Und Papst Urban VIII. sah in Gustav II. Adolf mehr den potentiellen Befreier

Das berühmte **Rosenfenster** in der **Katharinenkirche** von Oppenheim.

von der habsburgischen Bevormundung und nicht den Gegner.

Am 7. September 1631 wurde Tilly bei Breitenfeld in der Nähe von Leipzig vollständig geschlagen. In dieser Lage mutet es seltsam an, daß Kurfürst Johann Georg von Sachsen als Haupt des deutschen Luthertums weiter die Reichsobrigkeit der Habsburger in Wien anerkannte und im „Befreier" nicht den neuen Führer sehen wollte. Doch die „Kaiseridee" barg mehr in sich als zeitweilige machtpolitische Konstellationen. Mit oder ohne Anerkennung stießen die Schweden bis zur Rhein-Main-Linie vor. Gustav II. Adolf hielt abwechselnd in Frankfurt und Mainz Hof. Bayern blieb vorerst unbesiegt.

Durch die vielen Überläufer hatte die Heereszucht gelitten. Längst kämpften auch Katholiken im Heer der Schweden. Gustav II. Adolf legte auf die Einhaltung des Völkerrechtes wert. Dies aber konnte im immer brutaler werdenden Krieg nicht mehr garantiert werden.

Der „Corpus Evangelicorum", der feste evangelische Bund der Fürsten unter schwedischer Führung, blieb ein Wunsch des großen Schwedenkönigs, der sogar ein Kaisertum erwogen hatte. Weil die protestantischen deutschen Reichsstände an der Reichsautorität und der Tradition ihres Kaisers festhalten wollten, blieben sie zurückhaltend, und in ihrer Uneinigkeit verpaßten sie vermutlich die Gunst ihrer Stunde.

1632 wird Nürnberg erobert, Tilly fällt am Lech. Die Schweden ziehen in Augsburg ein, der bayrische König flieht nach Salzburg. Gustav II. Adolf regiert ein Gebiet, das von Lappland bis an die Alpen reicht.

Der Siegeszug der Schweden mußte bei Friedrich V. die höchsten Erwartungen wecken. Er folgte dem siegreichen König über Frankfurt, wo er einen prächtigen Einzug hielt, bis nach München, wo sie im Mai 1632 die Residenz seines Widersachers, des Hauptes der katholischen Liga, betraten: der pfälzische und der schwedische Löwe im Machtzentrum des Wittelsbacher Löwen. Doch wenn er gehofft hatte, Gustav Adolf werde ihn wieder in seine alten Rechte einsetzen, so mußte er hier erfahren, daß der Sieger anscheinend andere Pläne hatte und ihm einen Vertrag vorlegte, der u. a. schwedische Besatzungen in der Pfalz vorsah wie auch die Beteiligung an den Kriegskosten. Und als am 6. November 1632, auf dem Höhepunkt seiner Macht, der große Schwedenkönig in der Schlacht bei Lützen den Tod findet, weiß Friedrich mit Gewißheit, daß er seinen Traum von der Restitution des Königtums und der Pfalzgrafschaft endgültig zu Grabe tragen kann. Vielleicht hatte Friedrich, dem übereinstimmend Redlichkeit, Frömmigkeit und ein Hang zur Mystik nachgesagt wurde, jetzt erst begriffen, daß Freunde wie Feinde ihn nur benutzten und er zwölf Jahre nur Aushängeschild rein machtpolitischer Interessen war. Nur wenige Tage später stirbt dann auch der ohnehin kränkelnde Kurfürst und König ohne Krone an der in dieser Zeit grassierenden Pest in Mainz. Seine Anhänger sollen sein Herz in der Katharinenkirche von Oppenheim begraben haben, heißt es. Es ließ sich aber bei den grundlegenden Restaurierungsarbeiten an der Kirche während der siebziger Jahre nicht auffinden, obwohl man intensiv danach suchte. Auch sein Grab ist bis heute verschollen. Oder soll es unauffindbar sein?

Die Bedeutung Gustav Adolfs reicht über den Ausbau der schwedischen Großmachtstellung und seine Tätigkeit als Truppenerzieher und -stratege bis hin zur Sicherung des Protestantismus in weiten Teilen Deutschlands. Dies führte allerdings auch zu einer Erweiterung des Krieges. Als hervorragender Politiker und Heerführer, machtbewußt und mutig (der „Mitternachtslöwe"), weitschauend und besorgt, symbolisiert er die erfolgreiche Mischung eines tief religiösen und verantwortungsbewußten Realpolitikers, dessen Erfolge weitgehend auf seiner Persönlichkeit und seines Charismas beruhten.

Am 16. Januar 1616 schrieb Gustav Adolf ein Gedicht in schwedischer Sprache, indem er der Tugend huldigte, die Tüchtigkeit, Vollkommenheit und Tapferkeit zusammenfaßt (Berner, 1982: 154):

Dereinst belohnt die Tugend dich,
Wenn du zu Staub geworden,
Mit hohem Ruhme ewiglich,
Wie dir verheißen worden.

Mit dem tragischen Ende der beiden Löwen aus der Pfalz und aus Schweden schwand zunächst jede Hoffnung für alle Anhänger einer geistigen Erneuerung, einer Generalreformation. Statt dessen begann die Generalrestaurierung unter der geschickten und unheilvollen Führung der Jesuiten.

XVI

„Sub umbra alarum" Elisabeths, der Winterkönigin

Nach der Niederlage am Weißen Berg in Prag hatte der Kaiser den Böhmenkönig und pfälzischen Kurfürsten Friedrich V. geächtet und Maximilian von Bayern die Stunde genutzt, sich die Gebiete der Pfalz einzuverleiben. Der Winterkönig mußte, wie erwähnt, mit seiner Familie zuletzt in Den Haag Zuflucht suchen. Man stellte ihnen dort großzügig das Oldenbarneveldtsche Palais zur Verfügung. Mit der Wohltätigkeit des Parlaments, seiner regierenden Verwandten aus dem Hause Nassau-Oranien und den Zuwendungen aus England konnte seine Frau Elisabeth hier und im Sommerpalais in Rhenen Hof halten, während er bis zu seinem Tode noch kreuz und quer zu den letzten protestantischen Aufgeboten eilte, die zumindest vorgaben, in seinem Namen weiterzukämpfen. So verkörperte Friedrich bald in seiner Glücklosigkeit und Verzweiflung auch die Verzweiflung des protestantischen Europa. Noch mehr aber war seine Frau Elisabeth für alle die ein lebender Vorwurf, die glaubten, daß die Außenpolitik Englands in der Frage der Unterstützung der protestantischen Sache völlig versagt hätte (Yates, 1975: 181 ff).

Die arme Königin von Böhmen, die so würdevoll in schwarzbehängten Räumen empfing, wurde bald magnetischer Anziehungspunkt für alle Engländer, die sie liebten und verehrten. Selbst das revolutionäre Parlament Cromwells, das später den König stürzte und 1649 hinrichtete, anerkannte bis zuletzt das Recht der Königin von Böhmen auf weitere finanzielle Unterstützung und Hilfe. Aber nicht nur viele durchreisende Engländer fanden es ehrenhaft und selbstverständlich, der Exilregierung Böhmens einen Besuch abzustatten; für viele Glaubensflüchtlinge aus ganz Europa wurde sie zur Anlaufstätte für Hilfe und Heimatsuche.

Neben Sir William Boswell, ehemaliger Richter von Francis Bacon und als englischer Gesandter in Den Haag, Sir Thomas Roe, früherer Gesandter Gustavs II. Adolfs, müssen aber besonders drei Personen genannt werden, die zu den engsten Vertrauten und reisenden Botschaftern Elisabeths wurden: Samuel Hartlib, John Dury und Comenius.

An diese drei hatte Andreae seine Fackel weitergegeben. Hartlib sammelte in England die Flüchtlinge aus Polen, Böhmen und der Pfalz um sich und warb schriftstellerisch für ein Königreich, das auf der mystischen Grundlage seiner Funktionsträger und seiner Verhältnisse beruhte. Sein *Ma-*

caria vergleicht er selbst mit der *Utopia* von Thomas Morus und dem *Neuen Atlantis* von Francis Bacon. Dury sorgte für die Verbindung zwischen England, Den Haag und den rosenkreuzerischen Zentren in Deutschland. Comenius war 1628 nach Polen geflohen, wo er seine verbannten Böhmischen Brüder um sich versammelte und die „Pansophia" lehrte. Später gelang es Hartlib, beide unter der Vorstellung nach England zu lotsen, als sei dies nun „das von Jehova erwählte Land" der Erneuerung (Yates, 1975: 185 ff).

Alle drei aber verbanden ihre reformerischen Pläne immer eng mit der unaufhörlichen Werbung für einen nochmaligen Versuch der Einigung aller Protestanten und dafür, den Anspruch des ältesten Sohnes von Elisabeth Stuart, Karl Ludwig, als Kurfürsten von der Pfalz zu wahren. Damit erklärten sie sich zum Testamentsvollstrecker des Winterkönigs.

In wie weit ihre Bemühungen tatsächlich dazu beitrugen, daß Karl Ludwig 1649 in eine allerdings stark verkleinerte Pfalz einziehen konnte, bleibt ungewiß. Ein neuer Schub für die Reformation ließ sich dadurch jedenfalls nicht erkennen. Doch wäre der Sohn Friedrichs V. auch mit dieser Rolle hoffnungslos überfordert gewesen.

Elisabeth, Königin von Böhmen, in Holland.
Gemälde von Gerard Honthorst.
National Portrait Gallery.

Um die politische, geistige, ja sogar spirituelle Rolle besser zu verstehen, die Elisabeth als Exilkönigin einzunehmen schien, müssen wir kurz das Auf und Ab der Religionspolitik in England streifen.

Heinrich VIII. (reg. 1509-1547) hatte sich, um seine Scheidung durchsetzen zu können, von der katholischen Kirche gelöst. Die verworrenen Eheverhältnisse und die Sorge um die Thronnachfolge ließen diese Scheidung zur Kernfrage englischer Politik werden. Mit Hilfe des Parlaments erzwang der König die Anerkennung des Supremats als des einzigen von Gott eingesetzten Oberhauptes der von Rom losgelösten englischen Nationalkirche, der anglikanischen. Sein elastisches Gewissen und opportunistischer Geist ließen aber noch einige unberechenbare Schwenker zu.

Auf Heinrich VIII. folgte der unmündige neunjährige Eduard VI. (reg. 1547-1553). Als eine Art „lebendiges Staatssiegel" blieb er in der Hand der eigentlichen Regenten Somerset und Northumberland. Letzterer entmachtete den Lordprotector Somerset schließlich, verfolgte als Alleinherrscher alle Gegner der Reformation und entwarf Eduards mysteriöses Testament, das Lady Jane Grey zur Thronfolge bestimmte. Als Eduard 1553 an Schwindsucht starb, regierte im gleichen Jahr für neun Tage Johanna die Unglückskönigin. Sie wurde mitsamt ihrem Protegé von Maria hingerichtet. Es blieben nicht die einzigen, die Maria die Blutige (reg. 1553-1558), die im Zeichen der Gegenreformation regierte, hinrichten ließ. Erst mit Elisabeth I. (reg. 1558-1603) kam wieder Ruhe ins Land. Sie unterstützte den Protestantismus und schenkte auch rosenkreuzerischen Vorstellungen zumindest zeitweise große Aufmerksamkeit. 1586 nahm sie durch eine Delegation am Konvent in Lüneburg teil.

Auf Elisabeth folgte Jakob I. (reg. 1603-1625). Als Sohn seiner entmachteten katholischen Mutter, Maria Stuart, wurde Jakob im Sinne eines streng puritanisch reformierten Protestantismus großgezogen, doch zwischen den streitenden und einflußreichen beiden Adelsparteien des Landes hin- und hergerissen. Verheiratet war er mit der Tochter des Königs Friedrich II. von Dänemark (reg. 1559-1588), bzw. der Enkelin von König Christian III.

Eine weitere Tochter Friedrichs II. von Dänemark hatte Herzog Johann Adolf von Holstein-Gottorf geheiratet, während sein Sohn als Christian IV. sein Nachfolger wurde. Dieser befreit auch den internierten Morsius aus dem Hamburger Pesthof.

So geriet nun auch Jakob I. in eine rosenkreuzerisch vorbelastete Verwandtschaft. Anfangs schien es noch, als würde er die Politik Elisabeths I. weiterverfolgen. Doch in ein militärisches Abenteuer wollte er sich nicht stürzen, nicht einmal, um seiner Tochter und ihrem Gemahl bei der Annahme der böhmischen Krone zu helfen. Er riet ihnen ab, und die mystische Vision, in die das Vorhaben auch von einigen seiner Berater hineingestellt wurde, stieß auf sein rigoros ablehnendes Unverständnis. Statt dessen wollte er mit einer Hochzeit seines Sohnes und der Schwester des spanischen Königs Philipp IV. die Spannungen lösen. Erst viel zu spät bemerkte er, von der spanischen Krone nur hingehalten und von der Einmischung abgehalten worden zu sein. 1624 beugte er sich endlich den ewigen Forderungen des Parlaments, Truppen in die Pfalz zu senden. Doch hier waren die Würfel längst gefallen (Parker, 1991: 133).

Jakobs Politik, die Kompetenzen des Parlaments zu beschneiden, um wie in Schottland eine straffere Zentralgewalt zu schaffen, brachte dann auch das Parlament in Opposition zum König. Das Volk jedenfalls verstand seine ohnehin erfolglose Außenpolitik, mit keiner der im Dreißigjährigen Krieg kämpfenden Parteien zu brechen, nicht und der Bürgerkrieg im Lande fand eine breite Basis.

Jakob I. regierte von 1603 bis zu seinem Tode 1625. Sein Sohn, Karl I., verheiratet mit Henriette-Marie, Tochter Heinrichs IV. von Frankreich, trat ein schweres Erbe an. Die alten Auseinandersetzungen spitzten sich zu, als er schließlich das Experiment einer halbabsolutistischen Herrschaft einging und ohne Parlament regierte. Die Polarisierung der politischen Bestrebungen auf beiden Seiten führten 1642 zum Bürgerkrieg zwischen Krone und Parlament. Charles floh aus London. 1648, als der Westfälische Frieden den Dreißigjährigen Krieg beendete, klagte ein unter dem Druck der Armee gesäubertes „Rumpfparlament" den König an. Die am 30. Januar 1649 erfolgte Hinrichtung Karls I. löste in ganz Europa einen Sturm der Empörung aus (Herzfeld, 1963: 304).

Neben dieser politischen Entwicklung ging eine spekulativ-esoterische einher, die sich nicht so leicht fassen, erst recht nicht dokumentieren läßt. Seit den Merowingern gab es offensichtlich in Europa Geschlechter, die neben der weltlichen Macht eine wie auch immer geartete spirituelle anstrebten oder zumindest behaupteten, darauf Anspruch zu haben. Das aufsehenerregende und recht umstrittene Buch *Der Heilige Gral und seine Erben* der britischen Journalisten Lincoln, Baigent und Leigh machte eine breitere Öffentlichkeit zum ersten Male darauf aufmerksam. Bis ins 17. Jahrhundert vertraten noch die Häuser Guise und Lothringen diesen Anspruch, die dabei auch immer nach dem englischen Thron geschielt hatten. Im Zuge einer allgemeinen End- und Neuzeiterwartung zur Wende des 17. Jahrhunderts traten auch solche Ideen nach einem spirituellen Königtum wieder in den Vordergrund, wie wir es beim Winterkönig sahen, und dies vor allem in den protestantischen Fürstentümern (Baigent/Leigh, 1989: 173 f). Als nun Jakob VI. von Schottland 1603 auch den Königsthron von England bestieg, gingen die Weissagungen eines mystischen Neuanfangs in jenem Jahr zunächst auf ihn über. War er nicht mit den Häusern Guise und Lothringen verwandt und hatte er sich nicht zum Schutzherrn der Steinmetzbünde erklärt? Laut einem Manuskript aus dem Jahre 1658 wurde Jakob als „freier Mann, Maurer und Mithandwerker" in eine Loge aufgenommen (Baigent/Leigh, 1989: 144). Doch klärte es sich vermutlich rasch, daß es dem Naturell des nüchternen Schotten nicht entsprach, eine übergeordnete geistige Rolle zu spielen. Zumindest legte Jakob wenig Wert darauf, die damit verbundenen militärischen Ambitionen mitzutragen, die den Plan Heinrichs IV. von Frankreich aufgriffen. Die Hoffnungen verlagerten sich auf seinen Sohn, den Schöngeist Heinrich (Yates, 1975: 14). Als dieser tragischerweise aber schon 1612 mit 18 Jahren verstarb, keimte die Idee, Elisabeth mit dem jungen Friedrich V. zu vermählen. Ob Friedrich zu dieser Zeit schon zu den Rosenkreuzern gehörte, wissen wir nicht. Spätestens nach der Hochzeit wird er Zugang in die entsprechenden Kreise gefunden haben. Damit schien die Tradition der Templer, vertreten durch die Stuarts als Schutzherren aller Vorläufer freimaurerischer Bünde auf der Insel, wieder mit der Bewegung von Kreuz und Rose vereint, die schon wenige Jahrzehnte nach Gründung des Templerordens auseinandergedriftet sein sollen. Damit vereinten sich auch die mystische und die militärisch-politische Tradition einer geistigen Zielsetzung.

Wenn wir diese Beweggründe einer größeren Zahl von Schwärmern unterstellen, können wir vielleicht ermessen, welch große Illusionen mit der Schlacht am Weißen Berge in Prag zu Grabe getragen werden mußten. Und wie irritiert und orientierungslos die Anhänger solch tönerner Ideen zum Hof von Rhenen oder Haag pilgerten, zumindest mit Spannung und Wehmut die Zukunft von Elisabeth und ihrer Kinder verfolgten. Bildete sie nicht das klassisch esoterische Symbol der Welt, die seit dem Fall aus der Gottesnähe im Status eines Exils in Wartestellung lebt, und war sie nicht die klassische Exilkönigin?

Elisabeth litt sehr an dem schrecklichen Ende ihres Bruders Karl. Von ihren zahlreichen Nachkommen bestieg ihr Enkel Georg I., Sohn der Kurfürstin Sophie von Hannover den Thron Englands. Die Enkelin Sophie Charlotte, ebenfalls eine Tochter Sophies, wird den Kurfürsten und späteren König Friedrich I. in Preußen

Francis Bacon, Kupferstich von 1626 im 1. Band seines Gesamtwerkes, Frankfurt a. M. 1665

heiraten, der mit seiner Frau im Rufe steht, sehr stark von dem Rosenkreuzer Leibniz beeinflußt worden zu sein. Ein gemeinsames „Kind" dieser drei wurde die preußische Akademie der Wissenschaften.

Vielleicht unter dem direkten Einfluß von Elisabeth, zumindest unter einer wie auch immer gearteten Abstimmung mit ihr, erschienen in Holland damals die zahllosen mystischen Bücher und Rosenkreuzerschriften, die massiv auf den Markt geworfen wurden, wie wir heute sagen würden. Wir werden noch berichten, wie das Geistliche Ministerium in Lübeck, voran Hunnius, alles in Bewegung setzte, um diese „Flut" der Schriften einzudämmen.

Wenn, wie der Orden vom Rosenkreuz A. M. O. R. C heute anklingen läßt, Sir Francis Bacon in jener Zeit Imperator des Ordens gewesen sei, dann scheint er Nachfolger von Michael Maier geworden zu sein. Ob Maier sich trotz leitender Funktionen im Orden wirklich Imperator nannte, bleibt ungewiß. In seinen Schriften bezeichnete er sich allerdings „Gesellschafter des Imperators", und mit letzterem nahm er Bezug auf Kaiser Rudolf II.

Bacon, 1561 geboren, wird als geistig Frühreifer bereits mit zwölf Jahren in das Trinity College in Cambridge aufgenommen. Er studierte Jura, teilweise auch in Frankreich, und arbeitete schon 1582 als Advokat. Zwei Jahre später zog er durch eine erfolgreiche Wahl ins Parlament ein. Es begann eine politische Karriere, die ihn, weil er sich im Parlament als auch am Thron beliebt zu machen wußte, in die höchsten Staatsämter bringen sollte. 1607 war er Generalstaatsanwalt (solicitor general), 1613 Generalfiskal (attorney general), 1617 Siegelbewahrer, 1618 Lordkanzler und Pair des Königreiches als Baron Verulam. Als Sechzigjähriger empfing er 1621 die Würde des Viscount St. Alban. Er gehörte mit zu den großen Enthusiasten für eine Hochzeit zwischen Elisabeth und Friedrich V. und machte sich verdient als künstlerischer Leiter und Choreograph eines mystischen Festspiels, das trotz starker Bedenken von Jakob I. am zweiten Tag der Hochzeit aufgeführt wurde (Yates, 1975: 15 ff).

Auf dem Höhepunkt seiner Karriere traf ihn dann das Unglück. Er wurde der Bestechlichkeit angeklagt, erkrankte zusätzlich, war nicht in der Lage, sich zu verteidigen, verlor alle Ämter und landete vorübergehend hinter Gittern. Er mußte durch die „dunkle Nacht", die nur der wirklich kennengelernt hat, der sie durchschritten. König Jakob I. ließ Bacon zwar nach ein paar Tagen aus dem Tower entlassen, aber seine Ämter erhielt er nicht wieder zurück. Den Rest seines Lebens widmete Bacon der Erforschung der Natur. Am 9. April 1626 starb er an einer Bronchitis.

Wenn man davon ausgeht, daß die Menschen und ihre Schicksale von einer höheren Intelligenz beeinflußt werden, dann sähe es fast so aus, als hätte man Bacon gezielt aus seinen politischen Aufgaben herausgerissen, um ihn für eine neue Aufgabe freizustellen. Mit dem Tode Maiers war 1622 eine Führungsposition des Ordens vom Rosenkreuz neu zu besetzen und Bacon in der Lage, diese Aufgabe zu übernehmen.

Bacon gehörte zum Kreis um Königin Elisabeth I. von England, zu denen etliche Rosenkreuzer zählten, u. a. John Dee. Wie bereits erwähnt, hatte dieser zum Haus Hessen-Kassel Kontakt und darüber hinaus zum Kreis um Kaiser Rudolf II., wo wir Michael Maier wiederfinden. Dee verließ England allerdings bereits 1583 in Richtung Festland. Es ist fraglich, ob Bacon ihn noch persönlich kennenlernte. Die Zeitschrift *Crux rosae* (1976: 95 f) berichtet in einem Artikel mit der Überschrift „Die große Erneuerung" zu Bacon: „ ... Francis Bacon wurde in England in den Rosenkreuzerorden initiiert und erhielt scheinbar das hohe Amt des Imperators. Sein Werk *Neues Atlantis* läßt seine Verbindung mit dem Werk der Rosenkreuzer auf dem Festland sichtbar werden. Bacons Ermunterung zur Entwicklung der höheren Veranlagung des Menschen lebt heute mit uns weiter."

Wer nach dem Tode Francis Bacons 1626 im Orden die tatsächliche Führung übernahm, bleibt unklar. Welche Rolle spielte Jungius, der „deutsche Bacon"?

„**Johannes Dee** aus London,
sehr berühmter englischer Mathematiker und
Sozius des Trinity College in Cambridge,
geboren am 13. Juli 1527, gestorben 1608.
Aus der Sammlung des Friedrich Roth-Scholtz",
Nürnberg 1732.

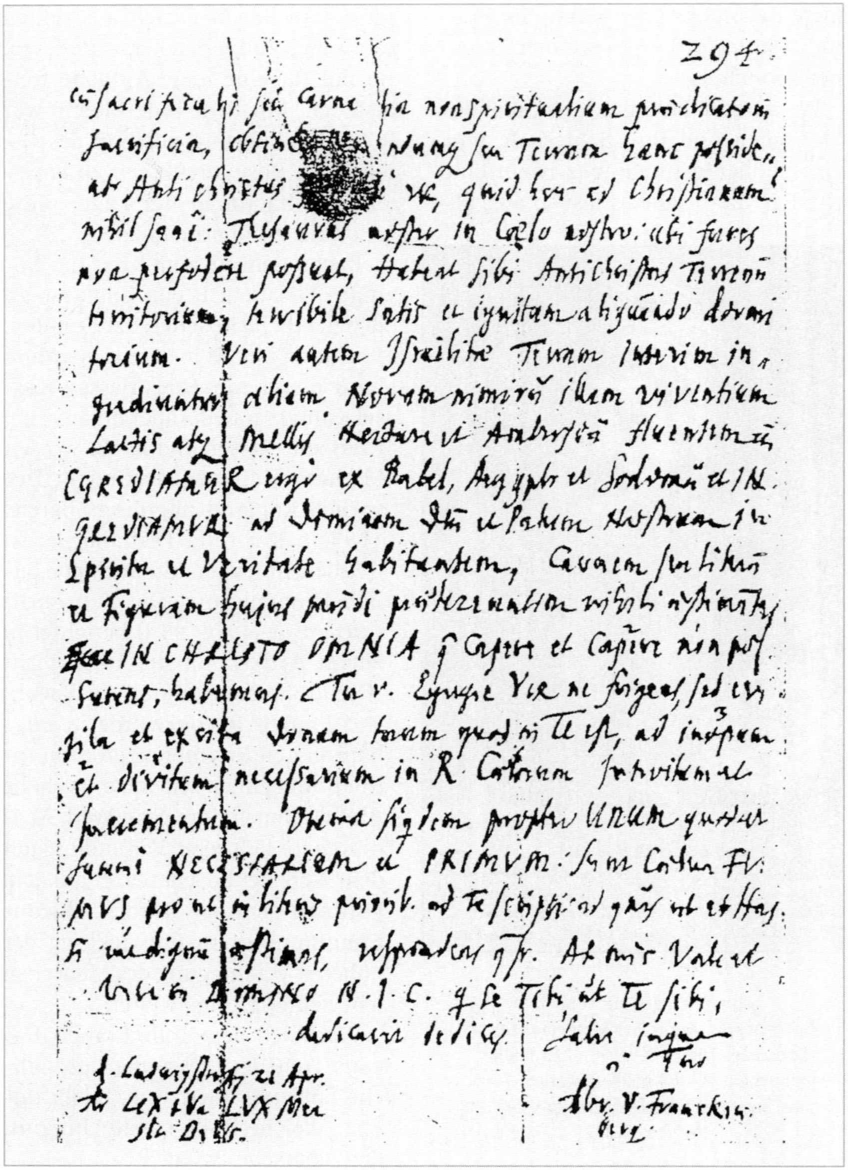

XVII

Morsius, Jungius und Tassius in Hamburg

Im Jahre 1624, als Morsius sich den Ärger mit den Lübecker Behörden einhandelte, stand er im Schriftverkehr mit Jakob Böhme und knüpfte Verbindungen zu Abraham von Franckenberg. Der Inhalt eines Briefes, den man Böhme zuschreibt, hat sich erhalten. Einige Sätze dieses Briefes seien hier wiedergegeben:

„ ... Es kan es keiner dem andern geben, es muß es ein jeder selber von Gott erlangen: Anleitung kan einer dem andern wohl geben, aber den Verstand kan er ihme nicht geben.

Jedoch wisset: Daß euch mitternächtigen Ländern eine Lilie blühet.

So ihr dieselbe mit dem Sectirischen Zancke der Gelehrten nicht werdet zerstören, so wird sie zum großen Baum bey euch werden. Werdet ihr aber lieber wollen zancken, als den wahren Gott erkennen, so müsset ihr hernach Wasser für den Durst euerer Seelen bey frembden Völkern holen ..."

Dieser Brief wurde mit den Buchstaben „J. B." unterzeichnet . (Schneider, 1929: 38 ff)

Diese Sätze sollte man mehrmals lesen. Sie spiegeln in wenigen Wor-

Morsius-Album, Eintragung von Abraham von Franckenberg

ten die damalige Zeit wider und leuchten bis in unsere hinein, wo die Kirchen ergrimmt zusehen, wie sich die westlichen Menschen von ihnen abwenden und ihr Heil in fernöstlicher Literatur oder Lehre suchen.

Wenn wir hier schon auf Böhme eingehen, dann sollten wir am Rande erwähnen, daß der Kreis um den Görlitzer Schuster auch nach seinem Tode am 21. November 1623 nicht einfach auseinanderlief. Bei den ersten Rosenkreuzern, die 1694 mit der „Santa Maria" nach Amerika auswanderten, soll es sich um Mitglieder der Gruppe gehandelt haben, die aus dem Kreis um Jakob Böhme hervorgingen. Hierüber berichteten damals *Sievert's Nachrichten* aus dem Jahre 1785.

Der oben zitierte Böhme-Brief muß einer seiner letzten gewesen sein und erscheint uns – nicht nur deswegen – besonders wertvoll.

Morsius blieb noch in Lübeck, bis sich die Wogen geglättet hatten. Im Juli 1624 reiste er in Richtung Schweden. Die Lübecker Rosenkreuzergruppe kam ohne ihn aus. Ein gewisser Theologe Christoph Andreä Raselius (1590- nach 1644) aus Regensburg machte von sich reden, als er in Lübeck seine *discipuli* (Schüler) um sich scharte. Dies wird um 1632/33 gewesen sein, zeigt aber, daß die Lübecker Gruppe weiterhin existiert hatte. Raselius war maßgeblich an dem Konvent in Mölln 1633 beteiligt, von dem bereits berichtet wurde.

Michael Maier, 1617 aus: *Atalanta fugiens*

In Schweden traf sich Morsius am 5. Juli 1624 mit dem Bibliothekar, Mystiker und Reichsantiquarius Johann Bureus (Schneider, 1929: 44). Bureus, zeitweise auch Lehrer Gustavs II. Adolfs, veröffentlichte 1616, neben anderen rosenkreuzerischen Werken die *Fama e Scanzia redux* zusammen mit einer kabbalistischen Erklärung der R+C-Manifeste (Rosenkreuzer-Gemeinschaft e.V. Darmstadt, 1995: 63). Das Morsius-Album bietet ebenfalls Hinweise auf Beziehungen zum schwedischen Königshaus. Im besagten Album finden wir die Bildnisse Gustavs II. Adolfs und dessen Reichskanzler Oxenstierna. Darüber hinaus Eintragungen des königlichen Leibarztes Jakob Albinius (23. März 1618) und des späteren königlichen Leibarztes Andreas Singer (1636). Nach dieser Schwedenreise besuchte Morsius zunächst seine Mutter in Hamburg. Dort wird er sich bis 1629 überwiegend aufgehalten haben. Es gibt jedenfalls fast keine Album-Eintragungen aus dieser Zeit.

Vielleicht wurde Morsius in Hamburg dringend benötigt. Michael Maier war 1622 in Magdeburg verstorben. Er mußte sich in den letzten Jahren seines Lebens häufig der Mitglieder der Hansestadt annehmen. War es nicht notwendig, daß sich nach dem Tode Maiers jemand um die Ordensaufgaben in Hamburg kümmerte? Wir wissen es nicht.

In Hamburg lebten auch die Verwandten von Morsius.

Der Vater, Jakob Moers, war 1612 verstorben. Er stand in gutem Verhältnis zu Heinrich Rantzau. Jakob Moers gehörte zu dem Kreis von Künstlern und Gelehrten, die der Späthumanist Heinrich Rantzau um sich scharte, dessen Steinmetze gern auch Rosenkreuzerornamente an die Fassaden der Häuser brachten. Der bedeutende Politiker bewunderte die Kunst des großen Goldschmiedes und der Goldschmied die Gelehrsamkeit des Politikers. Sicher können wir den Entschluß, einen seiner Söhne – eben Joachim – zum Gelehrten ausbilden zu lassen, der Bewunderung gegenüber Heinrich Rantzau zuschreiben.

Joachim Morsius hatte geheiratet und einen Sohn, der schon früh verstarb. Welche Frau liebt es schon, vor allem damals, mit ihrem Gatten unstet durch die Welt zu ziehen, wenn sie auch noch ein bequemeres Leben gewohnt ist? Frau Telse aus Dithmarschen liebte ein solches Leben jedenfalls nicht. Es kam zu Streitereien, Morsius fühlte sich tief verletzt und er verließ seine Frau 1617.

Der älteste Bruder Hans verwaltete das Erbe des Jakob Moers und bezahlte – gewiß zähneknirschend – die Rechnungen, die sein Bruder Joachim überall hinterließ. Bei Morsius schlug offenbar kein schlechtes Gewissen, hatte ihn doch sein Vater für ein „Gelehrtendasein" ausersehen. Die übrigen Geschwister sahen in Joachim einen Nichtsnutz, der lieber sein Brot selbst verdienen sollte als herumzureisen.

1629 starb Bruder Hans. Sein Tod führte zu erbitterten Familienkämpfen. Hans hatte Joachim eine Rente von 3.000 Talern testamentarisch vermacht unter der Bedingung, einen „gottesfürchtigen Beruf" zu ergreifen und zu seiner Frau zurückzukehren.

Was tat Morsius?

Er verließ Hamburg. Herzog August d. J. von Braunschweig, ein späterer Freund Johann Valentin Andreaes, stellte ihm einen Schutzbrief für eine Reise nach Süddeutschland aus. Ein solcher Schutzbrief erwies sich vor allem in den Wirren des Dreißigjährigen Krieges für Reisende als sehr wertvoll. Morsius schien so etwas wie ein Kurier der Bruderschaft gewesen zu sein. Wenn es solche Kuriere nicht gegeben hätte, wie hätte die Bruderschaft sonst ihren Zusammenhalt in Europa bewahren können?

Im gleichen Jahr zog Joachim Jungius nach Hamburg, wohin er schon im November 1628 als Rektor des Akademischen Gymnasiums und des Johanneums berufen worden war.

Hamburg, eine streng lutherische Stadt, duldete damals keine andere Religionsausübung. Dennoch war Hamburg sehr tolerant und nahm, den wirtschaftlichen Nutzen wohlwollend betrachtend, auch Andersgläubige auf. Diese hatten die Möglichkeit, sich im nicht zu Hamburg gehörenden Altona religiös zu betätigen. Altona gehörte zur Herrschaft Pinneberg, die seit 1390 bestand. Hier regierte die letzte Schauenburger Linie. Der Schauenburger Graf Ernst III., ein hochbegabter Landesherr und verheiratet mit Hedwig, der Tochter von Wilhelm dem Weisen von Hessen-Kassel, machte Altona zu einem Ort der Religionsfreiheit, wenn auch gegen den Protest der streng lutherischen Prediger. Religionsfreiheit garantierte außer Altona in Schleswig-Holstein auch das von König Christian IV. gegründete Glückstadt und der von Herzog Friedrich III. gegründete Ort Friedrichstadt.

Die Gegenreformation hatte viele Protestanten, überwiegend Calvinisten, aus den südlichen Niederlanden, aus Flandern und Brabant vertrieben. Der Herzog von Alba, der zu Zeiten von Heinrich Rantzau noch einen relativ zahmen Eindruck hinterließ, entwickelte sich in den zu Spanien gehörenden Niederlanden zu einem blutrünstigen Ungeheuer, der alles Protestantische grausam verfolgte. Die Niederlande, aus denen Luther und viele andere damals ihre Inspirationen erhalten hatten (siehe Kap. I), bildete gewissermaßen den Acker, aus dem die evangelische Kirche keimte. Schon sehr früh begannen hier die Verfolgungen, so Ende 1521 bei dem Augustinerprior von Antwerpen, Jakob

Spreng. Ein Franziskanerbruder verhalf dem damals bereits gefangenen Mönch durch List in die Freiheit.

Wer sich retten konnte, wanderte aus. Viele Verfolgte aus dem Raum um Antwerpen zogen seit 1560 nach Hamburg. Auch Verfolgte aus süddeutschen Gegenden kamen in die rasch wachsende Stadt. Nicht immer bestimmten nur religiöse Gründe diesen Weg, vielfach verbanden sich auch wirtschaftliche Erwägungen damit. Das Geschäft blühte in Hamburg, und mancher erhoffte sich durch den vielversprechenden Standort eine neue Existenzgrundlage. So gelangten auch moderne, in Antwerpen entwickelte Wirtschaftsformen nach Hamburg. 1619 entstand in der Hansestadt die erste Girobank auf deutschem Boden.

Kaufleute, die nach Hamburg flüchteten, kamen zumeist nicht mittellos. Sie brachten neues Kapital mit und damit weiteren Aufschwung. Gab es vor dem Dreißigjährigen Krieg beispielsweise vierundzwanzig Goldschmiedebetriebe in Hamburg, so erhöhte sich die Zahl 1649, ein Jahr nach Kriegsende, auf achtundvierzig.

In Hamburg schlossen sich in jener Zeit gelehrte Menschen zusammen. In vielen Städten entstanden im Gegensatz zu den Universitäten Gelehrte Gesellschaften, aus denen später die Akademien hervorgingen. Die Societas ereunetica ist uns bereits bekannt. Sie rekrutierte ihre Mitglieder überwiegend aus den Hansestädten Hamburg und Lübeck, nachdem sie 1625 wegen des Krieges in Rostock ihre Arbeit einstellen mußte.

Über diese Zusammenschlüsse äußerte sich Prof. Dr. Otto Brunner 1957 in Hamburg vor der Jungius-Gesellschaft folgendermaßen: „ ... Man kann sie nicht nur soziologisch zum Typus der *Sekte* zurechnen, es bestehen auch mannigfache und enge Verflechtungen mit der Religiösität und der Organisationsform der Sekten des 16. und des 17. Jahrhunderts. Dies soll natürlich nicht heißen, daß die Angehörigen dieser Gesellschaften und Akademien Sektierer gewesen sind; immerhin darf auf die Beziehungen, die Joachim Jungius zu Ratichius und Comenius besaß, hingewiesen werden. Diese aus der Unterströmung des abendländischen Spiritualismus kommenden Tendenzen und ihre Kampfstellung gegen den „Hellenismus", d.h. die orientalisch-scholastische Philosophie, war in mannigfacher Weise wirksam ..." (Joachim Jungius-Gesellschaft für Wissenschaft Hamburg, 1957: 158 f)

Hierin aber erkennen wir auch ein Anliegen der *Fama fraternitatis* wieder.

Das Akademische Gymnasium im Jahre 1681.
Kupferstich von D. Lemkus

Jungius, der am 10. Februar 1625 Catharina Havemann aus Rostock geheiratet hatte (verstirbt am 16. Juni 1638), wirkte zunächst in Helmstedt als Professor der Medizin und kehrte später nach Rostock zurück. Am 19. März 1629 trat er dann seine Ämter in Hamburg an. Das Akademische Gymnasium hatte etwa den Rang einer philosophischen Fakultät. Ihre Tradition ging

1883 in die Wissenschaftlichen Anstalten über. Später entwickelte sich aus diesen Anfängen – über das Kolonialinstitut – die Universität Hamburg (Joachim Jungius-Gesellschaft für Wissenschaft, Hamburg, 1957: 10 f).

Wie fast überall unterstanden die Schulen in Hamburg der Kirche. Somit war Jungius in die Abhängigkeit der Kirche geraten. Wessen Brot man ißt, dessen Lied soll man singen! Jungius ließ singen. Sein Schulchor wurde auch bei kirchlichen Veranstaltungen eingesetzt. Dies geschah, wie es noch dargelegt werden soll, nicht immer im Sinne der engstirnigen und engherzigen lutherischen Lehre. Davon jedoch später.

Zunächst gelang es Jungius wohl zusammen mit dem Professor der Mathematik, Johann Adolph Tassius, den tief gesunkenen Stand des Unterrichts hier in Hamburg wesentlich zu heben. Der Vater des Mathematikers arbeitete als Sekretär für den Erzbischof von Bremen, der gleichzeitig Fürstbischof von Lübeck mit Sitz in Eutin war. Der Sekretär Tassius nahm offenbar in Bremen die Position ein, die Kanzler Cassius später in Lübeck und Eutin ausgefüllt hatte. Sein Sohn, Professor Tassius, hatte also vielleicht schon über den Arbeitgeber seines Vaters her Verbindung zum Orden vom Rosenkreuz. Übrigens waren Tassius junior und Jungius bereits Schulkameraden an der Lübeker Lateinschule, dem heutigen Katharineum. Einige Schulfreunde dieser beiden studierten später in Rostock und traten dort der von Jungius gegründeten Gelehrten Gesellschaft bei. Da Tassius gleichzeitig auch mit Johann Valentin Andreae befreundet war, der ihn in seiner Autobiographie wegen seiner Gelehrsamkeit und „glänzenden Diktion" rühmt und auch einen Besuch von ihm in Tübingen erwähnt (Schick, 1942: 142), würde dies eine funktionierende Kommunikationsstruktur in der damaligen Bruderschaft vermuten lassen. Vielleicht bildete z. B. Kassel lange als Zentrum den Schmelztiegel, wo Rosenkreuzer sich kennenlernen und an Einweihungen teilnehmen konnten.

Rosenkreuzer standen also an der Spitze des Hamburger Schulwesens und wurden von der Kirche bezahlt. Jungius ließ sich nur ungern ins Handwerk pfuschen. Die ersten sieben Jahre verlief alles gut. Dann kam es zu Auseinandersetzungen mit der Kirche.

Der Hamburger Dom gehörte damals territorial nicht zu Hamburg, sondern zu Altona. Weil in Altona Religionsfreiheit herrschte, konnten im Hamburger Dom auch Andersgläubige beigesetzt werden. Jungius besaß nun 1635 die „Frechheit", als prominenter Rektor an der Beisetzung einer calvinistischen Frau teilzunehmen und den Schulchor singen zu lassen. Ihren christlichen Grundsätzen folgend, war die lutherische Kirche nicht in der Lage, ihm dies zu vergeben, und verweigerte ihm daraufhin die Absolution.

Trotzdem blieb Jungius weiterhin im Arbeitsverhältnis der Kirche.

1637 stellte Jungius fünfzehn Thesen zur Schulsituation auf. In der elften These fragte er, ob nicht das Neue Testament von Barbarismen strotze, womit er das „barbarische Griechisch" meinte, in dem das Neue Testament verfaßt worden sei. Die lutherische Kirche, für die sich die göttliche Offenbarung allein aus der Bibel ableiten ließ, empfand dies als eine eklatante Beleidigung. Die Streitereien zogen sich hin bis zum Jahr 1639.

Während der Hamburger Zeit unterrichtet Jungius allgemeine Physik, Kosmographie, Mictoscopia (Lehre der chemischen Verbindungen), Meteorologie, Zoologie und hält private Vorlesungen über Trigonometrie und Optik, über Experimente mit Wasser und Bewegungen am Rad, über Chemie und Botanik. Er stellt mit Schülern Beobachtungen an einem Kometen an, über die Milchstraße und demonstriert seine Ansichten am Himmelsglobus. Während dieser Zeit steht er wohl in Verbindung mit der berühmten Royal Society in London (Kangro, 1968: 339).

Aber er wurde nicht nur in Hamburg von der Kirche angefeindet. So erwähnt J. A. Komensky (Comenius)

1639, Jungius sei durch die wohl oft auf Neid basierenden Anfeindungen seiner Wissenschaftskollegen in den letzten Jahren so entmutigt, daß er zu seinen Lebzeiten nichts mehr veröffentlichen wolle (Kangro, 1968: 341). Trotzdem blieb er bis zu seinem Lebensende (23. September 1657) im Dienst der Kirche. Ohne Furcht hielt er weiter Kontakt mit dem Orden vom Rosenkreuz und scheint, wie aus den noch erhaltenen Briefen zu schließen, eine führende Rolle im Orden gespielt zu haben.

Noch im Jahre 1655 stand er im Briefverkehr mit der im Exil lebenden Pfalzgräfin Elisabeth, der Witwe des Winterkönigs Friedrich von der Pfalz, die sich in den Niederlanden im Rahmen ihrer Möglichkeiten für die Belange der Bruderschaft einsetzte (Joachim Jungius-Gesellschaft für Wissenschaft, Hamburg, 1957: 44). Von diesem Stützpunkt aus wurden die rosenkreuzerischen Aktivitäten in England neu belebt, wo Hartlib und Comenius das Ihrige taten.

XVIII

Morsius als „Visitator" bei Andreae?

Viele Andreae-Biographen und vermeintliche Kenner der *Fama* argwöhnen, der Tübinger Theologe sei der Gründer des Ordens vom Rosenkreuz und der eigentliche Vatter C. R. C. Dies schließt man auch oft aus der Tatsache, weil sein Familienwappen ein Kreuz und vier Rosen aufweist. Nur wer den mystischen Inhalt der *Fama* und der *Confessio* kennt, vermag die ganze Abwegigkeit solcher Spekulationen zu ermessen.

Ansonsten besitzen Kreuz und Rose eine alte Tradition. Auch Martin Luther nahm Kreuz und Rose in sein Wappen auf. Sehr früh setzte er sich mit mystischer Literatur auseinander. Wie auch andere Augustinermönche studierte er die *Nachfolge Christi* von Thomas von Kempen und hatte das *Rosetum exercitorum spiritualium et sacrarum meditationum* zur Verfügung. Dieses *Rosetum* stammte von Jan Mombaer aus Brüssel, der als Freund des Thomas von Kempen galt. Es umfaßte siebenhundert zweikolumnige Seiten und genoß in den Augustinerklöstern große Beliebtheit. Ungefähr um 1500 wurde dieses Werk gedruckt und enthielt die Gesamttraditionen der christlichen Meditation – vom ältesten Mönchtum, der griechischen und syrischen Mystik bis zu Pico della Mirandola.

Wir wissen heute, daß Luther Schriften des Bernhard von Clairvaux, Hugo von Sankt Viktor, Bonaventura, Gerson und Johann Tauler gelesen hat. Auch die *Theologia Germania* las Luther oft und gern und half sie verbreiten (Wehr, 1983: 74).

Als Luther 1518 in Heidelberg den Vorsitz einer Kapitelzusammenkunft der Augustiner übernahm und die damalige Kirchenpolitik verurteilte, regierte in Heidelberg Pfalzgraf Ottheinrich (1502-1559), ein Humanist und Förderer der Wissenschaft. Das Fürstenhaus schien den Reformideen der Augustiner positiv gegenübergestanden zu haben. Später trat es sogar vermittelnd zwischen den Parteien während der Reformationszeit auf.

Wie aus den vorangegangenen Kapiteln ersichtlich, mußte Heidelberg bis 1622 so etwas wie eine Hochburg der Rosenkreuzer gewesen sein, mit weitreichenden Einflüssen und Verbindungen. Die symbolische Zusammenstellung von Kreuz und Rose muß Luther so fasziniert haben, daß er beide in sein Wappen aufnahm.

Kaum jemand weiß, daß Württemberg seinen eigenen „Luther" besessen hatte. Dieser „Württembergische Luther", Jakob Andreae (1528-1590), nahm dereinst wie später Martin Luther Kreuz und Rosen in sein Wappen auf und widmete sich der Reformation Süddeutschlands. Sein größtes Verdienst war die Einigung der Protestanten in der Konkordienformel von 1577. Der Kanzler und Präpositus der Tübinger Universität starb im Jahre 1590.

Sein Sohn Johann Andreae wurde lutherischer Pfarrer. Er hatte sieben Kinder. Sein fünftes Kind, Johann Valentin, am 17. August 1586 in Herrenberg, unweit Tübingen geboren, findet sich seit seiner Jugend in den Kreisen von als Rosenkreuzer verdächtiger Personen wieder.

Im Elternhaus erhielt Johann Valentin viele Anregungen. Als Alchemist besaß sein Vater viele gelehrte Freunde, die ebenso wie ihn das „Goldfieber" gepackt hatte. Bald kannte sich auch der Junge in Kunst und Wissenschaft, insbesondere Alchemie, Medizin und im praktischen Christentum aus.

Die Alchemie war damals durchaus hoffähig. Etliche Fürsten förderten die „Adepten" im guten Glauben, von ihnen das Geld oder Gold zu erhalten, das sie für ihre zahllosen und oft hochfliegenden Pläne benötigten. Einer der typischen Alchemistengönner, Herzog Friedrich I. von Württemberg, errichtete in Groß Sachsenheim bei Vaihingen eine ganze Alchemistenkolonie, in der Hoffnung, das Rezept des „roten Löwen" zu erhalten.

Als Johann Andreae (zuletzt protestantischer Abt von Königsbronn) 1601 starb, war Johann Valentin fünfzehn Jahre alt. Die Familie zog nach Tübingen. Hier erhielt Johann Valentin die Möglichkeit eines Universitätsstudiums. Bald beherrschte er etliche Sprachen: Latein, Griechisch, Hebräisch, Syrisch-Aramäisch, Italienisch, Spanisch und Englisch. Dies versetzte ihn in die Lage, die damalige Literatur im Original zu lesen. Man sagte ihm musische, physikalische, mechanische und chymische Fähigkeiten nach.

Wappen Luthers,
von Paracelsus und von Andreae

1603 erhielt er den untersten akademischen Grad und konnte sich somit Bakkalaureus nennen. Darauf folgte 1605 die Magisterwürde der Tübinger Artistenfakultät. Ein begonnenes Theologiestudium mußte 1607 abgebrochen werden. Man verwies ihn wegen eines „peinlichen Ulks" von der Fakultät. Bei diesem Skandal, ein Ausdruck überschäumender studentischer Lebensfreude, war vielleicht „Frau Venus" mit im Spiel (Wehr, 1980: 79). Es folgten fünf Wanderjahre. Als Hauslehrer und Lehrer verdiente Johann Valentin sein kärgliches Brot. In dieser Zeit setzte er sich mit Medizin und Jura auseinander, weil er an eine theologische Laufbahn nicht mehr glaubte. Immer mehr aber interessierte ihn die Pansophie (Allweisheit), und wir finden ihn 1615 als Mitglied des rosenkreuzerischen Kapitels in Kassel wieder. Zu dieser Zeit arbeitete er allerdings wieder in der Theologie und lebte als zweiter Pfarrer in Vaihingen an der Enz (nahe der Alchemistenkolonie).

1616 gab er in Straßburg die *Chymische Hochzeit* heraus, die er später als Jugendsünde bezeichnete. Sein ganzes Leben bestritt er, Autor der *Fama* und der *Confessio* gewesen zu sein. Wir glauben es ihm. Er verleugnete auch, ein Rosenkreuzer zu sein, womit er ebenfalls recht hatte und sich zugleich geschickt aus der Affaire zog. Wer darf schon von sich behaupten, ein Rosenkreuzer zu sein!

In Tübingen gab es damals einen Kreis, der sich mit dem Studium pansophischer Schriften befaßte. Die Pansophen sahen Gott in allem lebendig, die Welt ist nur seine Ausgeburt. Den himmlischen Kräften unterworfen, strebe alles zu Ihm zurück. Man setzte sich mit Simon Studion, Sperber, Gutmann, Weigel, Paracelsus usw.

auseinander, um dem Großen Geheimnis näher zu kommen. Im Mittelpunkt dieses Kreises stand Christoph Besold. Dazu stieß auch Tobias Hess, der u. a. mit Simon Studion der Militia Crucifera Evangelica in Lüneburg angehörte. Diese Tübinger standen in enger Verbindung mit dem Hof in Braunschweig-Wolfenbüttel.

Schon seit 1181 führte das Herzogtum Braunschweig zwei Rosen im Wappen. 1569 spaltete es sich in die Linie Dannenberg, das seit 1634 in Besitz von Wolfenbüttel aufging und den Namen Braunschweig-Wolfenbüttel trug. Diese Linie starb 1884 aus. Eine zweite Linie, Braunschweig-Lüneburg, das spätere Kurfürstentum Hannover und noch spätere Königreich Hannover, existiert noch heute. Auch die Windsors stammen von ihnen ab.

Es stiftete nur Verwirrung, will man Herzog August d. J. (1579-1666) in das Liniengeflecht der Welfen geschichtlich einordnen. August war nämlich Herzog von Braunschweig-Wolfenbüttel und Herzog zu Braunschweig und Lüneburg – ein großer Gelehrter seiner Zeit und Begründer der noch heute berühmten und nach ihm benannten Bibliothek in Wolfenbüttel. Die Bibliothek wurde 1604 zunächst auf Schloß Hitzacker aufgebaut und später, er gelangte 1635 an die Regierung, nach Wolfenbüttel verlegt. Das Bild des zurückgezoge-

Bild **Johann Valentin Andreae.** Nach einem Kupferstich von Wolfgang Kilian, 1648

nen gelehrten Humanisten und frommen, moralisierenden Landesvaters wird allerdings mehr als getrübt durch grausame und harte Hexenverfolgungen, die auf ihn persönlich zurückgingen – wenn auch zumeist noch in seiner Jugendzeit –, wobei mehr als 70 mutmaßliche Zauberer und Hexen nach langen Folterungen und Verhören auf dem Scheiterhaufen endeten.

Unbestrittener bleiben seine Leistungen für den Aufbau seines vom Dreißigjährigen Krieg schwer heimgesuchten Ländchens. Als Mitglied der Fruchtbringenden Gesellschaft förderte er Kultur und Wissenschaft und hinterließ bei seinem Tode ein wohlgeordnetes Fürstentum und 135.000 Bücher, in denen das gesamte Wissen seiner Zeit und der vergangenen Jahrhunderte fachmännisch zusammengetragen war.

Dieser Herzog August d. J. händigte Morsius im Januar 1629 ein Empfehlungsschreiben aus, mit dem er eine Reise nach Süddeutschland zu Andreae starten konnte. Ob Herzog August, der selbst in Tübingen studiert hatte, dabei eigene Interessen verfocht, um näheres in Erfahrung zu bringen, was aus dem Tübinger Kreis geworden sei, der zur Zielscheibe antirosenkreuzerischer Erklärungen und Beschuldigungen geworden war, bleibt vorerst noch ungeklärt.

1622 wurde Andreae in einem Prozeß verwickelt, der mit der Herausgabe mystisch-pietistischer Literatur in Straßburg zusammenhing (Schick, 1942: 116). Von da an distanzierte er sich einerseits offensichtlich von den Rosenkreuzern, andererseits versuchte er weiterhin, pansophisches Gedankengut zu verbreiten. Was sollten seine Brüder im Norden von ihm halten? Und was war das für eine „christliche" Vereinigung, die er in den letzten Jahren ins Leben gerufen hatte?

Morsius machte sich nun vielleicht auf den Weg, um die Gründe dafür herauszufinden. Jedenfalls reiste er und wurde dabei wohl unterwegs völlig ausgeraubt. In Calw übergab Andreae ihm zwölf Exemplare seiner Gründungsschrift der „Societas Christiana" zur Verteilung an seine „Freunde". Über diese Societas Christiana heißt es in einer von Andreae dazu verfaßten Schrift: „Der Führer der Gesellschaft ist ein deutscher Fürst, ein Mann, der durch Frömmigkeit, Wissen und Integrität hervorragt. Ihm unterstehen zwölf Mitarbeiter, seine geheimen Staatsräte, von denen sich jeder durch eine besondere Gabe Gottes auszeichnet" (Yates, 1975: 163). Von 1630 an führte Johann Valentin Andreae einen regen Briefverkehr mit Herzog August d. J. Dieser nahm ihn 1642 in seinen Kirchenrat auf. 1637 erhielt Andreae noch einmal Besuch von Tassius aus Hamburg. Als evangelischer Abt starb er am 27. Juni 1654 in Adelberg bei Göppingen. Die Reste seiner einstmals großen Bibliothek, zusammengeschrumpft auf 700 Bände, hatte er an Herzog August in Wolfenbüttel verkauft, wo sie zum großen Teil noch vorhanden sind.

Wir können heute mit ziemlicher Sicherheit davon ausgehen, daß mit diesem „Fürsten über den 12 Mitarbeitern", das an die 12 Brüder um Fr. C. R. erinnern muß, August d. J. von Braunschweig-Wolfenbüttel gemeint war. Mit größtem Interesse müssen wir deswegen die zwölf Adressaten an den deutschen, dänischen, schwedischen Königshöfen und am russischen Zarenhof verfolgen, als deren Kurier Morsius offensichtlich diente.

1630 reiste Morsius erst über Frankfurt nach Hamburg, wo er sich mit seiner Mutter traf. Dies geschah Ende Januar. Und obwohl Jungius erst im März dort eintraf, um seine Lehrtätigkeit aufzunehmen, könnte er als möglicher Nachfolger von Francis Bacon oder als Haupt der Fraternität in Deutschland Drahtzieher und Auftraggeber dieser Reise gewesen sein. Denn an ihn richtet sich auch der Abschlußbericht, auf den wir noch eingehen. In seiner mutmaßlich neuen Position im Orden sah Jungius es sicher als seine Pflicht an, sich um die „Fratres rosae crucis" in den südlichen Teilen des deutschsprachigen Raumes zu kümmern. Wie an ande-

Seite 106:
Herzog August d. J.,
Gemälde von H. Boiling, 1666.
Herzog August Bibliothek, Wolfenbüttel

rer Stelle bereits erwähnt, stammten Mitglieder des Tübinger Kreises teilweise noch aus dem Lüneburger Kreis um Simon Studion. Gleichzeitig gab es auch Verbindungen zwischen der Societas ereunetica (Rostock – Hamburg – Lübeck) und dem Tübinger Kreis. Heinrich Hein und Eilhard Lubinus seien hier als beiden Kreisen zugehörig erwähnt.

Von Hamburg aus besuchte er etliche Städte in Schleswig-Holstein. Doch der Zweck der Reise war offensichtlich eine Art Bestandsaufnahme der Ordenslage in Süddeutschland. Ohne einen derartigen Auftrag würde der letzte Brief Morsius' eigentlich keinen Sinn ergeben. Es bedurfte auch einiger Jahre, bis dieser Bericht erfolgen konnte.

Dieser Bericht ist zugleich das letzte Schriftzeugnis des Morsius und datiert vom 26. August 1643. Gewiß hätte er lieber persönlich mit Jungius über seine Reise geredet, aber um Hamburg machte er aus verständlichen Gründen besser einen großen Bogen.

Sein offensichtlich letzter Brief beinhaltet also folgendes:

„Gottes Friede, Erleuchtung, Gnade und alle Seelige Wohlfahrt zuvor.

Edler, Ehrenvester und hochgelahrter, besonders hochgeehrter Herr und von hertzen werther Freund. Beigefügte disputationes sein mir ab intergerrimo nostro Doctore Henrico Heinio Dorpato zugesendet, daß ich sie solte mit meinem großgünstigen Herrn communiciren, und sein gravissimum iudicium und clarissimi Tassii nostri publicum vel privatum darüber ihm verschaffen. Er vermeinet, daß in physicis der Jugend besser sachen in nova illa Academia könnten proponieret werden. Wolte Gott es mücht endlich gelieben, meinem Herrn und Herrn Tassio (quem animitus saluto) ihre Physicas und Mathematicas meditationes Naturae indagatoribus mit zu theilen, es würde Respublica literaria und dergleichen anderer nichtige Scharteken leichtlich entbehren."

Es folgt der Bericht über seine Reise und die Aufzählung aller zwölf Personen, denen er die Andreae-Schriften überreicht hatte. Bereits die ersten Sätzen lassen erkennen, daß der Kontakt zwischen den Mitgliedern nicht abgerissen ist. Namen wie Heinrich Hein und Johann Adolph Tassius sind uns bereits bekannt.

Wir wollen uns hier mit einer kurzen Aufzählung der Empfänger der Andreae-Schriften begnügen. Der vollständige Abdruck des Berichtes befindet sich bei Schick (1942: 146 ff).

- Augustus Dux Brunswicensis et Luneb. (Herzog August d.J. von Braunschweig und zu Lüneburg)

- Mauritius Landgravius Hassiae Dominus meus clementissius immoratalis memoriae ... (Landgraf Moritz von Hessen, mein in unsterblicher Erinnerung sanftmütiger Herr ...)

- Fridricus Haeres Norvegiae, Dux Slesvici & Holsatiae (Friedrich III., Held Norwegens, Herzog von Schleswig und Holstein)

- Ludovicus Princeps Anhaltinus fundator der fruchtbaren Geselschaft ... (Ludwig, Fürst von Anhalt, Gründer der Fruchtbringenden Gesellschaft, d.i. der Palmenorden, gegr. 1617 zur Pflege und Reinigung der deutschen Sprache. Der Orden scheint um 1680 eingegangen zu sein.)

- Illustris quondam Senator Regni Danici ac Regis Consiliarius Oligerus Rosencrantzius ...
(Berümter einstiger Senator des dänischen Königreiches und königlicher Ratgeber Oliger Rosenkrantz; Ritter und Reichsrat, gest. 1642. Ursprünglich gehörte er zum Kreis um Heinrich Rantzau, dann zum Tycho-Brahe-Kreis in Dänemark. Später scharte er in Jütland eine eigene Gruppe um sich, die internationale rosenkreuzerische Kontakte pflegte.)

- D. Joannes Salvius, Legatus Suecius, Regi suo zu exhibiren ... (D. Johannes Salvius, königlich schwedischer Gesandter, seinem König gleichfalls herauszugeben ...

„Adler" Salvius stammte von Bauern ab. Axel Oxenstierna war auf ihn aufmerksam geworden und förderte seine Laufbahn. Zu Beginn des Krieges gegen den Kaiser wurde er Bevollmächtigter Schwedens im nördlichen Deutschland und vom König mit dem Beinamen „Adler" in den Adelsstand erhoben. Er residierte in Hamburg und spielte, besonders seit der Kanzler nach Schweden zurückgekehrt war, in den deutschen Angelegenheiten eine wichtige Rolle. Er besaß außerordentliche Arbeitskraft, ein glänzendes Gedächtnis und große Gelehrsamkeit. Während der Regierungszeit Königin Christines ergriff er Partei für sie und wurde politischer Gegner Oxenstiernas. Bei den Friedensverhandlungen zu Osnabrück schien er maßgeblich beteiligt gewesen zu sein (v. Wertheimer, 1981: 78 ff).

- HENRICUS À QUALEN
(Heinrich von Qualen, 1594-1667, diente ab 1617 unter Moritz von Oranien. Heinrich war Mathematiker und Astronom. 1624 wurde er Aufsichtsführender über die Instrumente im Runden Turm zu Kopenhagen. Zur Eröffnung der Universität Kiel 1665 schenkte er dieser seine seltenen mathematischen Instrumente.)

- LAURENTIUS GRAMMENDORFF, ICTUS ET ADVOCATUS BEROLINENSIS AULAE PRAESTANTISSIMUS, VIR INSIGNITER IN THEOLOGIA MYSTICA, MEDICINA ET PHILOSOPHIA VERSATUS, ET CHRISTIANISSIMO ANIMO PRAEDITUS. (Laurentinus Grammendorff, Angreifer und Verteidiger aus Berlin, des Hofes bester Mann, ausgezeichnet in mystischer Theologie, Medizin und gewandt in Philosophie und mit christlichem Geist begabt ...) Über Grammendorff sollte die Schrift vielleicht auch den großen Kurfürsten Friedrich Wilhelm (reg. 1640-1688) erreichen. Der Kurfürst hatte 1634 in Leiden studiert und wurde dort unter anderem mit den Lehren des Lipsius (Neustoizismus) vertraut (Heinrich, 1981: 91).

Von Justus Lipsius (1547-1606) befindet sich auch ein Bild im Morsius-Album. Dieser Gelehrte gehörte zum Kreis um Justus Scaliger in Leiden und war mit Heinrich Rantzau befreundet.

- DOKTOR WENDELINUS SYBELISTA, MEDICUS DUCIS MUSCOVIAE ET IMPERATORIS TOTIUS RUSSIAE. (Dr. Wendelin Sybelist, Arzt (Leibarzt) des großen Fürsten von Moskau und Herrschers ganz Rußlands.)

Dr. Sybelist stammte aus Halle. In Moskau regierte 1613-1645 der Begründer der Dynastie Romanow, Zar Michael Feodorowitsch, Sohn des Patriarchen Philaret. Durch Heirat verband sich der Zar mit dem Hause Rurik, der vorherigen Dynastie.

-JOHANNES MORIAN, PATRICIUS NORIBERGENSIS, PIISSIMUS CHEMICUS. (Der Nürnberger (noricum castrum) Patrizier und sehr fromme Alchemist Johannes Morian.)

-PÖMERUS, QUI PARENTATIONEM IN SCHWENDERI OBITUM PROFESSORIS ALTORPHIENSIS CONSCRIPSIT ...
Nach Wollgast handelt es sich um den Nürnberger Ratsherrn und Comenius-Schüler Johann Abraham Pömer (1604-1689), der in Verbindung zu seinem Lehrer und über diesen zu Hartlib stand. Auch Beziehungen zu J. V. Andreae und Ruarus sind nachweisbar (Wollgast, 1988: 278, 281, 337).

- M. BRASCHIUS PASTOR LÜNEBURGENIS (M. Braschius, Pator aus Lüneburg)
Einige Autoren, die sich mit der rosenkreuzerischen Geschichte auseinandergesetzt haben (Schneider, Schick, Peuckert, usw.), berichten, Jungius habe sich über den erhaltenen Brief des Morsius von 1643 maßlos geärgert, ohne eine Quelle für diese Behauptung eindeutig zu benennen.

Die Aktivitäten der Bruderschaft im Norden scheinen beträchtlich gewesen zu sein. Lübeck als deutsche Insel im dänisch verwalteten Holstein beherbergte etliche Rosenkreuzer, deren Zusammenkünfte aber im geheimen stattfanden (im Gegensatz etwa zu Mölln 1633). Rosenkreuzer tarnten sich in deutschen Landen hinter anderen Namen. Dazu gehörte die Societas ereunetica oder später der Palmenorden wie auch der hochwohllöbliche Elbschwanorden. Morsius' Erscheinen in Lübeck deckte die Bruderschaft seinerzeit auf – mit entsprechenden Folgen für sie. Der Brief Morsius' an Jungius barg die große

Gefahr, daß in Hamburg Mitglieder als solche entlarvt würden. Um dies zu vermeiden, spielte Jungius möglicherweise Komödie und war zugleich wirklich wütend. Das Ministerium Tripolitanum sollte jedenfalls nicht auf die Idee gebracht werden, in Hamburg nach Rosenkreuzern zu suchen. Durch den noch späten Schriftverkehr mit der Exilkönigin Elisabeth in Den Haag dürfen wir annehmen, daß Jungius sich noch nicht vom Orden losgesagt hatte.

Doch zeitlich haben wir hier etwas vorgegriffen.

Versammlungshaus des Palmenordens in der Weimarer Schloßgasse.

XIX

Lübeck – Versuch einer Einigung der Gegensätze

Nachdem Morsius Schleswig-Holstein bereist hatte, tauchte er 1633 wieder in Lübeck auf. Das Geistliche Ministerium fühlte sich gleich herausgefordert, zumal gerade rosenkreuzerische Bücher aus holländischen Druckereien in Lübeck auftauchten. Bei den Schriften handelte es sich um *Das Geheimnis vom Tempel des Herrn* des Weigel-Schülers Paul Felgenhauer (Valentin Weigel, 1533-1588, verkündete die Lehren des Paracelsus vom Mikrokosmos und Makrokosmos. Seine Werke erschienen erst 1608 im Druck) und andere mystische Texte von Teting und Lohmann, sowie die Schrift *Treuherzige Bußposaune* des Christoph Raselius. Neben Morsius wurde auch Anklage gegen Raselius, dem man bereits in Hamburg Schwierigkeiten wegen seines Buches machte, und Leonhard Elver erhoben (Schick, 1942: 192). Elver, ein Freund des Jungius, gehörte wie scheinbar auch die anderen zur Societas ereunetica. 1622 war er mit Morsius, Walter und Staritius nach Lübeck gekommen. Auch Johann Wessel aus Lübeck wurde in den Prozeß hineingezogen.

Morsius selbst warf man folgende Anklagepunkte vor:

1. Er sei bereits 1624 aufgefallen. Man habe ihm ein zauberisches Buch abgenommen und das Geistliche Ministerium trage nun die „Beysorge", daß er dergleichen Werk unterlassen werde.
2. Er habe 1624 versucht, Böhmes Buch *Die Morgenröte der Väter* drucken zu lassen.
3. Er habe im gleichen Jahr einem Manne aus Mecklenburg das Buch *Der Weg zu Christo* von Böhme geschenkt.
4. Er habe 1626 die Schrift *Nuncius olympicus* drucken lassen, einen Katalog mystischer Bücher mit der Aufforderung an vermögende Leute, diese ebenfalls in Druck zu geben.
5. Raselius sei in den Monaten November und Dezember oft „mit Morsio" in dieser Stadt „herumbgeschliechen" und „über die Straßen vielfeltig gegangen ..." und es habe sich gleich zu gleichem gesellet.
6. Morsius habe in der Lüneburger Herberge in Lübeck mit dem Pastor disputiert. Dies müsse er ohne Zweifel auch mit anderen getan haben.
7. Man habe Nachricht, Morsius gehe zwar zur Predigt, könne aber nicht vertragen, wenn man über der neuen Propheten Lehre (übel) berichte.

„Man warf Morsius vor, er sei mit seinesgleichen oft in der Stadt *herumbgeschliechen.*"
Tuschezeichnung von Hans H. Sievert

Der wichtigste Anklagepunkt aber betraf Raselius, der maßgeblich am Konvent in Mölln 1633 beteiligt war. Wenn er seine *dicipuli* (Schüler) um sich scharte, muß er damit besonders den Machtapparat Kirche gegen sich aufgebracht haben.

Die Zusammensetzung der rosenkreuzerischen Ortsgruppe in Lübeck läßt sich in etwa rekonstruieren. Schneider (1929: 55) schrieb diesbezüglich: „... Zweifellos hatte Morsius mit den Angeschuldigten Umgang gepflogen, aber bei keinem bestand wohl die Absicht, antikirchliche Propaganda zu betreiben. Mit Johann Wessel stand der Holsteiner Heinrich Ottendorf in enger Verbindung, der wiederum mit der Holsteinerin Hoyers, mit Nikolaus Teting, mit Johann Anglius Werdenhagen und dem Schotten Duraeus heimliche Beziehungen unterhielt. Am meisten grollte die Geistlichkeit Hamburgs, Lübecks und Lüneburgs jedoch dem Raselius, der den Theologen in seinem Friedensbrief allen deutlich eine falsche Philosophie vorgehalten und scharf entgegengetreten war ..."

Der Orden vom Rosenkreuz verstand sich also damals schon nicht als reine Männervereinigung und zog durchaus auch Frauen in seine Reihen. Bei dem Schotten Johann Duraeus handelte es sich um John Dury, über den wir noch berichten werden.

Der Prozeß, der Morsius u. a. anklagte, mit Raselius durch die Straßen geschlichen zu sein, verursachte zwar einigen Verdruß, schlimmer aber bedrohte ihn ein akuter Geldmangel seit dem Tode seines Bruders Hans. Seine Geschwister verweigerten die Auszahlung des Erbes, weil er die im Testament festgelegten Bedingungen nicht erfüllte.

Nun besaß Morsius einen reichen Freund und Schwager in Lübeck, der mit ihm gemeinsam in Rostock studiert und sich bereits 1617 in sein Album eingetragen hatte: Dr. Hermann Westhoff, Stadtrat zu Lübeck. Hermans Bruder Johann, Arzt in Hamburg, war mit Anna Moers, der Schwester des Morsius, verheiratet. Beide Westhoff-Brüder gehörten zu der von Jungius gegründeten Societas ereunetica und zu den Freunden des Arztes Angelus Sala, den man später in der Fruchtbringenden Gesellschaft wiederfindet. Der Briefwechsel zwischen Jungius und den Gebrüdern Westhoff ist noch archiviert, und es geht daraus hervor, daß Jungius häufig als Gast in ihrem Hause weilte (Kangro, 1968: 336).

Dr. Westhoff, der etliche Grundstükke in Lübeck besaß, befand sich offensichtlich in der Lage, seinem Freund Joachim Morsius die große Summe von 450 Mark zu leihen.

Mit dem Rückzahlen klappte es weniger, denn Morsius gelang es nicht, in Besitz seiner ererbten 3.000 Taler jährlicher Rente zu kommen. Alle Proteste verliefen ergebnislos. Die Freundschaft zu Dr. Westhoff litt wohl bald darunter, denn schon damals konnte offensichtlich bei Geld die Freundschaft schnell „aufhören".

In dieser Not setzte Morsius sich nach Dänemark ab, wo er etliche gelehrte Freunde wußte. Auf schriftlichem Wege versuchte er sich von dort zu verteidigen. Seine Geschwister, besonders Jakob Moers, setzten alles daran, ihm den restlichen Teil des Vermögens zu entziehen.

Dr. Westhoff, der nicht wußte, wo Morsius sich aufhielt, schrieb etliche Briefe an Jungius, eine wohl immer noch zentrale Gestalt unter den Rosenkreuzern im Norden, und bat diesen um Auskunft, wo er ihn wohl finden könne (Schneider, 1929: 66). Ob Dr. Westhoff je an sein Geld kam, ist mir nicht bekannt; etliches deutet aber darauf hin.

Als Morsius 1636 in Hamburg erschien, wurde er festgenommen. Auf Antrag seines Bruders steckte man ihn in den Pesthof, der Anstalt für Geisteskranke. Niemand durfte ihn hier besuchen. Der Einsatz seiner zahlreichen Freunde, die Morsius trotz seiner leeren Kasse die Treue hielten, blieb erfolglos.

Der Pesthof, eine für damalige Verhältnisse moderne Krankenhausanlage, wurde 1606 außerhalb der Mauern als städtische Anlage eingerichtet. 1814 fiel sie dem Abriß zum Opfer. Heute befindet sich auf dem Gelände der Paulinenplatz mit seinen umliegenden Gebäuden.

Etliche Protestgedichte entstanden in dieser Zeit für den Gefangenen wie auch Trostgedichte. Ob Morsius sie erhalten hat, bleibt fraglich. Vier Jahre mußte der Gelehrte unter den Geisteskranken aushalten und wie durch ein Wunder sollte er dann freikommen.

Der Dichter Johannes Rist berichtet, Morsius habe ihm wenige Tage vor seiner Verhaftung wichtiges Material übergeben. Er erwähnt einen lateinischen Text über die Zubereitung des Steins der Weisen. Rist, der später der Fruchtbringenden Gesellschaft beitrat, erhielt von dieser den Auftrag, den „Hochwohllöblichen Elbschwanenorden" zu gründen, der den Mutterorden überlebte.

Im Oktober 1639 besuchte John Dury (Duraeus, 1596-1680) die Hansestadt Lübeck. Wir können in ihm einen Reisenden im Auftrage der Rosenkreuzer sehen mit ähnlichen Funktionen wie Morsius, wenngleich er auch zwischenzeitlich als Prediger der englischen Kaufmannsgemeinde in Elbing arbeitete. Einerseits wirkte er im Einvernehmen mit dem Erzbischof von Canterbury, wenn er für eine Überwindung der theologischen Gegensätze zwischen Lutheranern, Reformierten und Anglikanern warb, anderseits gehörte er zu dem Team, das im Auftrage Elisabeths, der Exilkönigin von Böhmen versuchte, aktiv für die Wiedereinsetzung ihres Sohnes Charles Louis in der Pfalz zu wirken (Yates, 1975: 185 ff).

Bereits bei einem ersten Gespräch mit Professor Hunnius sah Dury sein zweckloses Bemühen in Lübeck ein.

Nikolaus Hunnius (1585-1643), vormals Theologieprofessor in Wittenberg, amtierte seit 1624 als Superintendent in Lübeck. Hauschild nennt ihn einen profilierten Leiter von bischöflichem Format (Hauschild, 1981: 301). Für Hunnius gab es nur die Lutherbibel und das evangelisch-lutherische Dogma. Alles, was diesem Dogma widersprach, wußte er aus der Stadt zu verbannen. Das führte sogar soweit, daß Katholiken in Lübeck polizeilich überwacht wurden. Er forderte 1632 den Rat in einer Ministerialeingabe auf, den Verkauf mystischer Bücher zu verbieten und den Buchhandel ebenfalls zu überwachen. Weil der Rat zunächst zögerte, versuchte Hunnius einen anderen Weg über das Ministerium Tripolitanum, die vereinigten Geistlichen Ministerien von Hamburg, Lübeck und Lüneburg, um das Einsickern mystischer Bücher in die Hansestadt einzudämmen. Das dreifache Ministerium schrieb darauf an die Geistlichkeit von Amsterdam, damit von dort aus etwas gegen den Druck „fanatischer" Bücher geschehen möge. Natürlich wurde in Holland weitergedruckt.

Hätte man in Lübeck nur zwei oder drei mystische Bücher gefunden, ein Hunnius würde diesen Aufwand nicht unternommen haben. Man kann aus diesen Unternehmungen leicht herauslesen, daß es nicht nur reichlich mystische Literatur in Lübeck gab, sondern auch reichlich Leser und Anhänger mystischer Lehren.

Die Verhandlungen mit dem Dogmatiker Hunnius verliefen ohne Aussicht auf ein Ergebnis. Dury verließ Lübeck wieder, reiste nach Hamburg und von dort aus wieder nach Holland (Hauschild, 1981: 304), wo die Exilkönigin von Böhmen in Rhenen Hof hielt und alle als rosenkreuzerisch oder überhaupt als nichtkatholisch Verfolgten aus Böhmen und der Pfalz unter ihre Fittiche nahm. Finanzielle Unterstützung konnte sie niemandem geben, aber Vermittlungen in die Niederlande und nach England, wo man vor Glaubensverfolgungen relativ sicher war.

Hunnius hatte offensichtlich bereits vor der Zeit in Lübeck Erfahrungen mit dem Rosenkreuzertum. Als Theologieprofessor in Wittenberg wird er mit den dort wirkenden „Giordanisten" zu tun gehabt haben. Giordano Bruno begab sich im Jahre 1586, aus Paris kommend, an die Lutherische Universität in Wittenberg, dem geistigen Mekka des Protestantismus lutherischer Prägung, um die religiösen Strömungen seiner Zeit auch hier an Ort und Stelle zu studieren. Bis 1588 hielt er sich dort auf und fand mit den noch relativ liberal eingestellten Lutheranern als katholischer Reformator einen weit besseren Kontakt als mit den zwar ebenfalls häretischen, aber um so orthodoxer sich gebärdenden Calvinisten Frankreichs und der Schweiz oder den englischen Puritanern. Die Inquisition hat Bruno später vorgeworfen, er hätte in Deutschland zusammen mit den Lutheranern eine eigene häretische Sekte begründet, die sich „Giordanisti" nannte. Die „Giordanisti" sollen die Vorläufer der zu Beginn des 17. Jahrhunderts in der Literatur auftretenden Rosenkreuzer gewesen sein. Wahrscheinlich sind sie aber mit diesen identisch oder zumindest wesensgleich (Frick, 1975: 250). In die gleiche Zeit (1586) fallen auch die Aktivitäten der Militia Crucifera Evangelica in Lüneburg.

In Lübeck versuchte seit 1633 Christoph Andreas Raselius mit der Kirche zu verhandeln und setzte diese, wenn auch unfruchtbaren Gespräche 1641 bis 1643 durch intensive persönliche Verhandlungen mit Hunnius fort (Hauschild, 1981: 302). Dury selbst versuchte noch 1677 von Kassel aus, auf das Geschehen in Lübeck einzuwirken (Hauschild, 1981: 304). Die Auseinandersetzung verebbten schließlich, da es im Norden wieder still wurde um die Mystiker und Enthusiasten.

Universität Wittenberg,
Kupferstich aus dem 18. Jahrhundert

XX

Letzte Jahre und Tod von Morsius

Bereits 1617 schrieb Prinz Christian, der Sohn König Christians IV., eine Widmung in das Morsius-Album. Prinz Friedrich, der spätere König Friedrich III., trug sich 1634 ein. Das Album zierten ferner die Bildnisse der Könige Friedrich II. (reg. 1559-1588) und Christian IV. (reg. 1588-1648).

Christian IV., der die Tafelrunde auf der Siegburg in Segeberg zusammengerufen hatte, mochte vielleicht mit Gustav II. Adolf so etwas wie einen Rivalen um den Posten des Schutzpatrons aller geistigen Reformer verloren haben. Der Onkel der Exilkönigin Elisabeth strich jedenfalls Morsius, am dänischen Hofe ein gern gesehener Gast, nicht aus dem Gedächtnis. Heinrich Schneider berichtet, daß Morsius 1640 durch Vermittlung des Königs Christian IV. von Dänemark aus der Gefangenschaft befreit wurde (1929: 70). Wie diese Befreiung vonstatten ging, ist nicht bekannt. Möglicherweise hat Laurentinus Langermann d. J., ein Jurist, Theologe und Morsius-Freund, in seiner Eigenschaft als Rat des Königs Christian IV. in Hamburg hier mitgewirkt.

Anhand des Morsius-Albums können wir feststellen, daß Morsius sich im Januar 1640 in Glückstadt aufgehalten hatte. Glückstadt, um 1617 von König Christian IV. von Dänemark gegründet, garantierte – ähnlich wie Friedrichstadt und Altona – das Vorrecht der Religionsfreiheit. Darüber hinaus war Glückstadt königlicher Verwaltungssitz und viele Beamte lebten hier. Unter ihnen gab es auch Freunde des Morsius und vielleicht auch einige, die es vorteilhaft fanden, dem Günstling der königlichen Familie und zugleich Freund des Herzogs von Holstein-Gottorf einen Vers ins Stammbuch zu schreiben.

Die wichtigsten Freunde finden wir nicht im Album, dessen Eintragungen in einem Register bei Schneider – wie Gilly erwähnt (1995: 127) – nur unvollständig zusammengefaßt wurden. Es gab in Glückstadt zu jener Zeit einen kleinen literarischen Kreis, der etwa seit 1630 von Johannes Rist beeinflußt wurde. Später, etwa ab 1648, nannten sich diese Freunde „Hochlöbliche Elbschäffer". Und 1658 wurde, als Ableger der Fruchtbringenden Gesellschaft, aus diesem Freundeskreis der Hochlöbliche Elbschwanenorden gegründet. Zu diesen Freunden können wir in der Zeit um 1640 Johannes Rist (Daphnis, derzeit noch Ordensname des „Pegnesischen Schäferordens"), Georg Reiche (Floridan), Franz Joachim Burmeister (Silvander), Sören Terkelsen („dänischer" Celadon) und andere zählen. Die Mitgliederlisten sind unvollständig (Lohmeier/Unsicker, 1977: 42/43).

Sören Terkelsen lebte 1633 bis etwa 1648 als königlicher Zollverwalter in Glückstadt. Er übersetzte die Erziehungslehre von Moscherosch und Honoré d' Urfés Schäfer- und Liebesroman *Astrée* ins Dänische (1977: 38). Nach der Glückstädter Zeit kehrte er wieder nach Dänemark zurück.

Moscherosch (1601-1669) studierte in Straßburg und gehörte in jener Zeit zum Bekanntenkreis um den Straßburger Matthias Bernegger. Später stand er einige Zeit in Diensten des Hauses Hessen-Kassel und wurde 1645 als „Der Träumende" Mitglied der Fruchtbringenden Gesellschaft (Wilpert, 1988: 566).

Der Roman *Astrée* spielte bereits in der Fruchtbringenden Gesellschaft eine wichtige Rolle. Die Ordensnamen der „Elbschäfer" waren diesem Roman entnommen, der den Leser in die griechische Landschaft *Arkadien* versetzt, der Heimat des Herkules, dort wo der Alphios fließt, um den sich uralte Sagen ranken. Hinter den „Liebesgeschichten" verbergen sich in vielen Fällen mystische Erkenntnisse und Lehren. Sie stehen damit in der alten humanistischen Tradition, die auf die Akademie in Florenz, möglicherweise aber auch auf den Kreis um Vergil (Publius Vergilius Maro, 70-19 v. Chr.) zurückverfolgt werden kann.

Kurz vor seiner Verhaftung hatte Morsius, wie erwähnt, in Lübeck dem jungen Johannes Rist geheimnisvolles

Schriftgut (vergl. Kap. XIX) übergeben. Dazu gehörte eine Anweisung zur Erstellung des „Steines der Weisen", eine in Latein verfaßte Schrift des Humanisten Alexander von Suchten (um 1520-1590) aus dem Heidelberger Kreis. Rist ging nun daran, den Text ins Deutsche zu übertragen und gab ihn 1638 in Hamburg unter den Titel heraus:

Philosophischer
PHOENIX
das ist
kurtze / jedoch Gründliche vnnd
Sonnenklare Entdeckung der waren
vnd eigentlichen Marery
des Aller-Edelsten
Steines der Weisen ...

Doch die Herausgabe brachte Johannes Rist viel Ärger ein, denn ein gewisser A. V. S. behauptete, der wahre Autor der Urschrift zu sein und meldete praktisch Urheberrechte an. Darüber hinaus meinte er, daß wohl niemand aufgrund des Textes Gold herstellen könne. Rist erarbeitete noch im gleichen Jahr eine Verteidigungsschrift mit dem Titel

J. H. R.
Nothwendige Rettung vnnd rechtmässige
Vertheidigung des Philosophischen
PHOENIX ...

Seite 116:
Schloß Glückstadt

Darin beschrieb Rist, wie er an das Original des Textes gekommen sei und stellte klar, daß es nicht um materielles Gold, sondern um „philosophisches" gehe, d. h. um die Beziehung des Menschen zu Gott. Offensichtlich gab es aber Probleme mit der Veröffentlichung. Erst 1640, im Jahr der Freilassung von Morsius, konnte der Druck erfolgen. Rist versah ihn mit einem Nachtrag, den er seinem Freund Morsius widmete: „Virum Nobilem et Clarißimum DN. Joachimum Morsium, Philosophiae hujus Indagatorem solertem et Amicum summum, ..." (Einen edlen und sehr berühmten Mann, Dr. Joachim Morsius, einen erfahrenen Forscher und größten Freund derartiger Philosophie ...) (Mannack, 1982: 50). Die Freunde im literarischen Kreis von Glückstadt hielten also nach wie vor zu Morsius.

Wenn Morsius in den folgenden Monaten durch Schleswig-Holstein reiste, könnte es sein Ziel gewesen sein, die alten freundschaftlichen Beziehungen zu pflegen, die einst zu Lebzeiten Heinrich Rantzaus begonnen hatten. Viele Gelehrte trugen sich in sein Stammbuch ein. Auch Lohmeier und Unsicker (1977: 37) gehen davon aus, daß viele der holsteinischen Gelehrten – besonders in der Gegend um Glückstadt – jener Zeit zum Kreis um Heinrich Rantzau gehört hatten.

An einigen Orten in Schleswig-Holstein läßt sich der Aufenthalt des Joachimus Morsius in jener Zeit nachweisen: Glückstadt, Kiel, Itzehoe und 1641 in Lübeck. Von Schwierigkeiten mit den Behörden erfahren wir nichts, und Dr. Westhoff hatte sein Geld vermutlich auch wiedererhalten – oder abgeschrieben. Es scheint so, als habe Morsius seine Bibliothek gegen eine beträchtliche Summe verpfändet.

Den Sommer des Jahres 1643 verbrachte er in Schleswig und erfreute sich der Gunst des Herzogs Friedrich III. von Holstein-Gottorf und der Freundschaft des engeren Kreises um den Landesvater. Schneider nennt den herzoglichen Leibarzt Georg Busse und den herzoglichen Rat Johann Adolf Hoyer. Er schreibt: „Alle diese Männer gehören zu jenen, die entweder der neuen Naturphilosophie, insbesondere den alchimistischen Versuchen ihre Aufmerksamkeit zugewandt hatten oder daran arbeiteten, daß eine Reformgemeinschaft zustandekäme, wie sie Johann Valentin Andreae, die Rosenkreuzerschriften oder Nollius angeregt hatten" (Schneider, 1929: 70). Im Album kann man viele weitere Namen finden. Wir ersparen es uns, sie einzeln aufzuzählen.

Morsius „gastierte" in Schleswig wohl in der Hamburger Herberge, dort, wo sich heute die Gaststätte „Alt Schleswig" befindet. Als sich die Spannungen zwischen Dänemark und Schweden verschärften und im Dezember 1643 der schwedische Gene-

ral Torstenson bei Trittau in Holstein einmarschierte, lebte Morsius möglicherweise nicht mehr. Ende des Jahres 1643 fand man ihn eines Morgens tot im Bett der Hamburger Herberge in Schleswig. Bis zu seinem Tode hatte er dem Orden gedient, wie sein letztes schriftliches Zeugnis beweist, den schon zitierten Brief an Jungius vom 26. August 1643.

Am 6. Januar 1647 schrieb der Lübecker Ratsherr Kaspar Westermann an Jungius: „Die Bibliothek, die die Lübecker jetzt anlegen, wird täglich vermehrt. Der nach Belgien abgeschickte Herr Pöppig brachte neulich eine große Menge mit sich, die er dort mit bedeutendem Aufwande zusammen gekauft hat. Dazu wird noch binnen Kurzem die Bibliothek Kirchmanns und unseres Morsius kommen" (Schneider, 1929: 71). Man beachte ganz besonders das Wort „unseres"!

Für die Morsius-Bibliothek zahlte die Stadt Lübeck in den Jahren 1648 und 1649 insgesamt einen Betrag von 1.500 Gulden an den Gottorfer Hof. Die Tatsache, daß die Bibliothek des Morsius in Gottorfer Besitz übergegangen war, löst wohl auch das Rätsel, weshalb Morsius in seinen letzten Jahren nicht mehr an Geldnot litt.

Die Bücher wurden in Lübeck in dem ehemaligen Dormitorium des Ka-

Karl von Hessen-Kassel,
Stadtarchiv der Stadt Kassel

tharinenklosters aufbewahrt, in den Gebäuden, in denen Jungius einst seine Kindheit verbracht hatte. Von Zeit zu Zeit führt die Stadtbibliothek in den alten Bibliotheksräumen Führungen durch. Wenngleich nur wenige der alten Bücher des Morsius überlebten, kann man dort ein wenig den Geist erfühlen, der jene Zeit erfüllte. An einer Wand hängt ein lebensgroßes Gemälde des Johann Kirchmann, der für die damalige Zeit als Mittelpunkt des Lübecker Kreises angesehen werden muß.

Während am Schleswiger Hof in Gottorf die rosenkreuzerischen Aktivitäten um 1714 dann endgültig endeten, wobei einzelne in der Literarischen Gesellschaft weiter gearbeitet zu haben scheinen, stieg das kleine Eutin zum „Weimar des Nordens" auf und übernahm offensichtlich ähnliche Aufgaben wie vorher Schleswig. John Dury aber, wie wir in Kapitel XIX berichteten, begegnen wir 1677 in Kassel.

In diesem Jahr trat dort Landgraf Karl (1654-1730), ein Mystiker und Rosenkreuzer, die Regierung an. Und schon bald setzt die Wiederaufnahme der Bauarbeiten am Einweihungstempel „Gigantenschloß" auf der späteren Wilhelmshöhe ein, mit der er das Fundament für einen neuen Zyklus in Hessen legt (Crux Rosae, 1980: 131 f). Hans Philippi bezeichnet ihn als den strahlendsten Landesherrn, der je in Kassel regiert hat: ein Mann von musischem Wesen, von hoher Einsicht in seine moralischen Pflichten gegenüber dem Lande und seinen Untertanen. Er setzte das Werk fort, das einst Landgraf Moritz von Hessen-Kassel begonnen hatte. Einerseits baute er die von Moritz gegründete Technische Hochschule in Kassel aus, vollendete aber auch das rosenkreuzerische Einweihungszentrum, die Anlagen in Wilhelmshöhe mit dem Gigantenschloß, dem Herkules, den Wasserspielen und anderen Sehenswürdigkeiten, die heute noch oft und gerne besichtigt werden. Alle Planungen konnten allerdings nicht vollendet werden, denn zwei Drittel seiner sechzig Regierungsjahre stand er mitten in den Kriegswirren der Zeit. Noch als Kind erlebte er den Überfall Ludwig XIV. auf die Niederlande und damit die Hilflosigkeit und Schwäche der deutschen Reichsstände. Mit Antritt seiner Regierung schuf er eine für das Land enorme stehende Armee von 9.000 Mann, die dem Kaiser als erste voll funktionsfähig zur Verfügung stand, als die Franzosen 1688 deutschen Boden besetzten. Von da an blieb diese Armee im Einsatz für die Habsburger und ihre wechselnden Verbündeten, wobei die hohen Subsidienzahlungen den wirtschaftlichen Aufbau von Hessen-Kassel sehr förderten. Karl erhob Kassel aus der Mittelmäßigkeit zu einer der vornehmsten Residenzstädte und Quelle von Wissenschaft und Kultur und drückte sein Ländchen in den Kreis der aktiven Mitspieler auf der europäischen Politbühne.

Landgraf Karl von Hessen-Kassel starb nach sechzigjähriger Herrschaft im Jahre 1730. In einem Katalog anläßlich einer Ausstellung zu Landgraf Karl von Hessen-Kassel schrieb der Historiker Philippi (Eckhardt, 1980: 17 f): „Durch seinen ungestümen, anspruchsvollen Ehrgeiz war er seinen Untertanen kein bequemer Herr, doch bemühte er sich, ein gerechter Landesvater zu sein. Er war keine autokratische Natur, vielmehr wohlwollend und auf die Mitarbeit seiner Räte angewiesen und sie immer wieder suchend. Daß ihm seine Beamten bis an die Schwelle des höchsten Alters dienten, daß er sich nie entschließen konnte, sich von ihnen zu trennen, ist ein schönes Zeichen der Verbundenheit von Herr und Staatsdiener im Zeitalter des Absolutismus."

Mit seinem Tode endete auch die Glanzzeit Kassels. Karls Nachfolger, sein Sohn Wilhelm VIII. (1682-1760), führte zunächst nur als Statthalter seines Bruders die Regierung in Kassel, da dieser als Friedrich I. den Thron Schwedens bestieg. Er setzte die Baufreudigkeit seines Vaters fort, aber auch die Soldatenverkauferei, und zwar in einem solchen Ausmaß, daß sich hessische Armeen beinahe im Felde auf verschiedenen Seiten gegenüberstanden. Mit dem Ende der

Regierungszeit Karls 1730 hatte eigentlich insgesamt ein neuer rosenkreuzerischer Aktivitätszyklus in Deutschland begonnen. Doch erfahren wir weniger aus dieser Zeit seiner Nachfolger als aus der langen Amtsperiode des „großen Baumeisters" für diese Zukunft. Der Schwerpunkt der Bewegung verlagerte sich offensichtlich nach Osten, in die Metropolen Dresden, Leipzig und Berlin.

Kassel-Wilhelmshöhe

XXI

Die Gold- und Rosenkreuzer in der preußischen Regierung

Im August 1617 hatte sich in Weimar auf Schloß Hornstein die Fruchtbringende Gesellschaft gegründet. Als eigentlichen Gründer sieht Conermann (1985: II, 26) Herzog Johann Ernst von Sachsen-Weimar, nennt als Mitväter aber auch dessen Onkel Fürst Ludwig von Anhalt-Köthen und darüber hinaus Caspar von Teutleben mit der Mitgliedsnummer 1 (Barthold, 1969: 106). Insgesamt fanden sich acht Urväter zusammen, je vier aus dem lutherischen Hause der Wettiner und dem calvinistischen Hause Anhalt - wie die acht Urgötter der Kosmogonie von Hermopolis, die einst die Koordinaten für ein goldenes Zeitalter gesetzt haben sollen. Ziel der Gesellschaft war offiziell die Pflege der deutschen Sprache. Die Versammlungen fanden hinter verschlossenen Türen statt; Mitgliedsaspiranten mußten an einem Aufnahme-Ritual teilnehmen. Wenn man die ordentlich geführte Mitgliederliste mit 527 Namen inspiziert, fallen viele Personen auf, denen man Beziehungen zu den Rosenkreuzern nachweisen kann.

Ludwig I. von Anhalt-Köthen,
unbekannter Maler, 1625.

1618 brannte Schloß Hornstein ab. Ursache soll die „Verwahrlosung eines welschen Goldmachers" gewesen sein. Daß es in Weimar nicht nur um alchemistische Versuche ging, zeigt auch, daß der Schulreformer Wolfgang Ratichius zu jenen Zeiten in herzoglich-weimarischen Diensten stand (Conermann, 1985: 26). Sein Programm der Schulreform wurde von Herzog Ludwig von Anhalt (Ordensname: Der Nährende) finanziell mit unterstützt. Ratichius haben wir im Zusammenhang mit Jungius und Helvicius bereits kennengelernt.

Die Aufnahme der Mitglieder erfolgte bis zum Tode des „Mehlreichen" (Teutleben) noch in den Stadtschlössern von Weimar oder Coburg, dann aber verlegte man den Hauptsitz der Gesellschaft nach Köthen (Barthold, 1969: 112). Hier in Köthen legte Ludwig einen Garten an, der in engster Beziehung zu einem Deckengemälde im Versammlungsraum der Brüder stand. Hauptthema der Emblematik, die ja auch in den Mitgliedssymbolen zum Ausdruck kommt, war das Lob des Landbaus. Der Landbau wird als Kampf thematisiert, und wer ein „guter Wirt" sein will, muß aber auch Arbeit und Ernte in beziehungsreiche Abstimmung mit dem Kosmos setzen

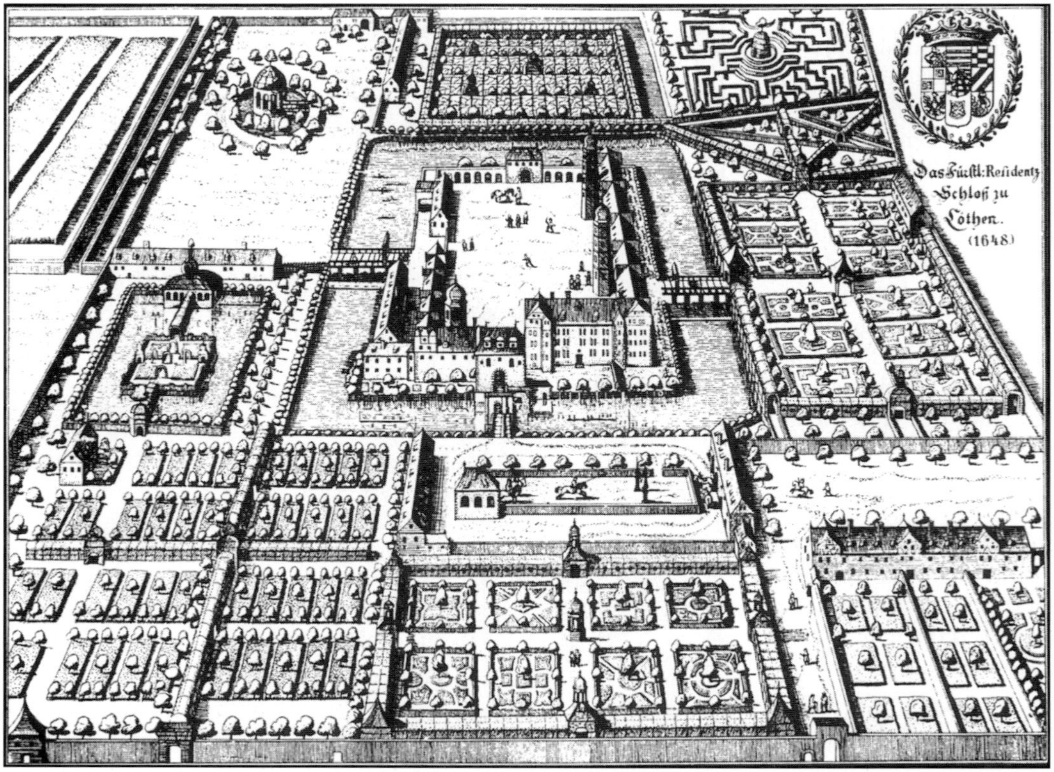

Park von Schloß Köthen, Stich von Zeiler, 1650.

(Hoppe, 1986: 29 f). So enthielt dieser Gartenpark nicht nur eine Fülle von Nutz- und Heilpflanzen, Ludwig hatte sie auch in eine Ordnung gesetzt, wo die Anfangsbuchstaben der Pflanzen beziehungsreiche Wortverbindungen ergaben. Sprache als Klammer kosmischer Gesetze und Mysterien.

Neben dem Hauptsitz, der nach dem Tode Ludwigs von Anhalt-Köthen (1650) wieder nach Weimar verlegt wurde, bildeten sich weitere Zentren an vielen Fürstenhöfen in Deutschland, wo die Landesväter Künstler und Gelehrte um sich scharten, die zum großen Teil auch in die Fruchtbringende Gesellschaft aufgenommen wurden. Während von 1650 bis 1651 Herzog Wilhelm IV. von Sachsen-Weimar den Vorsitz führte, widmete ihm der schlesische Mystiker Daniel Czepko seine *Monodisticha* (Wollgast, 1988: 839 f).

Die rosenkreuzerisch-mystische Bewegung in Schlesien hatte mit dem Tode Jakob Böhmes (1624) nicht aufgehört zu bestehen. Ein Abraham von Franckenberg (gest. 1652), Johann Siegismund von Schweinichen (gest. 1664) oder ein Johannes Theodor von Tschesch (gest. 1649) trugen das Licht weiter. Angelus Silesius (Johannes Scheffler, gest. 1677), der den *Cherubinischen Wandersmann* schrieb, war seinerzeit mit dem Herzog von Oels befreundet. Der Hof in Oels scheint den rosenkreuzerischen Mystikern wohlgesonnen gewesen zu sein, denn in der Oelser Schloßkirche errichtete man Abraham von Frankenberg ein Grabmahl (Peuckert, 1973: 316 f). Nicht nur das schlesische Oels lag im rosenkreuzerischen Dunstkreis, im schlesischen Brieg residierte ein Ableger der Fruchtbringende Gesellschaft.

Nach dem Tode des Kurfürsten Johann Georg II. zu Sachsen (Der Preiswürdige) im Jahre 1680, der zuletzt die Führung der Fruchtbringenden Gesellschaft innehatte, schien man kein neues Oberhaupt zu finden. Damit hörten die Freundeskreise an den verschiedenen „Musenhöfen" aber nicht auf zu existieren. Es scheint, daß man andere Formen der Organisation suchte. Einige Tochtergesellschaften wie der Elbschwanenorden oder der Pegnesische Blumenorden führten wohl die Zielsetzungen weiter.

Erika Vogt sah in den Sprachgesellschaften, über welche die Informationen nach 1680 immer spärlicher fließen, Vorfahren Klopstocks und des Sturm und Drang (Stoll, 1973: 178 mit Bezug auf E. Vogt, *Die gegenhöfische Strömung in der deutschen Barockliteratur*, Leipzig 1932). Übrigens stand Klopstock seinerzeit in Diensten des dänischen Außenministers und Rosenkreuzers Bernstorff.

Während man noch an neuen Organisationsformen für ein Weiterbestehen der Fruchtbringenden Gesellschaft in anderer Form und mit anderem Namen herumfeilte, besann man sich in Schlesien offensichtlich auf den Ursprung. So setzte man die Idee zur Gründung eines neuen Rosenkreuzer-Ordens in die Welt, der an die Tradition der älteren Brüder anknüpfen sollte. Unter dem Pseudonym „Sincerus Renatus" gab der Pfarrer Samuel Richter aus Hartmannsdorf in Schlesien 1714 in Breslau die Schrift

„Die wahrhaffte und vollkommene
Beschreibung des philosophischen
Steins der Bruderschaft
aus dem Orden des
Gülden- und Rosenkreutzes,
denen Filiis Doctrinae zum Besten
publiciret
von S. R. d. i. Sincerus Renatus"

heraus. In dieser Schrift (Peuckert liefert eine Zusammenfassung 1973: 339 ff) behauptet Richter, die alten Rosenkreuzer seien vor etlichen Jahren nach Indien gegangen. Andererseits berichtet er von Zentren der Gold- und Rosenkreuzer in Nürnberg und Ancona. Die Zentren würden aber alle zehn Jahre in andere Orte verlegt. Von dieser Schrift an jedenfalls datiert wohl im deutschsprachigen Kulturraum die Verbindung von Kreuz und Rose mit dem Gold, die Zweiteilung des Weges in Theosophie und Philosophie. Soll der philosophische Weg zum Eindringen in die Naturgeheimnisse und zu zeitlichem Glück führen, stehen am Ende des theosophischen Weges die höchsten Geheimnisse des göttlichen und ewigen Lebens.

Richter malt das geistige Bild eines Ordens, der nie in unsere heutige Zeit passen würde, damals aber die Leser fasziniert haben muß. Er scheint durchaus einiges von den älteren Brüdern gewußt zu haben, legt die *Fama* allerdings recht eigenwillig aus. Im 38. Kapitel stellt er 52 Ordensregeln auf. Regel 31 besagt: „Wann sich die Brüder erneuern wollen / so sollen sie solches nicht eher thun / biß sie durch ein anderes Königreich gereiset / und wo sie sich werden erneuert haben / da sollen sie so lange bleiben / oder anstehen lassen / ehe und bevor sie wieder in das Ort zurück reisen / wo sie waren / biß sie wieder in den Stand kommen / da sie waren / ehe sie sich verneuret."

Eine andere Regel (33) besagt „Daß sich die Brüder / so offt möglich / zur Pfingst-Zeit in unsern grossen Häusern einfinden / und einander des Käysers Nahmen / wie auch dessen Residenz communiciren sollen / auch wegen anderer erheblichen Ursachen mehr." Hier wird der „Tag C" der *Fama* – wie z. B. bei Gerhard Wehr in unserer Zeit auch – mit Pfingsten identifiziert. Man rätselte halt zu allen Zeiten an den Geheimnissen der *Fama fraternitatis*.

Wenn vom „Käyser" die Rede ist, meinte man nicht den deutschen Kaiser, sondern den Imperator des Ordens, wie es an anderer Stelle dieses Textes erklärt wird.

Als die Schrift in Breslau erschien, gab es noch die Fruchtbringende Gesellschaft. Wenn auch keine Mitglieder mehr aufgenommen wurden, so lebten doch noch viele. Im übrigen verfehlte die Schrift des schlesischen Pastors nicht ihre Wirkung. Es dauerte eine gewisse Zeit, dann machten tatsächlich Gruppen derartiger Gold- und Rosenkreuzer von sich reden, zunächst in Süddeutschland und Österreich. Im Bewußtsein dessen, daß in der Vergangenheit Rosenkreuzer verfolgt wurden – man denke nur an den Fall Adam Haslmayr – ging man so umsichtig vor, daß zufällig gefundene Fährten sich verwirrten und nach einigen Schritten verloren (Faivre, 1990: 24).

In Frankfurt am Main trat eine Fraternität der Goldenen Rosenkreuzer 1757 an die Öffentlichkeit, die von einem Dr. Schlais von Löwenfeld, Stadtarzt in Sulzach, und einem Dr. Doppelmayer in Hof als Wiedererrichtung der alten „Societas roseae et aureae crucis" verstanden wurde (Schuster, 1905: II, 117). In einem Manuskript eines Prager Zirkels von 1761 finden sich Statuten und Mitgliederverzeichnisse des Ordens unter dem Titel: „Aureum Vellus seu Iunioratus Fratrum Rosae Crucis", die u. a. auch ganze Passagen einer Schrift *Aureum Vellus* des Hermann Fictuld wiedergeben. In diesem Buch vom Goldenen Fließ erwähnt Fictuld schon 1749 den „Orden der goldenen Kreuzer", und Arnold Marx vermutet in Fictuld (möglicherweise Pseudonym für Johann Heinrich Schmidt) den eigentlichen Gründer oder Initiator (Marx, 1930: 16 f), dessen Organisation sich vielleicht zuerst in Prag konstituierte. Als Mittelpunkt dieses Systems kristallisierte sich bald Regensburg mit der Loge „Die Wachsende zu den drei Schlüsseln" heraus, die ein Rosenkreuzerkapitel beherbergte. Dies zeigt auch die frühe Verbindung mit den Freimaurern. Ab 1771 finden wir Rosenkreuzer in Wien, ab 1775 Zentrum der Rosenkreuzer für Österreich, Ungarn, Württemberg und Bayern. Regensburg blieb dabei wohl so etwas wie das Hauptquartier. 1772 bis 1774 entstanden Rosenkreuzerzirkel in Leipzig und Marburg, in Schlesien und in der Oberlausitz, in Görlitz, Preschau und Chemnitz. Ab 1777 folgten Kapitel (größere Form der Organisation) in Leipzig, Dresden, Nürnberg, München, Augsburg und Stuttgart. Man warb den polnischen König Stanislaus II. für den Rosenkreuzerorden und den österreichischen Grafen Diedrichstein, der dann als Großmeister der Provinzialloge von Österreich mehrere Rosenkreuzerkapitel konstituierte (Faivre, 1990: 25). Über die Zentren Dresden und Leipzig verschob sich das Hauptgewicht des Ordens langsam nach Berlin und Norddeutschland.

Der Orden verkündete, im Besitze untrüglicher Weisheit zu sein und seinen höheren Graden die Bereitung des Steins der Weisen zu lehren. „In seinen (des Adepten) Händen, sind die Mittel wider Armuth und Krankheit, diese beiden Hauptfeinde der Ruhe des Menschen. Glücklicher Bruder, du besitzest Alles, was dich zeitlich und ewig beglücken kann. Dir gehorcht die folgsame Natur ohne Zwang. Sie leihet dir ihre Kräfte. Du hast Kenntnis, und Macht, und Erlaubnis, das durch den Flug der Sünde inwärts gekehrte Licht wieder herauszuwenden, alle Gerinnung hinwegzuwenden, Körper von ihren harten Schlacken zu reinigen, helle zu machen und auf den höchsten Punkt der Vollkommenheit zu bringen" (Schuster, 1905: II, 118).

Immer wieder können wir bei Historikern lesen, in Berlin hätten Bischoffwerder und Woellner 1776 den Orden der Gold- und Rosenkreuzer gegründet. Versuchen wir uns auf eine andere Fährte zu begeben.

Im südfranzösischen Avignon hatte es eine Loge, die noch auf die alten Rosenkreuzer zurückgeführt werden kann, geschafft, bis 1751 zu überleben. Aufgrund einer päpstlichen Bulle stellte sie dann ihre Arbeit ein (Frick, 1973: 500 ff). Der Benediktiner Dom Antoine Joseph Pernetty gelangte – wie auch immer – in den Besitz des Schrifttums und der Mitgliederrolle dieses Ordens. Im Jahre 1765 verließ er, von der rosenkreuzerischen Idee entflammt, sein Kloster, ging nach Avignon und versuchte, anhand der Mitgliederrolle die alten Brüder wieder zusammenzutrommeln. Es gelang ihm wohl, die „Fakkelträger" aus der individuellen Arbeit herauszureißen, und er übernahm es, entgegen dem päpstlichen Verbot, die Loge in Avignon wieder zu neuem Leben zu erwecken (1973: 500ff, auch Lennhoff / Posner, 1932: 734).

Aus Angst vor der Verfolgung durch die Kirche verließ Pernetty drei Jahre später (1768) Avignon und reiste nach Berlin. Hier machte ihn Friedrich der Große zum Bibliothekar und Mitglied der Akademie der Wissenschaften, die einst von Leibniz gegründet worden war. Pernetty blieb mit den Adepten in Avignon in Verbindung (Lennhoff/Posner, 1932: 734).

Pernetty war in Berlin kein Unbekannter. Ein aus Anhängern der mystischen Maurerei bestehender Freundeskreis unterstützte die alchemistisch-rosenkreuzerischen Bestrebungen innerhalb der Freimaurerei. Sie fand Unterstützung bei den Hohenzollernsöhnen, dem Prinzen Heinrich, Bruder des Alten Fritz, und dem Kronprinzen Friedrich Wilhelm. Als damaliger Sekretär der „Schatulle" und Kammerrat beim Prinzen Heinrich amtierte Christoph Friedrich Woellner (Frick, 1978: II, 135 ff).

Frick rechnet zu den maurerisch-rosenkreuzerischen Aktiven in Berlin um 1770 u. a. Pernetty, Köppen (preußischer Kriegsrat und Kanonikus), von Hymmen (Justiz-, Kammer- und Hofgerichtsrat), de Morveau und in gewisser Hinsicht auch Woellner mit seinen Anhängern. Vielleicht – so Frick – stand dieser Kreis bereits zu dieser Zeit unter dem Patronat des Prinzen Heinrich (ebenda).

Von 1772 bis 1779 amtierte Friedrich August von Braunschweig-Wolfenbüttel(-Oels) als National-Großmeister der „Loge zu den drei Weltkugeln" (Lennhoff/Posner, 1932: 220), die einst von Friedrich dem Großen gegründet worden und am 9. August 1776 vom altschottischen Ritus zum templerischen System der „Strikten Observanz" übergetreten war. Die Rosenkreuzer gaben sich als höchste Stufe der Freimaurerei aus, und lange Zeit galt wohl die Mitgliedschaft in der Freimaurerei als Voraussetzung für den Eintritt in den Orden der Gold- und Rosenkreuzer, vermutlich schon allein, um diesen Anspruch zu bekräftigen. Auch in Berlin bildeten die Gold- und Rosenkreuzer die auf die Johannisgrade aufbauenden Hochgrade der Strikten Observanz, und Friedrich August wird hier eine maßgebliche Rolle gespielt haben. Er galt als Alchemist, Rosenkreuzer und Wunderarzt und stand wie sein Onkel Ferdinand von Braunschweig in Beziehung zu der geheimnisvollen Gestalt des Grafen von Saint Germain (Volz, 1923: 334 ff).

Mit anderen angeblichen Eingeweihten wie z. B. mit einem Johann Georg Schrepfer aus Nürnberg hatte Friedrich August weniger Glück. Dieser, Kaffeewirt in Leipzig, soll die rosenkreuzerisch-mystisch interessierten Freunde durch angebliche Geisterbeschwörungen, die er mit Hilfe einer Laterna Magica vortäuschte, betrogen und in Verruf gebracht haben. Als man ihm auf die Schliche kam, erschoß er sich 1774 in Anwesenheit Bischoffwerders und drei weiterer Ordensbrüder (Fontane, 1960: III, 260/261).

In einer Zeit, als unter dem Motto „Aufklärung" alles Mystische und Religiöse in Preußen in Mißkredit geriet, war es den damaligen Mystikern an beweisbaren Phänomenen gelegen, die die Existenz einer geistigen Welt belegen könnten.

In der Literatur werden die Gold- und Rosenkreuzer überwiegend negativ geschildert und lächerlich gemacht. Man wirft ihnen vor, von ihren „geheimen Oberen" auf Zypern phantasiert zu haben, als deren gehorsame Auftragnehmer sie sich verstanden. Wie sollten die Kritiker auch verstehen, daß, wie in der *Fama fraternitatis*, Zypern für einen be-

König Friedrich Wilhelm II.
von Preußen

stimmten Buchstaben des hebräischen Alphabetes steht, und damit u. a. für eine bestimmende Kraft. Häufig vermutete man hinter diesen „Unbekannten Oberen" die Jesuiten, wie die „Berlinische Monatsschrift", die aufgrund der späteren Woellner'schen Knebelgesetze für die Presse Berlin verlassen mußten.

Der Begriff der „Unbekannten Oberen" soll angeblich über die 1751 gegründete Strikte Observanz in die Freimaurerbünde hineingetragen worden sein, die sich als legitimierte Fortführung des 1307 zwangsweise aufgelösten Ordens der Tempelherren verstand. Jene Oberen setzten die Freimaurer immer wieder dem Vorwurf einer Fremdsteuerung aus, wobei neben den Jesuiten auch recht häufig die Juden als Hintermänner herhalten mußten.

Weiter prangert man den negativen Einfluß der Gold- und Rosenkreuzer auf den späteren preußischen König Friedrich Wilhelm II. an, dem sie in ihrem Versammlungsraum, dem obersten Stockwerk des heutigen Belvedère im Schloßpark Charlottenburg, vorgegaukelt hätten, in schummrigen Seancen Kontakt mit Leibniz zu führen, mit seinem verstorbenen Sohn, dem Grafen von der Mark, aber auch mit Alexander dem Großen, Caesar, Marc Aurel und dem Großen Kurfürsten. Schrepfers geheime Apparaturen aus Leipzig, die Bischoffwerder geerbt haben soll, kommen hier plötzlich wieder ins Spiel (Oppeln-Bronikowski, 1927: 145 f; 159). Verantwortlich für diese Gerüchte, welche damals schon die europäische Presse reißerisch aufgriff, waren der französische Gesandte Graf d'Esterno, vor allem aber Graf Mirabeau, „die eine Unmenge von höfischem Klatsch zu-

Belvedère im Park
des Schloß Charlottenburg, Berlin,
erbaut 1789-1780 von Carl Gotthard Langhals

sammentrugen", „Erzählungen der Lakaien und Geraune auf den Hintertreppen" (von Bissing, 1955: 47 f). Ernstzunehmende Beobachter und die angeblich häufige Zeugin Wilhelmine Enke, Mätresse des Königs, wissen nichts davon. Diese und andere Gerüchte sorgten aber für ein sich bis heute haltendes schiefes Bild des damaligen Preußenkönigs: ein dümmlicher, sexbesessener und leicht beeinflußbarer Luftikus, der ob seiner obskuren Umgebung die Zügel in der Regierung schleifen ließ und diese den rosenkreuzerischen Abenteurern, Scharlatanen und Geistersehern überantwortete. Besonders das Filmgenre nahm sich gern dieses Stoffes an. Geschichtsschreibung bis 1945, mehr von nationalen Gefühlen als von objektiven Einsichten geprägt, warfen den rosenkreuzerischen Ministern unter König Friedrich Wilhelm II. nichts weniger als Verrat an Preußen vor.

Um das zu verstehen, müssen wir zunächst ein wenig die weiteren Protagonisten vorstellen:

Hans Rudolf von Bischoffwerder, am 13. November 1741 in Ostramünde geboren, studierte ab 1756 zunächst in Halle, bevor er 1760 in ein preußisches Regiment eintrat. Im Siebenjährigen Krieg führte er ein Freibatallion unter Prinz Heinrich und wurde derart verwundet, daß er seine militärische Laufbahn nicht fortsetzen konnte. Er begab sich auf sein Landgut, heiratete, lebte hier in glücklicher Zufriedenheit und „übte all die gesellschaftlichen und häuslichen Tugenden, die ihm die Hochachtung derer, die ihn kannten, einbrachte" (Fontane, 1960: III, 260).

Sein guter Ruf führte ihn dann an den sächsischen Hof, als Stallmeister und Kammerherr in den Dienst des Herzogs Karl von Kurland, Sohn Friedrich Augusts II. Der Hof in Dresden zeigte Interesse an dem „epidemisch auftretenden Ordenswesen, an Geistererscheinungen und Goldmacherkunst". Fontane (1960) schreibt: „So konnte es denn kaum ausbleiben, daß auch Bischoffwerder, wie alle übrigen Personen des Hofes, zu jenen Alchimisten und Wunderleuten in nähere Beziehung trat, die damals beim Herzoge aus- und eingingen. Unter diesen war Georg Schrepfer der bemerkenswerteste."

Nach der Selbsttötung Schrepfers, die viel von sich reden machte, verließ von Bischoffwerder Dresden und ging für einige Zeit nach Schlesien. Von dort forderte ihn 1775 oder 1778 der preußische Hof an. Da er hier zunächst Adjutant des Prinzen Heinrich wurde, mit Ludwig von Darmstadt und Karl von Hessen vermutlich Führer der damaligen Rosenkreuzer oder eines anderen Zweiges der Bruderschaft, liegt der Verdacht nahe, daß man ihn als fähigen und vertrauenswürdigen Ordensbruder brauchte. Später trat er direkt in den Dienst des großen Preußenkönigs (1740-1786). Hier lernte er auch den oben erwähnten Neffen des Königs, den späteren König Friedrich Wilhelm II. kennen. Friedrich der Große hielt aufgrund der zahllosen Liebesaffairen nicht viel von seinem künftigen Nachfolger und hatte sämtlichen Ministern ausdrücklich verboten, den Kronprinzen über Vorgänge im Staatswesen zu informieren, was den Start seines Nachfolgers kaum begünstigte. Bischoffwerder, vom Alten Fritz als tapferer Soldat geschätzt, war von ihm zum persönlichen Adjutanten des Kronprinzen ernannt worden. Damit band er allerdings zwei Mystiker und Freimaurer zusammen. Letzteres dürfte ihm kaum unbekannt sein, zählte der König doch immer noch zu den Brüdern, wenn Friedrich auch mit Regierungsübernahme den Vorsitz der Loge „Zu den drei Weltkugeln" abgegeben hatte. Bischoffwerder blieb bis zum Tode Friedrich Wilhelms II. als Freund und Minister in dessen unmittelbaren Umgebung.

Im Jahre 1778 hatte Friedrich Wilhelm im böhmischen Militärlager zu Schatzlar eine Vision, die ihn nachhaltig beeinflußte. Der Zeuge dieses Vorgangs, Herzog Friedrich August von Braunschweig-Oels, kann den Kronprinzen bald für den Orden der Rosenkreuzer gewinnen, und am 8. August 1781 wird der künftige König im Beisein von Friedrich August, Bischoffwerder und Woellner unter dem Namen Ormesus eingeweiht. In seiner Einsegnungsrede betont Woellner, in Schatzlar sei Ormesus dazu berufen worden, „den

Hans-Rudolf von Bischoffwerder,
Schabkunstblatt nach Cunningham

alten Adam abzulegen und einen neuen Menschen anzuziehen" (von Bissing, 1955: 40). Auch vom Orden wird Bischoffwerder zum Geleiter des Neophyten bestimmt. Als Friedrich der Große 1786 starb und der Kronprinz als Friedrich Wilhelm II. die Regierung übernahm, steigt Bischoffwerder bald zum Obersten auf, 1791 zum Generalmajor und schließlich 1796 zum Generaladjutant und preußischen Kriegsminister.

Als Nachfolger des berühmten und allseits angesehenen Außenministers Herztberg, der als einziger nach dem Tode Friedrichs II. nicht abgelöst wurde, soll Bischoffwerder den Kurs der preußischen Politik vollkommen herumgerissen haben: statt sich mit Österreich zu verbünden, um sich im Osten auf Kosten Polens Hegemonialansprüche zu sichern, soll er das Land in den unseligen Krieg mit dem revolutionären Frankreich hineingerissen haben. Ein Krieg zwischen dem Staat eines Philosophen von Sanssouci mit dem fortschrittlichsten Staat Europas (Heinrich v. Treitschke) schien allen völlig widernatürlich. Doch König Friedrich Wilhelm II., lange Zeit von allen Ministern in Unwissenheit gelassen, wenn auch nicht freiwillig, mißtraute in der Politik jedem, ließ sich zwar viel beraten, aber von niemandem beeinflussen, auch nicht von Ordensbrüdern, geschweige denn von Prinz Heinrich, den noch von Friedrich II. als für ihn testamentarisch verfügten Berater (Tutor). Menschlich liebevoll, großzügig und auch ein wenig lasterhaft, versuchte der junge König seine Unsicherheit durch Stärke in der Politik wettzumachen. Minister, wie auch Bischoffwerder, blieben reine ausführende Organe für eine zumeist ziellose Wankelpolitik, die letztendlich die Krisen für das vorläufige Ende Preußens heraufbeschwor, das später Napoleon einleitete. Wenn man dem Schüler und Nachfolger Hertzbergs einen Vorwurf als ungeeigneter Außen- und Kriegsminister machen will, dann eher in seiner allzugroßen Willfährigkeit. Ob sich allerdings jemand anders hätte gegen den König durchsetzen können – der Altmeister Hertzberg war ja schon daran gescheitert und hatte demissioniert – bleibt zumindest fraglich.

Bischoffwerder, „ein zurückhaltender, weltgewandter Mann mit ausblikkendem Geist", so die Allgemeine Deutsche Biographie (1875: II, 675), sagte von sich einmal: „Ein wiedergeborener Christ zu werden, ist das, worum ich täglich und stündlich den Ewig-Allmächtigen bitte." Wie alle damaligen Rosenkreuzer in der preußischen Verwaltung und Regierung – General der Kavallerie Graf v. Brühl, die Minister v. Arnim und v. Schrötter, Großkanzler v. Goldbeck, Kabinettsrat v. Beyer, der Hofprediger Zöllner u. a. – nahmen sie ihr Christentum ernst, sonst hätte sie der fromme und fast bigotte König auch nicht in ihr Amt berufen. Doch sie spielten vermutlich nicht die bedeutende Rolle, die man ihnen zuschreibt. In Preußen regiert nur der König. „Er ist es, der befiehlt, entscheidet und handelt, oft über den Kopf seiner Minister hinweg. Das entspricht seinem oft stürmischen Temperament, die er sich von der Stellung und Funktion des absoluten Herrschers gemacht hat. ... Es ist nicht festzustellen, daß Ordensbrüder oder geliebte Frauen die Entschlüsse des Königs auf außenpolitischem Gebiet beeinflußt hätten (von Bissing, 1955: 80 f). Und wenn Friedrich Wilhelm am Bündnis mit Österreich festhielt und den Krieg gegen Frankreich führte, „so ließ er sich nicht von mystischen Gedanken der Rosenkreuzer und ihrer Feindschaft gegen die französische Revolution leiten, sondern die Machterweiterung Preußens durch Gebietserwerb im Westen und Osten war sein Ziel", schreibt von Bissing (1955: 87 f). Dabei warnte ihn nicht nur sein Onkel, Prinz Heinrich, eindringlich vor dem Abenteuer eines Krieges mit Frankreich, sondern auch Woellner, der den König sogar auf den Knien bat, vom Krieg abzulassen.

Johann Christoph Woellner, am 19. Mai 1732 zu Döberitz bei Spandau geboren, Sohn eines märkischen Landpfarrers, studierte ebenfalls in Halle. Als Theologe kam er später in das Haus des Grafen Itzenplitz auf Groß Behnitz in der Mark. Erst als

Erzieher, dann als Pfarrer gewann er großen Einfluß auf die Frau seines Brotherrn, die ihm nach dem Tode ihres Mannes auch das Gut verpachtete. Mit großem Eifer und Geschick widmete er sich der Landwirtschaft – die Pfarrei hatte er seinem alten Vater übergeben – und verfaßte einige Aufsehen erregende Schriften über landwirtschaftliche Fragen und über die Befreiung des Bauernstandes. Als bekannter landwirtschaftlicher Fachmann und Bodenreformer wurde er mehrfach zu Fachkommissionen herangezogen. Wenn Woellner aber daran gedacht hatte, damit Aufnahme in das preußische Generaldirektorium zu finden, so löste seine Heirat mit der Tochter der verwitweten Gräfin statt dessen den Neid und Unmut einiger verwandter Adeliger aus, die gegen ihn einen Prozeß anstrengten. Im scheinbar aufgeklärten Preußen war es verpönt, daß Bürgerliche in den Adel einheirateten, und nach einer „rücksichtslosen gerichtlichen Untersuchung", die nichts Belastendes gegen Woellner finden konnte, nahm der König trotzdem den Besitz der Frau von Itzenplitz unter seine Vormundschaft. In diesem Zusammenhang ist von Friedrich II. überliefert, daß er Woellner „einen bedriegerischen und intriganten Fafen" schalt, Worte, die noch heute sein Bild bei fast allen prägen oder beeinflussen, die sich mit dieser Zeit auseinandersetzen. Woellners Versuch, geadelt zu werden, wurde natürlich zu Lebzeiten des Alten Fritz abgeschmettert und erst unter seinem Nachfolger vollzogen.
Hieraus wollte man den Haß auf das adelige Preußen ableiten und einen zwanghaften Ehrgeiz, aus dem bürgerlichen Status aufzusteigen. Nur deshalb sei er von den Freimaurern in das rosenkreuzerische Lager hinübergewechselt, wo man mit Titularien und Rängen offensichtlich generöser umging.

Wir wollen hier das Drama Woellner nicht weiter ausufern lassen, doch es spielte für das Ansehen der Gold- und Rosenkreuzer eine wichtige Rolle, wenn selbst die wohlmeinendsten Kritiker es zumindest als einen typischen Konflikt des 18. Jahrhunderts hinstellten. „Rosenkreuzerei" als Profilierungssehnsüchte in transzendenten Reichen für unterprivilegierte Bürgerliche? In der Tat organisierte sich in den Logen zunehmend das Bürgertum, das den Adel dann auch nach und nach aus den Führungsrollen verdrängte.

Im Jahre 1782 stand Woellner als Oberhauptdirektor an der Spitze von 26 Zirkeln mit etwa 200 Mitgliedern der vornehmsten Stände, leitete die Organisation, besorgte den Briefwechsel und schrieb in jenem Jahr ein Lehrbuch, *Die Pflichten der Gold- und Rosenkreuzer* (Oppeln-Bronikowski, 1927: 154 f). In einem Reformpaket des Ordens, allerdings schon von 1777, das seine Handschrift trägt (Reinalter, 1983: 213), öffnet sich die Bruderschaft von reiner mystisch-religiöser Zielsetzung zugunsten einer praktisch-politischen Wirksamkeit. Ob man geglaubt hat, die spirituellen Anliegen des Ordens ließen sich schneller oder überhaupt nur in dem politischen Einsatz seiner Möglichkeiten durchsetzen? Es ist so ein unrosenkreuzerischer Gedanke, daß man sich wundert, keinerlei Kritik oder Diskussionen aus den eigenen Reihen

Johann Christoph v. Woellner,
Stich von Daniel Berger

zu hören. Vielleicht gab es sie ja. Jedenfalls macht der Orden unter Woellners Führung Ernst mit der Eroberung der Machtstrukturen.

In den letzten Jahren des Alten Fritz arbeitete Woellner für ihn eine Reihe von staatswissenschaftlichen Vorlesungen aus, die selbst seinen Kritikern als in Teilen kühnes, grundlegendes Reformpaket anmuten: Bauernbefreiung, Freihandelslehre der Physiokraten, Aufhebung des Merkantil- und Monopolsystems, Besteuerung des Adels und Aufteilung der Großgüter, Schaffung einer nationalen Wehrmacht, Kampf gegen die Auswüchse der Aufklärung und in deren Folge der Sittenlosigkeit und Irreligiösität (Oppeln-Bronikowski, 1927: 156 ff). Gleichzeitig unternahm er es mit Bischoffwerder, trotz des Verbotes des Königs, den Kronprinzen in allen Angelegenheiten der Staatsverwaltung so gut zu informieren, wie er es vermochte.

Wen wundert es so, daß mit dem Tode Friedrichs II. Woellner alsbald von seinem Nachfolger und Mitbruder zum Geheimen Oberfinanzrat ernannt, geadelt, und Mitglied der Akademie der Wissenschaften wurde, 1788 dann Staats- und Justizminister wie Chef des geistlichen Departements, was dem heutigen Kultusministerium gleichkommt.

Woellner galt als fleißiger Minister, wenn auch wegen seiner raschen Karriere, seiner pastoral-pathetischen Art wenig beliebt; dazu machtgierig und wie sein König bigott. Seine zahllosen positiven Erlasse und Verwaltungsreformen stehen ganz im Schatten seines fanatischen Kampfes gegen die Aufklärung. Am 9. Juli 1788 verkündete er ein Religionsedikt, das ihn so sehr verhaßt machte, da es die vielgepriesene preußische Toleranz mit einem Federstrich aus den Angeln hob. In Preußen, im Land der Gedankenfreiheit, erregte das Edikt alle Gemüter. Philippson, der als Historiker für eine einseitige und nachhaltige Betrachtung des rosenkreuzerischen Einflusses in dieser Zeit sorgt, spricht Woellner jedes positive Moment der Handlungsweisen ab (1880: 86 f). Doch die „neuere Forschungsmeinung" über die sogenannte kirchliche Polizeiverordnung gibt v. Bissing wieder: „Die Gedanken- und Glaubensfreiheit der Geistlichen wurde nicht beschränkt, sondern die Geistlichen wurden nur verpflichtet, das zu verkündigen, was dem Geist und dem Inhalt des Evangeliums nicht widersprach. Sollten sie dazu nicht in der Lage sein, wurde ihnen ein freiwilliges Ausscheiden aus dem Amt anheimgestellt" (1955: 155). Die Prüfungskommission bilden zwei Ordensbrüder: der Hofprediger Hermes und der Konsistorialrat Hillmer (Reinalter, 1983: 220).

Doch ging damit Hand in Hand das Zensuredikt vom 19. Dezember 1789, das jenes Edikt erweiterte und alles verbot, was wider Gott, Staat und gute Sitten geschrieben wird, und alle Bücher unter Prüfung und Genehmigungspflicht stellte. Großes Aufsehen, auch im Ausland, erregte die Affaire Kant, da selbst dieser Philosoph wegen „Herabwürdigung mancher Grundlehren der Heiligen Schrift und des Christentums" verwarnt wurde. In dieser Unterdrückung der freien aufklärerischen Diskussion liegt das wirkliche Übel der reaktionären Woellnerschen Politik. Während jener Zeit fällt das Ansehen vom König und seinem Kultusminister auf den Tiefpunkt, wobei nicht sicher ist, wer eigentlich von beiden der eifrigere Verfechter einer solchen Politik war. Doch darf man nie heutige Maßstäbe an die Vergangenheit anlegen. Ohne die christliche Religion war damals ein notwendiger gesellschaftlicher Zusammenhalt undenkbar, und ein Verfall des religiösen Lebens, der in dieser Zeit von allen konstatiert wird, auch gerade infolge falsch verstandener „Aufklärung", drohte das Fundament des Staates zu untergraben.

Horst Möller schrieb dazu (Reinalter, 1983: 220): „Bedenkt man, daß der erste, die Toleranz beinhaltende Teil des Religionsediktes durchaus friderizianisches Erbe fortsetzte, daß es überdies verständlich ist, wenn eine Landeskirche bei ihren Pfarrern auf die Einhaltung ihrer dogmatischen Grundlagen dringt, so bleibt als eigentlicher Punkt der Kritik die Art der Durchführung und die weite Ausdehnung der Bestimmungen auf *freidenkerische Schriften* bestehen. In anderen Bereichen der Innenpolitik – z. B. bei der Diskussion des Allgemeinen Landrechts – kann von einer *Dominanz* rosenkreuzerischer Ziele nicht gesprochen werden, vielmehr gab es hier durchaus Bereiche, in denen Wöllner fast aufklärerisch zu nennende Reformen in Angriff nehmen wollte, wenn er damit auch keinen durchgreifenden Erfolg hatte. Ich nenne hier nur die Reform der Akzise-Regie und seinen Vorschlag, eine Art progressive Einkommen-Steuer einzuführen, die auch die vermögenden Schichten heranziehen sollte."

Gerne wohnte der König in den letzten Jahren seines Lebens in dem von ihm geschaffenen Marmorpalais nahe Sanssouci, das mitten in einem Park am Heiligen See lag, und um das herum er einen rosenkreuzerisch-freimaurerischen Initiationsweg hatte anlegen lassen. Er ist heute leider nur mehr in Resten vorhanden. Noch einmal Theodor Fontane: „Das Marmorpalais repräsentierte nicht jene elende Verschmelzung von Lust und Trägheit, von Geistlosigkeit und Aberglaube, als welches man nicht müde geworden ist, es darzustellen. ... Niemals ist eine ganze Epoche so weit über Recht und Gebühr hinaus gebrandmarkt worden, wie die Tage Friedrich Wilhelms II." (Fontane, 1960: II, 270).

Am 16. November 1797 starb nach schwerer Krankheit König Friedrich Wilhelm II. Während des großen Trauerdefilee im Dom stand Generaladjutant von Bischoffwerder links vom Sarg auf dem Katafalk, die rechte Hand auf den Sarg gelegt. Unter den Klängen des Chorals „Ich hab' mein Sach auf Gott gestellt" versank der Sarg in die Gruft, und Bischoffwerder, der nicht rechtzeitig zurücktrat, mit ihm. Für viele mag dies auch der endgültige Abstieg der Rosenkreuzer in die Versenkung gewesen sein.

Eine der ägyptischen Statuen
von Johann Gottfried Schadow
vor der Orangerie
im Neuen Garten

Der Nachfolger, König Friedrich Wilhelm III., der seinen Vater zeitlebens nicht akzeptierte, zögerte nach seinem Regierungsantritt auch nicht lange, vor allem alle Rosenkreuzer umgehend aus dem Staatsdienst zu entlassen, Woellner sogar ohne Pension. Obwohl der sich bereit erklärt hatte, alle Maßnahmen gegen die Aufklärung wieder abzubauen und „alle Befehle seines Herrschers zu vollstrecken". War es Würdelosigkeit und er ein früher märkischer Wendehals? Es half ihm jedenfalls nichts, auch nicht seine wiederholten Ersuche auf Pensionsanspruch. Er zog sich auf sein Gut Groß-Rietz zurück und starb dort kinderlos, verlassen, verachtet und von wirtschaftlichen Sorgen bedrückt am 10. September 1800.

Als Bischoffwerder im Herbst 1803 starb, las er gerade Swedenborg (Fontane, 1960: III, 267). Er fand seine letzte Ruhe im Garten seines Schlosses Marquard, wo er auch – unter dem Akazienhügel – einen unterirdischen Rosenkreuzertempel gebaut hatte, zu dem sein König nächtens heimlich auf der Dorfstraße angereist kam. Fontane, der sie mit den Dorfbewohnern zu rekonstruieren versuchte, beschrieb die sogenannte „blaue Grotte": „Der Eingang, niedrig und kaum mannsbreit, verbarg sich hinter Gesträuch. Das Innere der Grotte war mit blauem Mosaikstein mosaikartig ausgelegt, und von der Decke herab hing ein Kronleuchter. In diese blaue Grotte, deren Licht- und Farbeffekt ein wunderbarer gewesen sein soll, trat man ein ... alsbald wurden Stimmen laut; leiser Gesang, wie von Harfentönen begleitet. Dann stellte der König Fragen und die Geister antworteten ... " (Fontane, 1960: III, 264/265). Als ich 1991 Marquard besuchte und der Ortshistoriker die Deutsche Burgenvereinigung durch Schloß und Park führte, hörte ich aus seinem Munde: die Rosenkreuzer seien eine Vereinigung im Mittelalter gewesen, die sich gern in Höhlen und Grotten trafen und an Geister glaubten.

Nun, im Preußen des 18. Jahrhunderts war mehr Schloß Charlottenburg ihr Treffpunkt. Neben dem Triumvirat Herzog Friedrich August von Braunschweig-Oels (Ordensname Rufus, Redivivus), Bischoffwerder (Farferus), Woellner (Heliocomus, Ophiron und Chrysophiron) und dem König gehörten der Rosenkreuzerloge Berlin noch an: der Oberhofdrucker Georg Jakob Decker (1732-1799), der Generalchirurg der preußischen Armee Johann Christian Anton von Theden (1714-1797; von 1784-1797 Meister vom Stuhl, Ordensname: Neaster), ein Herr von Rochow (Cruciflorus), der Graf von Haugwitz, der Kammergerichtspräsident v. Goldbeck, Oberfinanzrat Baumann, der Geheime Kabinettsrat Beyer, die Konsistorialräte Zöllner und Hillmer, und zeitweise der Chemiker Martin Heinrich Klaproth (1743-1817), später Professor für Chemie an der Universität von Berlin, wie der Naturforscher Jugel (Schuster, 1905: II, 124). Da man den sogenannten Stein der Weisen nicht nur im Innern suchte, war man sehr an alchemistischen Versuchen interessiert. 1787 soll Klaproth ein solches Experiment im Palais des Prinzen von Braunschweig in der Wilhelmstraße verhindert haben, indem er darauf hinwies, daß der dilettantisch angelegte Versuch das ganze Haus in die Luft sprengen würde. Darauf habe der Herzog eiligst das Laboratorium abreißen lassen (Oppeln-Bronikowski, 1927: 147 f).

Georg Schuster, Archivrat am Königlich Preußischen Hausarchiv, der kein gutes Haar an den Gold- und Rosenkreuzern läßt und sich oft im Ton vergreift, schildert, daß ein Legat von Schröder (Sacerdos) nach Rußland geschickt worden war, um hier den Orden zu organisieren. Dieser Sacerdos soll 1786 seinem Auftraggeber Woellner ein Schreiben zugeschickt haben, worin er ihn und den Orden des Betruges beschuldige. Als weitere öffentliche Anklagen drohten, schrieb die Führung für die ohnehin fällige und im Zehnjahres-Rhythmus durchzuführende Reform eine General-Konvention zum Jahresende 1787 aus, in der jede gewünschte Aufklärung gegeben werde (Schuster, 1905: II, 129). Bevor sie zusammentrat, ging der Orden nach einer neuen Direktive in das sogenannten Silanum (Schweigen), wobei jede öffentliche Arbeit und Versammlung bis auf weiteres ruhen sollte. Zog man sich hier aus einer prekären Affaire, sollte ein drastischer Reinigungsprozeß beginnen oder beendete man nur brav einen traditionellen Zyklus. Doch welcher Zyklus sollte 1679 begonnen haben und für welchen territorialen Bereich? Friedrich August von Braunschweig-Wolfenbüttel-Oels verließ Berlin 1793 und ließ sich in Oels in Schlesien nieder, wo er ein hübsches Renaissance-Schloß besaß. Allerdings kam er immer im Winter nach Berlin zurück, wohl um sich um den Orden zu kümmern (Hoffmann, 1830). Die Reisen nutzte er auch, um seine Schwester, die Herzogin-Mutter Anna Amalia, gelegentlich in Weimar zu besuchen. Anna Amalia scharte dort eine literarische Tafelrunde um sich, der die „großen Deutschen" wie Wieland, Goethe, Herder, Schiller usw. angehörten, und ihre Zeit ist die des „klassischen Weimar". Auf einem dieser Wege nach Weimar starb Friedrich August 1805 in Eisenach (Fürst/Kelsch, 1990: 107) und wurde von seiner Schwester in der Kapelle von Schloß Hornburg begraben.

In den Jahren 1792 bis 1796, also bereits zur Zeit des Silanums, schuf im Schloßpark bei Machern in der Gegend um Leipzig Carl Heinrich August v. Lindenau, Freund und Schüler von Goethe, ein aufwendiges Einweihungszentrum in seinem Schloßpark. Da es heute noch fast vollständig erhalten ist, läßt sich die freimaurerisch-templerische und rosenkreuzerische Symbolik nachweisen. Der Architekt, Wolfgang Glasewald, stammte dem Freundeskreis um Bischoffwerder und letzterer sorgte wohl auch dafür, daß der Graf 1786 an den preußischen Hof kam und das Amt des Oberstallmeisters übernehmen konnte. Bereits 1802 zog Lindenau nach Klein-Glienecke bei Potsdam und verkaufte Machern. Offensichtlich brauchte man das Gelände nicht mehr (Affeld / Heinrich, 1994: 19; 62; 103 f).

Schloß Machern: **Pyramide**

Während man vermutete und vermuten könnte, der Orden ging im Kampf gegen die an Boden gewinnenden Aufklärer als Anachronismus ein, wie an der Umstrittenheit ihres Führers Woellner, glaubt Marx als Grund der Auflösung eine innere Zersetzung annehmen zu müssen. „Mystik ist nur durch persönliches Gotteserlebnis möglich, und die Gottidee der Rosenkreuzer, die Vereinigung kabbalistischer Spekulationen mit dem Tiefsinn Jakob Böhme'scher Gedanken, die Verbindung neuplatonischer Emanationslehre mit der christlich mystischen Auffassung von der Trinität, dies sollte Gemeingut einer Tausende umfassenden Organisation sein können! Auf diese Weise mußte die Alchemie zur Goldmacherkunst ausarten. ... Nun fällt alles auseinander, und mit der Lehre zersetzt sich der Orden selbst" (Marx, 1930: 138).

Die Gold- und Rosenkreuzer stellten sich in die Tradition einer Linie, die schon mit Moses beginnen sollte, so Sincerus Renatus. Damit hat die Forschung natürlich größte Mühe, bestreitet sie doch schon einen Bezug zu den Gruppierungen, die sich zu Anfang des 17. Jahrhunderts auf die *Fama fraternitatis* beriefen. Auch wir müssen den Bezug ablehnen.

Zu den Grundsätzen rosenkreuzerischen Selbstverständnisses gehört es seit je, über den Religionen, Völkern, Rassen und damit auch über national gefärbter Politik zu stehen. Damit steht nicht in Widerspruch, daß den einzelnen Mitgliedern empfohlen wird, sich in jeder Form aktiv an den gesellschaftlichen Aufgaben zu beteiligen oder in bestehenden Institutionen mitzuarbeiten. Die eigentlichen Ordensziele, die schon einige Male in Form sogenannter Utopien ansatzweise formuliert wurden, lassen sich auf diese Weise kaum verwirklichen. Ja, wer die Gesetzmäßigkeiten kennt, weiß, ausschließliche Realpolitik würde diese übergreifenden Ziele zersetzen und unmöglich machen.

In Preußen verließ man den Weg des Rosenkreuzes so weit, daß wir die Brüder eigentlich übergehen müßten. Doch haben wir weder Auftrag noch Aufgabe des Richtens. Übrigens betonen alle angeführten Quellen und Werke die Integrität der genannten Mitglieder, selbst von Woellner, dem man dabei nur Fanatismus und Geltungssucht nachsagte. Zum Glück beschränkte sich diese Phase sogenannter rosenkreuzerischer Aktivität auf wenige Jahrzehnte, wobei Aufwand und Einfluß, bzw. Erfolg in der Politik im krassen Mißverhältnis zueinander standen.

Schloß Machern: **Göttin im See**

XXII

Die geheimen Figuren der Rosenkreuzer

Mit dem Mystiker Landgraf Karl endete 1670 Kassels geistige Blütezeit. Sie sollte erst im 20. Jahrhundert wieder aufflammen, vor allem auf dem Sektor der Kunst. Interessanterweise wurde 1744 wieder ein Karl von Hessen-Kassel geboren. Wie sein Urgroßvater wurde er ein führender Rosenkreuzer. Als Statthalter des dänischen Königs Christian VII. und Friedrichs VI. residierte er in Schleswig. In Louisenlund ließ er durch den aus Kassel stammenden Baumeister Johann Hermann von Motz ein Herrenhaus errichten. Den Garten in Louisenlund entwarf Christoph Jussow, zugleich der Schöpfer des Parkes von Wilhelmshöhe, dem Rosenkreuzereinweihungszentrum in Kassel. „Hier trieb er (Karl) seine Mystifikationen im Geschmack der Neutempler und Rosenkreuzer, hier feierte er sein freimaurerisches Johannisfest, hier behandelte er mit Gesinnungsgenossen die sein Inneres bewegenden Fragen ..." (Philippsen, 1928: 98).

Karl hielt seinerzeit eine enge Freundschaft mit Napoleon Bonaparte. Dies mag eine Folge der französisch-dänischen Bündnispolitik gewesen sein. Die Freundschaft ging so weit, daß Napoleon beabsichtigte, Karl zum König von Westfalen zu küren (Philippsen, 1928: 95). Dazu kam es allerdings nicht mehr.

Napoleon war aber nicht nur der politische Verbündete. Als „Frater rosae crucis" stand er als Meister einer Pariser R + C-Loge vor. Darüber hinaus überwachte er das gesamte Freimaurerwesen in seinem Machtbereich durch den von ihm beauftragten Nationalgroßmeister Jean Jacques Régis de Cambacérès (1753-1824) (Frick, 1978: 12).

Karl von Hessen-Kassel betreute unter dem König von Dänemark, Friedrich VI., der ebenfalls der Bruderschaft angehörte (Brand, 1927: 76), die gleiche Aufgabe wie Cambacérès unter Napoleon. Er kontrollierte alle Logen in Dänemark, Schleswig und Holstein (Rumohr, o. J.: 165). Später, nach der napoleonischen Zeit, reichte sein freimaurerischer Einfluß weit nach Europa hinein. Nach dem Tode des Herzogs Ferdinand von Braunschweig (1792) amtierte er ab 1817 als offizieller Generalgroßmeister der Freimaurer (Frick, 1978: 14).

Napoleon, der in Frankreich nach und nach alle Macht an sich gerissen hatte, besaß in seinem Arbeitszimmer eine Büste Friedrichs des Großen, vor dessen Leistung und Genie er große Achtung empfand. Lange Zeit versuchte er vergebens, in den Hohenzollern Bündnispartner zu finden. Als dies mißlang, schlug seine Sympathie in eine gnadenlose und demütigende Politik gegen den sehr friedliebenden und hilflos lavierenden König Friedrich Wilhelm III. um. Unter diesem König verspielte Preußen die letzten Großmachtsambitionen, galt seine Militärmaschinerie schon in vielen Augen als ein überalteter Papiertiger ohne fähige Generäle. Aus tiefer Abneigung gegen seinen Vater, Friedrich Wilhelm II., wollte und konnte der neue König dessen mystische Neigungen und, wie er meinte, Auswüchse nicht mittragen. So gehörte es, wie wir es schon anführten, zu seinen ersten Amtshandlungen 1797 in Berlin, die Gold- und Rosenkreuzer sämtlich aus den Staatsämtern zu entfernen. Doch weder unter den Ministern

Louisenlund im heutigen Zustand

noch im Militär gab es genügend Nachfolgepersönlichkeiten, um neue bessere Zeichen für die Zukunft zu setzen; zumindest nur wenige, und auf diese Reformer wurde zu spät gehört. Und so stand der Korse bald siegreich vor Berlin.

Im Jahre 1840 gelangte noch einmal ein Mystiker auf Preußens Thron, König Friedrich Wilhelm IV., der rosenkreuzerischen Idealen mit Sicherheit wieder aufgeschlossen gegenübergestanden hätte, vielleicht auch hat. Eine Darstellung seiner religiös-spirituellen Bindungen und Einflüsse ist aber noch nicht geschrieben. Doch es war wieder einmal stille geworden um die Rosenkreuzer, und dies sollte bis zum Anfang des neuen Jahrhunderts auch weitgehend so bleiben. Die sich dann neukonstituierenden freimaurerisch-rosenkreuzerischen Organisationszweige sind nicht Thema dieses Buches.

Noch zur Blütezeit des Ordens der Gold- und Rosenkreuzer hatte dieser auch im Norden Verbreitung gefunden, vor allem in Hamburg, unter der Zirkelführung des Arztes Johann Friedrich Gottfried von Exter (Fraxinus). Bekannt wurden noch der ehemalige preußische Hauptmann Christian Nikolaus von Schröder (Sacerdos), der später nach Rußland ging und von dort seine Angriffe gegen die Berliner Zentrale einleitete (siehe Kap. XXI); sowie Johann Friedrich Radicke

Der Berg der Philosophen. Aus: *Geheime Figuren der Rosenkreuzer*

(Cedrinus), der im Juli 1789 austrat und im Braunschweiger Journal die „Geheime Geschichte eines Rosenkreuzers" veröffentlichte (Frick, 1973: 360 f). Offensichtlich gehörten sie zu den vermehrt auftretenden Kritikern, die das Abgleiten in immer flachere Interpretationen abstieß. Man glaubte fest daran, daß es für das Alkahest und den Stein der Weisen auch eine physisch-chemische Entsprechung gäbe und verwendete viel Zeit mit solchen Experimenten. Wir hörten schon von den dilettantischen Versuchen in der Residenz von Friedrich August von Braunschweig-Oels. In den von einem Frater Ernst Christian Friedrich Mayer aus Königsberg erhaltenem Dokument berichtet der Verfasser von Laborversuchen mit Vitriol (Eisen- oder Kupfervitriol), die wohl in Berlin zwei Todesfälle verursachten (Frick, 1973: 359 f).

Frick glaubt, daß aus diesem Hamburger Zirkel eine Schrift stammt, die ähnlichen Einfluß fand wie die *Fama Fraternitatis*.

Geheime Figuren der Rosenkreuzer
aus dem 16ten und 17ten
Jahrhundert.
Erstes Heft. Aus einem
alten Mscpt. Zum erstenmal ans
Licht gestellt.
Altona 1785. Gedruckt und
verlegt von J. D. A. Eckardt;
in Commission in der
Heroldschen Buchhandlung in
Hamburg.

Nach einem einleitenden Text im Stil der alchemistischen Literatur folgen 11 Tafeln, teils aus dem 18. Jahrhundert, teils älter, wie aus *Speculum Sophicum Rhodo-Stauroticum* des Theophilus Schweighardt (Daniel Mögling), der uns schon am Butzbacher Hof begegnete, und eine aus der anonymen *Aureliae Occultae Philosophicum* (Frick, 1973: 362 f). Dahinter findet sich die *Auslegung und Erklärung der Tabula Smaragdina Hermedis* und dann der schon 1621 veröffentlichte Text „Avreum Secvlvm Redivivvm, Das ist Die vralte entwichene Güldene Zeit, So nunmehr wieder auffgangen, lieblich geblühet, vnd wolriechenden güldenen Samen gesetzet. Welchen tewren vnd edlen samen allen wahren Sapientiae & doctrinae filiis zeigt vnd offenbahret; Henricvs Madathanvs, Theosophvs, Medicus & tandem, Dei gratia aureae crucis frater." Dann folgen noch einmal 13 Tafel.

1788 erschien dann gleichlautend ein zweites Heft, und auch diese Tafeln zeigen die Verbindung zwischen Gnosis, Kabbala, Alchemie und der Theosophie mit dem rosenkreuzerischen Gedankengut. Übersetzungen und verschiedene Auflagen bis heute beweisen den Nachhall dieser Schrift, vor allem im englischen und amerikanischen Kulturraum. Ein Nachdruck (ohne Ort, ohne Jahresangabe) war bis vor wenigen Jahren lieferbar.

Für die rosenkreuzerische Überlieferung gelten sowohl diese *Geheimen Figuren* wie vorher die *Fama* als komprimierte Hinterlassenschaften ihrer Lehren, die jeweils am Ende eines Aktivitätszyklus zusammen"komponiert" wurden, damit dieses Wissen später leichter wiedergefunden werden konnte. Diese „öffentliche" Erbschaft sollte zugleich ein Geschenk darstellen: das Geschenk der Hoffnung an alle, die das eigentliche Menschheitsziel nicht aus den Augen verloren. Der sogenannte Fall des Menschen führte uns aus der unmittelbaren „Umgebung Gottes" hinaus ins Exil, dort, wo wir bis heute darauf warten, wieder in unsere einstigen Privilegien und Rechte eingesetzt zu werden. Doch liegt es einzig an uns, den Weg zu IHM zurückzugehen. Uralte Symbole speichern in unserem Unterbewußtsein die Schlüssel zu den tatsächlichen Vorgängen. Wer in diese Vergangenheit hineinzuleuchten vermag, weiß auch die Zukunft zu deuten. Rosenkreuzerische Überlieferung sprach immer von den heiligen Büchern M und N, in dem alles Wissen über Mikro- und Makrokosmos archiviert sei.

Äußerliche Repräsentanten dieser ominösen Bücher sind u. a. die *Fama fraternitatis* und *Geheime Figuren der Rosenkreuzer*. Wer sie zu lesen weiß, greift nicht nur in die geheime Schatztruhe des Ordens, sondern auch der Menschheitsrätsel. Doch nach alten, aber ewig gültigen Gesetzen können diese Lehren nur verhüllt dargeboten

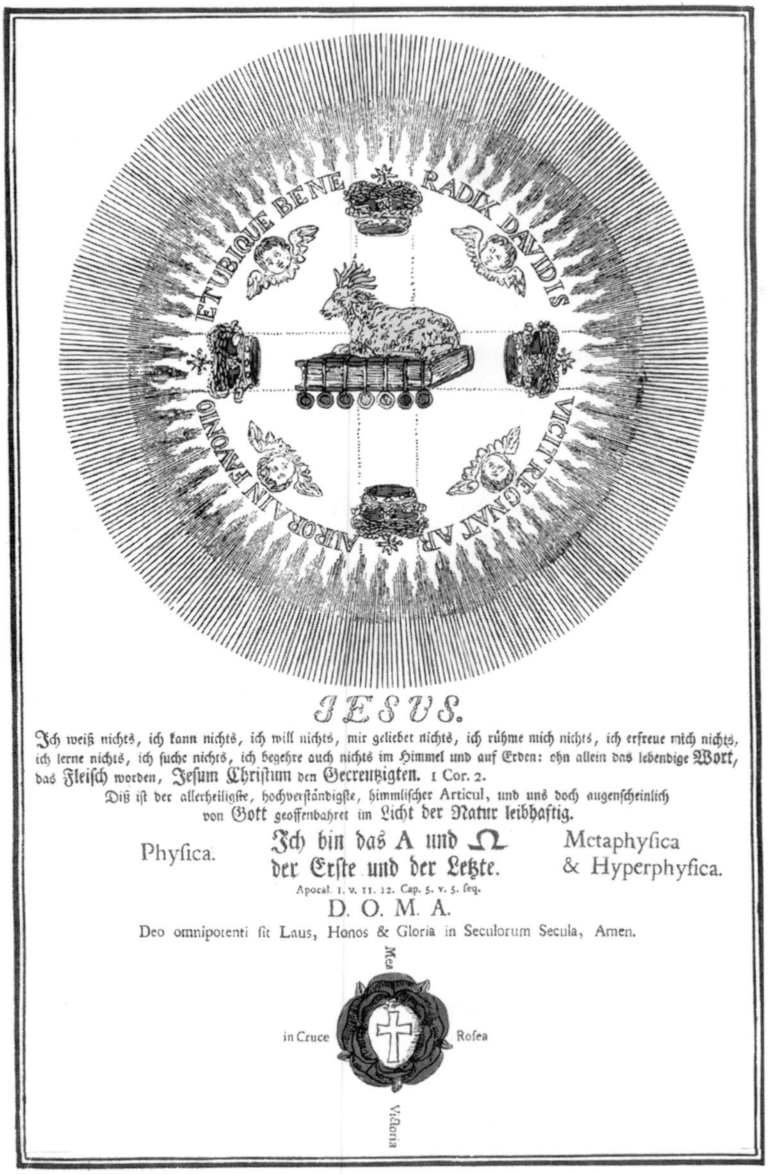

werden, da Sprachbegrifflichkeiten den Gehalt nicht nur allzusehr verkürzen und einengen, sondern vermutlich zu allerlei Mißverständnissen führen würden. Natürlich wird dabei in Kauf genommen, daß auch die verhüllten Erklärungen Mißdeutungen geradezu herausfordern. Doch sollen die Bilder, Symbole und Allegorien dem ernsthaft Strebenden ein Erinnern erleichtern. Das direkte Heranführen an die tieferen Wahrheiten bleibt nach wie vor nur den Schülern von Initiantenorden oder -schulen vorbehalten. Über Jahrtausende hat es immer Organisationen und Personen gegeben, die Suchenden halfen, in die Mysterien eingeführt zu werden. Der Weg ist hart und lang, doch

der Weg ist das Ziel.

Zu den wenigen Organisationen und Strömungen, die seit langer Zeit unbeirrt aller Anfeindungen und allen Spotts die Türen zu dem Tempel offen halten, zählen die Rosenkreuzer, die erst im 17. Jahrhundert unter diesem Namen in die Öffentlichkeit treten. Die Tradition beruht auf einer längeren Sukzession, die nach eigenem Selbstverständnis im Ägypten der 18. Dynastie ihren Anfang nahm. In diese Sukzession gehört auch der A. M. O. R. C. (Antiquus Mysticus Ordo Rosae Crucis), der 1915 mit Vollmacht der französischen Rosenkreuzer in New York gegründet wurde.
Die geheimen Dokumente und Lehren wurden aus Deutschland nach Amerika in Si-

Ich bin das Alpha und das Omega, der Erste und der Letzte. Aus: Geheime Figuren der Rosenkreuzer

cherheit gebracht, als sich der radikale Wendepunkt in der Politik während der Weimarer Republik abzeichnete. Gerade noch zur rechten Zeit, denn schon 1935 verbot ein Gesetz jegliche Logentätigkeit. Die Archive verfielen noch oft genug der Plünderung oder der Verbrennung. Reste der deutschen Rosenkreuzerbewegung hatten um 1930 unter Frater Tränker Verbindung zum A. M. O. R. C. aufgenommen, und viele der Mitglieder schlossen sich der amerikanischen Neugründung an (Miers, 1970: Stichwort: Tränker). Niemand ahnte z. B. hinter der „Siemens-Studiengesellschaft für praktische Psychologie" in Hamburg eine getarnte Gruppe dieses Ordens, was der aus Hamburg gebürtige Fr. Adamcyk in den USA bei der Obersten Großloge recherchierte.

Heute ist der A. M. O. R. C. in der Bundesrepublik wieder offen tätig. So arbeiten seit mehr als einem Jahrzehnt wieder Gruppen in Norddeutschland am Tempel F. R. C., z. B. in Hamburg, Kiel, Lübeck, Rostock, Oldenburg, Bremen, Hannover, Berlin usw. Die Großloge für die deutschsprachigen Länder befindet sich in Baden-Baden.

Nur wenige Jahre länger, seit 1909, besteht die von Max Heindel (Carl Louis Grashof) in den USA gegründete „Rosicrucian Fellowship", die in Deutschland als „Rosenkreuzer Gemeinschaft e.V." firmiert und ihren Sitz in Darmstadt hat. Max Heindel, Theosoph, sogar Vizepräsident der Theosophischen Gesellschaft in Adyar, wurde Schüler von Rudolf Steiner, bevor er im kalifornischen Oceanside ein Kreuz mit den Buchstaben C. R. C. errichtete. An dieser Stelle steht heute der einzige Tempel der Bruderschaft, deren rosenkreuzerische Lehre sich u. a. eng an das paulinische Christentum bindet.

Erst seit den dreißiger Jahren existiert das „Lectorium Rosecrucianum" mit Hauptsitz im niederländischen Haarlem, gegründet von Jan van Rijckenborgh (Jan Leene). Sie stellen sich in die Tradition der „Urgnosis", die auch sie in Ägypten beginnen lassen, berufen sich daneben auf die Nachfolge der Katharerbewegung Okzitaniens.

Rosenkreuzerisch nennt sich auch der Aleister-Crowley-orientierte O. T. O. (Ordo Templis Orientalis, Zentrum in Stein, Schweiz) mit seinen „Tochtergesellschaften" und der „AAORRAC" (Antiquus Arcanus Ordo Rosae Rubeae Aureae Crucis), der sich auf den bisher historisch schwer faßbaren Gründer Rupert von Moosheim (1493-1554?) zurückführt und in Wien residiert. Auch um diesen Orden scheinen sich mehrere templerische und martinistische Vereinigungen zu gruppieren.

Rosenkreuzerisch nennen sich auch noch diverse Splitterorganisationen in Hamburg, Berlin, Wien und anderswo, deren Lehren mehr oder minder aus dem beschränkten Fundus ihrer Gründer und Führer stammen.

Unser Thema war aber der Urgrund, der gemeinsame Strang, welcher der Überlieferung nach sich über Ägypten, Vorderasien und Griechenland auf Europa zubewegte und seit den Karolingern wohl auch in unseren Breiten Fuß faßte. Nicht das Trennende diverser Gruppierungen, die seit dem 19. Jahrhundert unter diesem Begriff „firmieren". Über diese neuere Zeit läßt sich auch schon eine Fülle ergiebiger Literatur finden.

In einem zweiten Band möchten wir versuchen, diesen Weg des Rosenkreuzes von Südfrankreich her seit dem 9. Jahrhundert bis in das Deutschland des 17. und 18. Jahrhunderts zu verfolgen. Mögen wir dabei nicht das ans Licht zerren, was diese Tradition – aus welchen Gründen auch immer – lieber unter dem Deckmantel des Schweigens bewahrt haben will.

amo R + C

Frater Sievert Im R + C-Jahre 3349

Nachwort des Herausgebers

Wir schreiben das Jahr 1353 v. Chr. und befinden uns in der Halle einer der Pyramiden Ägyptens. Seit 136 Jahren besteht eine Bruderschaft, die heute, an einem traditionellen Donnerstag, zusammengekommen ist, um sich wie immer dem Studium geistiger Lehren und Überlieferungen hinzugeben. Doch heute gibt es noch einen besonderen Anlaß der Zusammenkunft.

Es herrscht tiefe Stille, denn die meisten Versammelten ahnen wohl etwas von der Tragweite ihres Vorhabens. Schon Pharao Thutmosis III. (1504-1450 v. Chr.) hatte die königliche Philosophenschule, die bislang nur Mitgliedern der Pharaonenfamilie und einigen Priestern in hohen Würden vorbehalten war, auch für die geöffnet, deren Stand und Bildung ein gewisses Verständnis für die Lehren voraussetzte. Doch nur für Ägypter, galten doch alle anderen Völker für die meisten in diesem Lande bis heute als unterentwickelte Wesen, ja, oft nicht einmal als Menschen. Nun aber, in der Regierungszeit von Amenophis III. und seiner Ersten Königsgemahlin Teje, steht die Bruderschaft kurz davor, ihre Pforten auch für Ausländer zu öffnen. Und überhaupt die Zahl der Wissenden so zu vermehren, daß Licht und Aufklärung zu allen anderen Völkern dringen können. Für die Geschichte der Menschheit, auch wenn sie dieses Datum und diese Zusammenkunft vermutlich nie wahrnimmt oder bewertet, beginnt hier und jetzt eine gewaltige Zäsur. Der berühmte „Sohn des Hapu" spricht dann die historischen Worte, und die ehrenvolle Versammlung erteilt ihre wohlwollende Zustimmung.

Es dauerte einige Zeit, bis die Nachricht darüber in die entferntesten Ekken der Welt drang. Doch unter Pharao Ech-n-aton soll schon ein ununterbrochener Pilgerstrom nach Ägypten gekommen sein, um über Künste, Philosophie, Kosmosophie und Theologie unterrichtet zu werden. Von dort zogen sie „als Eingeweihte" zurück in ihre Heimat, belehrten wiederum andere Suchende und gründeten oft besondere Schulen.

Der große Mystiker Ech-n-aton soll es auch gewesen sein, der die alten Symbole Kreuz und Rose als Ausdruck und Zielvorstellung dieser Bruderschaft festlegte. Der Begriff *Rosenkreuzer,* der wohl erst im frühen Mittelalter aufkam, bezeichnet einen Zustand, der erst nach vielen Initiationen und einem mühseligen Weg bergauf dereinst mit der „Überwindung des Kreuzes" erreicht werden sollte. Mit dem Eintreten in die physische Welt ist der Körper des Menschen an das Kreuz der Leiden, Verführungen und Mißverständnisse geheftet. Mit seinen ausgebreiteten Armen bildet der Mensch selbst dieses Kreuz. Doch im Schnittpunkt, dort wo sich die Komponenten des Diesseitigen und Transzendentalen treffen, im „Herzen" des Kreuzes, kann die Rose erblühen. Diese vermag alle zu einem solchen Bewußtseinsstadium führen, daß der „Auferstandene" zum Meister jeglicher Fesseln der physischen Welt wird.

Die Benutzung christlicher Interpretation des Symbols geschieht hier mit Absicht, denn der Nazarener (oder Nasiräer) Jesus brachte als Christus die alte Symbolik für alle Menschen sichtbar in die Welt. Es halten sich übrigens konstant Gerüchte, dieser Jesus habe seine Ausbildung in der alten Hochburg dieser Bruderschaft, Heliopolis (ägyptisch On), und später seine Initiation etwas weiter nördlich erhalten.

Läßt sich aber schon die Tradition von der 18. Dynastie an nur oberflächlich verfolgen – die späteren Therapeuti, Essener, Pythagoräer, Drusen, Kopten u. a. sollen in dieser Nachfolge stehen –, so stößt man in Europa auf die Schwierigkeit, daß sich die Ideen innerhalb der christlichen Religion verbreiteten und deren Träger zu großer Geheimhaltung gezwungen waren. Außerdem hatte die Lehre vom Rosenkreuz offensichtlich den großen missionarischen Eifer der Frühzeit verloren oder bewußt abgelegt.

Vor dem 16. Jahrhundert galt ohnehin das Gesetz, keine direkte Idee, keine Theorie und nichts von konkreten Vorstellungen und Erkenntnissen nach außen zu tragen, geschweige denn schriftlich zu überliefern. Es sollten nur still Arbeiten geleistet werden, welche die Kultur der Menschheit vorwärts bewegten. So überliefert die *Fama fraternitatis*:

„...1. keiner solle sich andern profession außthun, dann krancken zu curiren, vnd diß alles umbsonst: 2. keiner sol genötigt sein, von der Brüderschafft wegen ein gewiß Kleid zu tragen, sondern sich der Landes art gebrauchen: ..."

Geschichtsschreibung kann hier also nur bedeuten, denjenigen nachzuspüren, die sich unter dem Symbol von Kreuz und Rose „auf den Weg machten". Und dies waren oft Personen, die sich keiner der lockeren Zusammenhänge anschlossen und sich im 16. und 17. Jahrhundert eher als Paracelsist, Pansoph oder z. B. als Anhänger von Jakob Böhme oder Giordano Bruno verstanden. Niemand wäre so maßlos gewesen, sich als *Rosenkreuzer* zu bezeichnen. In diesem Sinne können wir die vielen Distanzierungen einiger herausragender Vertreter der Bruderschaft besser verstehen. Ausnahmen bestätigen in ihrem Unverständnis nur die Regel.

Nicht zuletzt blieb der Weg hin zu einem Rosenkreuzer auch bis ins 18. Jahrhundert hinein gefährlich. Hatte man lange mit einer allgewaltigen Inquisition zu tun oder mit einer intoleranten und um die „gesellschaftliche Ruhe" besorgten Herrschaft, setzte man sich später dem zumeist aggressiven Unverständnis seiner Mitmenschen aus. Natürlich auch sogenannten Reformern, deren Dogmatismus sich oft schlimmer gegen ihresgleichen austobte als gegen ihre Gegner. Da war Verschwiegenheit nicht nur angebracht, sondern geradezu existentiell. Vieles und vielleicht Wesentliches wird sich deshalb allen Nachforschungen entziehen.

Wenn wir hier also darangehen und aus der Bruderschaft selbst heraus den Versuch unternehmen, kriminalistisch so etwas wie einem roten Faden rosenkreuzerischer Aktivität nachzuspüren, beginnen wir etwas höchst Unrosenkreuzerisches: nämlich mit einengenden Schubladenbegriffen zu arbeiten. Wir laufen dabei sogar Gefahr, brutale Gewalt anzuwenden und manche Personen in ein enges Korsett zu pressen, in das sie selbst vermutlich nie hätten hineingezwängt werden wollen.

Gleichzeitig gibt es auch noch so etwas wie ein ungeschriebenes Gesetz, über die Geschichte der Bruderschaft und deren Träger nicht ausführlich und chronologisch zu berichten. Doch, wenn wir einmal davon absehen, daß wir ohnehin nur winzige Bruchstücke einer geistigen Anlage liefern, an dem jede Generation weiter anbaute, so erfordern andere Zeiten vielleicht andere Mittel. Die ungeheure Vielfalt esoterischer und spiritueller Angebote heute, die den Menschen verwirren, lassen es vielleicht doch notwendig werden, einen Leuchtturm zu errichten und „ein gewiß Kleid zu tragen", das die alten Symbole nicht länger verbirgt.

Die heutigen Mitglieder aber mag es auch interessieren, in welches Gewand sich im Laufe der Zeit die schon früh formulierten Ziele einer alten Bewegung kleideten; welche Menschen ihre Aufgabe darin sahen, sich für die Verwirklichung dieser Ziele einzusetzen, und was wir heute davon als Erfolg verbuchen können. Wie sie ihre Aufgabe gestalteten, erfahren wir nicht. Doch können wir mit Recht vermuten, daß sich ihre Aktivität kaum von der heutiger Orden unterscheidet, die sich unter dem Symbol von Kreuz und Rose neugründeten.

Die Anhänger des Rosenkreuzes ordnen sich im Abendland in der Tradition der Gralsströmung und des Ordens der Tempelherren ein wie allda, wo man das Wesen des Christentums, das Christusbewußtsein, suchte, das sich ja nicht mit einer bestimmten Religion verbindet. Unter Christusbewußtsein verstehen wir die wahre Erkenntnis unserer menschlichen Herkunft, unsere Ziele, unsere Aufgaben und die Wegführung. Und wie schon seit jetzt fast dreieinhalbtausend Jahren geht es darum, den großen Tempel zu errichten und auszubauen. Unabhängig von jeder Religion, von jedem äußeren Zwang und jeglichen Fesseln der Materie bauen sie ihn frei, als ursprüngliche *Freimaurer*. Zuerst schaffen sie ihn im Geiste, damit er sich als Folge auf der physischen Ebene materialisieren kann. Um ihn allerdings im Geiste aufzubauen, müssen sie sich zunächst mit ihrer sprichwörtlichen Dualität in die Arbeit hineinstellen. Ein Mitglied der Bruderschaft ist also nicht nur der Maurer, sondern auch der Tempel selbst; jeder einzelne, als Gruppe, als Orden. Die fünfblättrige Rose am Schnittpunkt der Kreuzbalken weist ihnen das Ziel.

Schon recht früh zeigte dabei nicht mehr die christlich-mittelalterliche Einweihungsschulung, der die Gottsucher in der Einsiedelei oder hinter Klostermauern abschloß, den wahren Weg dorthin, sondern das Rebellenleben eines Roger Bacon, Albertus Magnus oder Meister Eckhart, die aus dem Claustrum heraustraten, um die äußere Sinneswelt zu erobern, vor der sich zurückzuziehen hier im Westen auch immer schwieriger wird. Sie brachen entweder per pedes auf oder in dem sie sich auf das Studium der weltlichen, der Natur-Wissenschaften verlegten. Gerade solche Geister wie Roger Bacon, John Dee, Francis Bacon, Joachim Jungius oder Newton stehen ja mit als Protagonisten einer experimentellen Naturwissenschaft in vorderster Front, die sich damals anbahnt und die dem religiösen Aberglauben durch nachweisbare Forschung entgegentritt.

Der Mensch darf seine Sinne nicht vor der äußeren Natur verschließen, sondern muß die Elemente zu erobern, zu beherrschen und sinnvoll seinen Zielen nutzbar zu machen versuchen. Im Gegensatz zur materiellen Wissenschaft sollte aber nicht der Geist übersehen werden, der hinter allem webt und alles verbindet. Wahre naturwissenschaftliche Forschung braucht immer eine spirituelle oder religiöse Basis. Doch diese muß so flexibel sein, daß durch Änderung der Erkenntnisse und Entwicklungen Anpassungen möglich bleiben. Andererseits bedarf es immer der Kenntnis und Erkenntnis jener ehernen Gesetze, die keine Abänderungen dulden. Aber gerade die experimentelle Naturwissenschaft bot sich hier an, diesen ewig gültigen Gesetzen in ihren materiellen Auswirkungen, die ebenso konstant blieben, näher zu kommen.

Rosenkreuzerische Naturwissenschaft suchte und sucht den Geist, der als schöpferische Kraft hinter allen Erscheinungen steht und für die Harmonie zwischen Kosmos und Natur verantwortlich ist.

Die Suche wird zum Weg. Zuerst muß diese Harmonie in jedem selbst und zwischen den Menschen gefunden werden. Zu den notwendigen Reformen oder zum Bau des großen Tempels gehört jedoch ebenso das Wirken auf unsere natürliche wie geistige Umgebung. Die Ziele der Bruderschaft umfaßten so auch immer die sozialen Belange und Erfordernisse für eine humane Gesellschaft, die Suche nach einer gerechteren Welt und nach uneingeschränkter geistiger Freiheit. Denn sie machte jegliches Forschen nach Verbesserungen und höheren Erkenntnissen erst möglich. Sie führte den Menschen auch erst zu seiner wichtigsten Zielvoraussetzung: zu einem selbstbewußten und selbstbestimmenden Wesen, zur wahren Freiheit.

Diese Aspekte verschmelzen in der rosenkreuzerischen Dreiheit von sal, mercurius und sulfur (Salz, Quecksilber, Schwefel). Sie finden sich auch wieder in der mystischen Dreiheit von Bauch, Brust und Kopf, die im sozialen Organismus den Bereichen Wirtschaft, Recht und Geistesleben oder Religiösität zugeordnet werden.

Jede soziale Einheit und jede Gruppe von Menschen, die auf eine längere Geschichte ihrer Arbeit zurückblicken kann, braucht gelegentlich die Rückschau als Spiegel. Sie mag durch das Erreichte motivieren, legt vielleicht die Mängel frei und setzt Maßstäbe für die Zukunft. Nicht zuletzt stellt sie diejenigen, die sich damit verbunden fühlen, hinein in die kraftvolle Tradition liebender, sich aufopfernder Zeitgenossen. Zudem mag der

Spiegel manchem ungeduldigen Vertreter die Illusion der Zeit und seiner zeitlichen Vorstellungen demonstrieren.

In diesem Sinne sei Hans H. Sievert herzlich gedankt, der in jahrzehntelanger mühevoller Arbeit versuchte, Puzzlesteine zusammenzusetzen und möglichst vorsichtig ein Netz rosenkreuzerischer Beziehungen um bestimmte Personenkreise zu weben. Möge ein starkes Interesse an seinem Werk ihn motivieren, sich auch weiterhin dieser Forschung zu widmen.

Alles zu Nutzen
F. Z. ANHALT
Die Fruchtbringende Gesellschaft

A N H A N G

Literaturverzeichnis:

- Affeld, Rolf / Heinrich, Frank 1994. Der Schloßpark Machern gibt sein Geheimnis preis. Leipzig
- Allgemeine Deutsche Biographie ab 1875. Leipzig
- Alter Mystischer Orden Rosae Crucis (Hg.) 1991. Aus der Geschichte des Ordens vom Rosenkreuz, Baden-Baden
- Baigent, Michael/Leigh, Richard 1990. Der Tempel und die Loge. Das geheime Erbe der Templer in der Freimaurerei, Bergisch Gladbach
- Barthold, Friedrich Wilhelm 1848. Geschichte der Fruchtbringenden Gesellschaft. Berlin (Nachdruck: Hildesheim 1969)
- Berner, Felix 1982. Gustav Adolf. Der Löwe aus Mitternacht, Stuttgart
- Biedermann, Hans 1976. Handlexikon der magischen Künste, München/Zürich
- Biographisches Lexikon für Schleswig-Holstein und Lübeck, 1987. Herausgegeben im Auftrag der Gesellschaft für Schleswig-Holsteinische Geschichte und des Vereins für Lübecksche Geschichte und Altertumskunde, Bd. 8, Neumünster
- Bissing, W. M. Freiherr v. 1955. Friedrich Wilhelm II., König von Preußen, Berlin
- Brand, Otto/Dr. Klüver, Wilhelm 1976[7]. Geschichte Schleswig-Holsteins, Kiel
- Brand, Otto 1927. Geistesleben und Politik in Schleswig-Holstein um die Wende des 18. Jahrhunderts, Kiel
- Brandt, A. v. 1979. Lübecker Führer 4. Kurze Chronik von Lübeck, Lübeck
- Brod, Max 1988. Johannes Reuchlin und sein Kampf. Eine historische Monographie. Wiesbaden
- Burger, Heinz Otto 1969. Renaissance, Humanismus, Reformation. Deutsche Literatur im europäischen Kontext. Frankfurter Beiträge zur Germanistik Bd. 7, Homburg v. d. H., Berlin, Zürich
- Castelot, André 1987. Heinrich IV., Sieg der Toleranz, Gernsbach
- Conermann, Klaus 1985. Die Fruchtbringende Gesellschaft und ihr Köthener Gesellschaftsbuch, 3 Bände, Leipzig
- Crux Rosae 1976. Heft 32. Zeitschrift, Baden-Baden
- Crux Rosae 1980. Heft 47. Zeitschrift, Baden-Baden
- Crux Rosae 1980. Heft 48. Zeitschrift, Baden-Baden
- Crux Rosae 1981. Heft 49. Zeitschrift, Baden-Baden
- Crux Rosae 1983. Heft 60. Zeitschrift, Baden-Baden
- Dülmen, Richard van (Hrsg.) 1981[3]. In: Quellen und Forschungen zur Württembergischen Kirchengeschichte Bd. 6, Stuttgart
- Dufner, Wolfram 1967. Geschichte Schwedens, Neumünster
- Eckhardt, Wilhelm A. (Hrsg.), 1980. Landgraf Karl von Hessen-Kassel. Ausstellungskatalog des Hessischen Staatsarchivs Marburg in Verbindung mit der Historischen Kommission für Hessen. Marburger Reihe 14, Marburg, Lahn und Witzenhausen
- Erdmann-Degenhardt, Antje 1988. Im Schatten des Kalkberges. Die Geschichte von Burg, Kloster und Stadt Segeberg, Bad Segeberg
- Evans, Robert J. W. 1980. Rudolf II. Ohnmacht und Einsamkeit. Graz/Wien/Köln
- Faivre, Antoine (Hrsg.) 1990. Die templerische und okkultistische Freimaurerei im 18. und 19. Jahrhundert. Bd. III, Das System von Wilhelmsbad, Leipzig
- Fischer, Bernd Erhard 1992. Marquardt. Eine Spurensuche, Berlin
- Fontane, Theodor 1960. Wanderungen durch die Mark Brandenburg, München
- Freund, Michael 1979. Deutsche Geschichte, München
- Frick, Karl Richard Hermann 1973. Die Erleuchteten. Gnostisch-theosophische und alchemistisch-rosenkreuzerische Geheimgesellschaften bis zum Ende des 18. Jahrhunderts. Ein Beitrag zur Geistesgeschichte der Neuzeit, Graz
- Frick, Karl Richard Hermann 1978. Licht und Finsternis, Teil II, Graz
- Fürst, Reimar/Kelsch, Wolfgang 1990. Wolfenbüttel. Ein Fürstenhaus und seine Residenz. Fünfundzwanzig biographische Portraits, Wolfenbüttel
- Gail, Anton J. 1981. Erasmus von Rotterdam, Hamburg
- Gilly, Carlos (Red.) 1995. Cimelia Rhodostaurotica. Die Rosenkreuzer im Spiegel der zwischen 1610 und 1660 entstandenen Handschriften und Drucke. Ausstellungskatalog. Amsterdam
- Goedeke, Karl 1887. Grundrisz zur Geschichte der Deutschen Dichtung. Aus den Quellen von Karl Goedeke, zweite, neu bearbeitete Auflage, Dresden (In Band 3 die Mitgliederlisten der „Frucht-

bringenden Gesellschaft" und ihrer Tochtergesellschaften. Reprint: Nendeln /Liechtenstein 1979)

- Hartleb, Hans 1936. Deutschlands erster Theaterbau. Eine Geschichte des Theaterlebens und der englischen Komödianten unter Landgraf Moritz dem Gelehrten von Hessen-Kassel, Berlin und Leipzig
- Hauschild, Wolf-Dieter 1981. Kirchengeschichte Lübecks. Christentum und Bürgertum in neun Jahrhunderten. Lübeck
- Heinemann, Günter 1983. Heidelberg, München
- Heinemeyer, Walter (Hrsg.), 1986. Das Werden Hessens, Marburg
- Heinrich, Gerd 1981. Geschichte Preussens, Frankfurt
- Herzfeld, Hans (Hrsg.) 1963. Geschichte in Gestalten, 4 Bände, Frankfurt
- Hirschfeld, Peter 1964³. Herrenhäuser und Schlösser in Schleswig-Holstein, o. O.
- Hoffmann, Carl Julius Adolph 1830. Die Tonkünstler Schlesiens. In: Deutsches Biographisches Archiv, Microfiche 340
- Holst, Niels v. 1975. Peter der Große und der Gottorfer Globus. Zur Entstehung der „Kunstkammer" des Zaren, Heide/ Holstein
- Hoppe, Günter (Hrsg.), 1986. Erzschreinstudien, 1. Folge, Köthen
- Huizinga, Johan 1953. Herbst des Mittelalters. Studien über Lebens- und Geistesformen des 14. und 15. Jahrhunderts in Frankreich und in den Niederlanden, Stuttgart
- Irmisch, Rudolf 1960. Geschichte der Stadt Itzehoe, Itzehoe
- Irmscher, Johannes 1974. Das große Lexikon der Antike, München
- Janowski, Hans Norbert (Hg.) 1978. Geert Groote, Thomas von Kempen und die Devotio moderna, Olten
- Joachim Jungius-Gesellschaft für Wissenschaft Hamburg (Hrsg.) Die Entfaltung der Wissenschaft, 1957. Festschrift zur Tagung der Jungius-Gesellschaft vom 31.10.1957-1.11.1957 in Hamburg, Glückstadt
- Kangro, Hans, 1968. Joachim Jungius´ Experimente und Gedanken zur Begründung der Chemie als Wissenschaft. Ein Beitrag zur Geistesgeschichte des 17. Jahrhunderts, Wiesbaden
- Kellebenz, Hermann 1985. Schleswig in der Gottorfer Zeit 1544-1711, Schleswig
- Krohn, Wolfgang 1987. Francis Bacon, München
- Kuper, Michael / Kiesewetter, Karl 1993. John Dee und der Engel vom westlichen Fenster. Berlin
- Kuper, Michael 1994. Agrippa von Nettesheim. Ein echter Faust, Berlin
- Kuper, Michael 1995. Roger Bacon. Der Mann, der Bruder Williams Lehrer war, Berlin
- Lademacher, Horst 1993. Die Niederlande. Politische Kultur zwischen Individualität und Anpassung in: Propyläen Geschichte Europas, Ergänzungsband
- Lauring, Palle 1964. Geschichte Dänemarks, Neumünster
- Lehrs, Ernst 1962. Der rosenkreuzerische Impuls im Leben und Werk von Joachim Jungius und Thomas Traherne. Studien und Versuche 5, eine anthroposophische Schriftenreihe, Stuttgart
- Lennhoff, Eugen / Posner, Oskar 1932. Internationales Freimaurerlexikon, Wien
- Lenz, Gerhard 1981. Johann Toelde. Ein Paracelsist und „Chymicus" und seine Beziehungen zu Landgraf Moritz von Hessen-Kassel. Diss. der Philipps-Universität Marburg/Lahn.
- Lewis, Harvey Spencer 1975. Das mystische Leben Jesu, Baden-Baden
- Lincoln, Henry/Baigent, Michael/Leigh, Richard 1984. Der Heilige Gral und seine Erben. Ursprung und Gegenwart eines geheimen Ordens. Sein Wissen und seine Macht, Bergisch Gladbach
- Lindenberg, Wladimir, 1978. Riten und Stufen der Einweihung, Freiburg
- Lohmeier, Dieter, 1978. Kieler Studien zur deutschen Literaturgeschichte, Bd. 13. Neumünster
- Lohmeier Dieter/Unsicker, Karin 1977. Literarisches Leben in Glückstadt im 17. Jahrhundert in: Steinburger Jahrbuch 1978, Itzehoe
- Lohrum, Meinolf 1991. Albert der Große, Forscher - Lehrer - Anwalt des Friedens, Mainz
- Ludwig, Emil 1977. Napoleon, München
- Mackensen, Rudolf von 1988³ .Die erste Sternwarte Europas mit ihren Instrumenten und Uhren. 400 Jahre Jost Bürgi in Kassel, München
- Mannack, Eberhard (Hrsg.) 1982. Johann Rist. Sämtliche Werke Bd. 7, Berlin und New York
- Marquès-Riviere, Jean 1979. In: Moder-

ne Universalgeschichte der Geheimgesellschaften, Band 3, Düsseldorf/Wien
- Marx, Arnold 1930. Die Gold- und Rosenkreuzer. Ein Mysterienbund des ausgehenden 18. Jahrhunderts in Deutschland in: Das Freimaurer Museum Bd. 5, Zeulenroda-Leipzig
- Meinel, Christoph 1984. In physicis futurum saeculum respicia. Joachim Jungius und die naturwissenschaftliche Revolution des 17. Jahrhunderts, Göttingen
- Merveldt, Eka v. 1982. 4 mal Florenz, München
- Miers, Horst E. 1970. Lexikon des Geheim-Wissens, München
- Mittler, Elmar/Werner, Wilfried 1986. Mit der Zeit. Die Kurfürsten von der Pfalz und die Heidelberger Handschriften der Bibliotheca Palatina. Wiesbaden
- Nirrnheim, Hans 1908. Heinrich Murmester. Ein Hamburger Bürgermeister in der hansischen Blütezeit. In: Pfingstblätter des Hansischen Geschichtsvereins, Blatt IV. Leipzig
- Olearius, Adam 1986. Moskowitische und persische Reise. Die holsteinische Gesandtschaft beim Schah 1633-1639. Gekürzte Ausgabe, herausgegeben von D. Haberland. Stuttgart
- Parker, Geoffrey 1991. Der Dreißigjährige Krieg, Frankfurt / New York
- Pauls, Volquart (Hrsg.), 1955. Die Anfänge der Christian-Albrechts Universität Kiel. Quellen und Forschungen zur Geschichte Schleswig-Holsteins, Band 31. Neumünster
- Peters, Gustav 1958. Geschichte von Eutin. Neumünster
- Peuckert, Will-Erich 1928. Die Rosenkreuzer. Zur Geschichte einer Reformation, Jena
- Peuckert, Will-Erich 1973. Das Rosenkreuz, Berlin
- Philippsen, Heinrich 1928. Alt-Schleswig, 2 Bände, Schleswig
- Philippson, Martin 1880/82. Geschichte des preußischen Staatswesens vom Tode Friedrich des Großen bis zu den Freiheitskriegen, 2 Bände, Leipzig
- Posselt, Friedrich 1917. Silberne Pokale Heinrich Rantzaus und der hamburgische Goldschmied Jakob Moers in: Zeitschrift der Gesellschaft für Schleswig-Holsteinische Geschichte, Bd. 47. Leipzig
- Rachum, Ilan o. J. Enzyklopädie der Renaissance, Zürich
- Rath, Wilhelm 1985. Der Gottesfreund vom Oberland, Stuttgart
- Reinalter, Helmut (Hrsg.), 1983. Freimaurer und Geheimbünde im 18. Jahrhundert in Mitteleuropa, Frankfurt
- Rijckenborgh, Jan van 1981. Die alchimische Hochzeit von Christian Rosenkreuz, Haalem
- Rogge, Bernhard 1918. Das Evangelium der Verfolgung, Köln
- Rumohr, Heinrich v. 1968. Schlösser und Herrenhäuser in Schleswig, Frankfurt o. J. Dänische Originalausgabe, Kopenhagen
- Salzer, Amseln/Tunk, Eduard v. o. J.: Illustrierte Geschichte der deutschen Literatur, Köln
- Sante, Dr. Georg W. (Hrsg.) 1960. Handbuch der historischen Stätten Deutschlands, Hessen, Stuttgart
- Schäfer, Walter 1967. Eberhard von Holle, Bischof und Reformator. In: Beiheft zum 65. Band des Jahrbuches der Gesellschaft für Niedersächsische Landesgeschichte, Verden
- Schick, Hans 1942. Die geheime Geschichte der Rosenkreuzer, Berlin
- Schlee, Ernst 1952. Die Herkunft des Kugelhauses und der Gottorfer Globus. Beiträge zur Heimatforschung in Schleswig-Holstein, Hamburg und Lübeck, Bd. 20, Heide/ Holstein
- Schlee, Ernst 1978. Das Schloß Gottorf in Schleswig, Neumünster
- Schlee, Ernst 1991. Der Gottorfer Globus Herzog Friedrich III., Heide/Holstein
- Schneider, Heinrich 1929. Morsius und sein Kreis, Lübeck
- Schrödter, Willy 1951. Die Rosenkreuzer, Warpke-Billerbek
- Schulze, Johannes 1929. Die Rosenkreuzer und Friedrich Wilhelm II in: Mitteilungen des Vereins für die Geschichte Berlin, 46 Jg. Heft 2, Berlin
- Schulze, Johannes 1930. Der Geisterspuk um Friedrich Wilhelm II. In: Mitteilungen des Vereins für die Geschichte Berlins, 47. Jg. Heft 2, Berlin
- Schuster, Georg 1905. Geheime Gesellschaften, Verbindungen und Orden, 2 Bände, Berlin
- Schwencke, Olaf 1965. Ein Kreis spätmittelalterlicher Erbauungsschriftsteller in Lübeck. In: Jahrbuch des Vereins für niederdeutsche Sprachforschung, 88. Jg., Neumünster
- Seligmann, Kurt o. J. Das Weltreich der Magie, Wiesbaden
- Siemonsen, Hans 1984. Bad Segeberg

in neun Jahrhunderten, Bad Segeberg

- Stadt Bad Segeberg (Hrsg.), 1937. 800 Jahre Segeberg, Bad Segeberg
- Stoll, Christoph 1973. Sprachgesellschaften im Deutschland des 17. Jahrhunderts, München
- Stolterfoth, Hermann A. 1929. Bibliographie zur Geschichte der Lübecker Stadtbibliothek, Lübeck
- Vehse, Karl Eduard 1991. Die Höfe zu Hessen, Leipzig / Weimar
- Vickers, Brian 1988. Francis Bacon. Kleine kulturwissenschaftliche Reihe 3, Berlin
- Volz, Gustav Berthold 1923. Der Graf von Saint-Germain. Das Leben eines Alchemisten nach größtenteils unveröffentlichten Urkunden, Dresden
- Waitz, G. (Hrsg.) 1863. Urkunden und andere Aktenstücke zur Geschichte der Herzogthümer Schleswig und Holstein unter dem Oldenburger Hause. Erstes Heft, Kiel
- Waitz, G. (Hrsg.) 1865. Quellensammlung der Schleswig-Holstein-Lauenburgischen Geschichte, 2. Bd., Kiel
- Wehr, Gerhard 1980. Christian Rosenkreuz, Urbild und Inspiration neuzeitlicher Esoterik, Freiburg
- Wehr, Gerhard 1980. Rosenkreuzerische Manifeste, Schaffhausen
- Wehr, Gerhard 1983. Martin Luther. Mystische Erfahrungen und christliche Freiheit im Widerspruch, Schaffhausen
- Wehr, Gerhard 1989. Meister Eckhart mit Selbstzeugnissen und Bilddokumenten, Reinbek
- Wertheimer, Oskar v. 1981. Christine von Schweden – Abschied vom Thron, Gütersloh
- Wilpert, Gero von 1988. Deutsches Dichterlexikon, Stuttgart
- Winter, Helmut (Hrsg.) 1993. Bacon – Essays, Frankfurt und Leipzig
- Wollgast, Siegfried 1988. Philosophie in Deutschland zwischen Reformation und Aufklärung 1550-1650, Berlin-Ost
- Yates, Francis A. 1975. Aufklärung im Zeichen des Rosenkreuzes, Stuttgart
- Zimmermann, Erich 1979. Die Bibliothek in der „neuen" Schreiberei. Hinrich Murmester und die älteste Hamburger Stadtbibliothek 1479-1979, Hamburg

Personenregister:

A

Achelen, Johann von 71
Adamcyk 140
Adolph Friedrich, Fürstbischof von Lübeck 83
Affelmann, Johann 63
Agricola, Rudolf 14
Ahlefeld, Gottschalk von 17
Alba, Herzog von 25, 100
Albertus Magnus 8, 10f, 76, 143
Albinius, Jakob 99
Alexander der Große 127
Allaci, Leo 61
Allers, Theodor 80
Amenophis III., Pharao 141
Andreae, Jakob 103
Andreae, Johann 104
Andreae, Johann Valentin 29, 31-33, 36, 42f, 48, 63, 73, 92, 100,102-105, 107-109, 117
Andrecht, Justus 55
August von Anhalt-Plötzkau 34f
Christian von Anhalt-Bernburg 33f, 36, 48, 59f
Ludwig von Anhalt-Köthen 34, 38, 108, 121-123
Aristoteles 44, 66
Arnaud 9
Arndes, Hans 68
Arnim, von 129
Ashmole, Elias 40
August Friedrich, Fürstbischof von Lübeck 80
Auguste von Dänemark 85
Averroes 8
Avicenna 8

B

Bacon, Francis 8, 40, 44, 48, 52, 92f, 96f, 107, 143
Bacon Roger 11, 52, 76, 143
Baldewein, Eberhard 47
Barby, Andreas 77
Barläus 56
Baumann 133
Benedikti-Sengestake, Jürgen 68
Bernegger, Matthias 115
Bernhard von Clairvaux 11, 103
Bernstorff, Andreas Peter von 123
Besold, Christoph 32f, 39, 105
Beyer, Bernhard 133
Beyer, von 129
Bischoffwerder, Hans Rudolf von 125-129, 131-134
Bodenstein-Karlstadt, Andreas 68
Böhme, Jakob 60, 66, 98f, 111, 123, 134, 142
Bomhower, Jasper 68, 70
Bonaventura 103
Bösch, Andreas 74
Boswell, William 92
Bouillon, Gottfried von 10f
Bouillon, Herzog von 11, 59
Boyle, Robert 40
Brahe, Tycho 21, 46f, 58, 85, 108
Brahe, Ebba 88f
Hans-Georg, Markgraf von Brandenburg 48
Braschius, M. 109
Braun, G. 21f, 61
August d. J. von Braunschweig 100, 105-108
Ferdinand von Braunschweig 125, 136
Friedrich August von Braunschweig-Oels 125f, 128, 133, 138
Heinrich Julius von Braunschweig 40
Brühl, von 129
Brunner 101
Bruno, Giordano 11, 58, 70, 113f, 142
Bry, de 48
Bugenhagen, Johann 71
Buraeus, Johannes 39, 99
Burmeister, Franz Joachim 115
Busch, Johannes 13
Busse, Georg 117

C

Caesar, Philipp 72, 127
Cambacérès, de 36
Carl, Fürstbischof von Lübeck 83
Carl Friedrich von Dänemark 75
Carl X. Gustav, König von Schweden 88
Cassius, Christian 78, 80, 102
Caus, Salomon de 23
Celtis, Conrad 14, 37, 69
Cesi 63
Charstadt, Valentin 57
Christian August, Fürstbischof von Lübeck 80, 83
Christian I., König von Dänemark 16
Christian II., König von Dänemark 19
Christian III., König von Dänemark 17-19, 21, 45, 52, 83, 94
Christian IV., König von Dänemark 50, 54, 62, 77, 84-88, 90, 94, 100, 115
Christian VII., König von Dänemark 75, 135
Christina, Königin von Schweden 89, 109
Combach, Johann 35
Comenius, Amos 39, 42f, 51f, 60, 63, 73, 79, 92f, 101-103
Corvenius, Johannes 56
Coyate, Thomas 36
Cromwell, Oliver 92
Crowley, Aleister 140
Crusius, Florian 39
Cusanus, Johannes 68
Czepko, Daniel 123

D

Johann von Dahlberg 14, 37
d´Esterno, Graf 127
d´Urfé, Honoré 115
Decker, Georg Jakob 133
Dee, John 27f, 43, 58, 97, 143
Denasius, Petrus 37
Descartes, René 40-42, 63
Diedrichstein, Graf von 124
Johann I. von Diest 76
Dominikus 11f
Doppelmayer, Johann Georg Gottfried 124
Drebbel, Cornelius 24
Du Cerceau 24
Dury, John (Duräus, Johann) 92f, 112-114, 119

E

Ech-n-aton, Pharao 141
Ecker von Eckhofen, Hans Heinrich von 82f
Meister Eckhart 11f, 143
Eduard VI., König von England 94
Eglinus (Eglin), Raphael 36, 48
Elisabeth I., Königin von England 27, 29, 47, 59, 94, 97
Elisabeth, Winterkönigin 59, 88f, 92-97, 103, 110, 113, 115
Elver, Leonhardt 29, 66, 111
Enke, Wilhelmine 127
Erasmus von Rotterdam 15, 38, 68f

Erpenius, Thomas 35
Exter, Johann Friedrich Gottfried von 137

F
Faber, Georg 49
Fabricius 40
Felgenhauer, Paul 111
Ferdinand I., Kaiser 21, 58
Ferdinand II., Kaiser 60f
Fernel, Jean 43
Ficino, Marsilio 36
Fictuld, Hermann 124
Figulus, Benedikt 32, 34f
Fludd, Robert 45, 56f
Flüe, Nikolaus von 12
Fonseca 43
Fontane, Theodor 128, 132
Fortuin 16
Fox, G. 79
Franckenberg, Abraham von 39, 98, 123
Franz I., König von Frankreich 17
Franziskus von Assisi 11
Friedrich August, Fürstbischof von Lübeck 83, 126
Friedrich August II., Kurfürst von Sachsen 128
Friedrich I., König von Schweden 119
Friedrich I., König in Preußen 95
Friedrich I., König von Dänemark 16-19, 52, 83
Friedrich I., Herzog von Württemberg 33, 104
Friedrich II., Kaiser 8
Friedrich II., König von Preußen 83, 125, 128-131, 136
Friedrich II., König von Dänemark 24, 29, 46, 83, 85, 94
Friedrich III., König von Dänemark 76, 115
Friedrich III., Kurfürst von der Pfalz 48, 58
Friedrich IV., König von Dänemark 75
Friedrich IV., Kurfürst von der Pfalz 11, 48, 59
Friedrich V., Winterkönig 23, 48f, 59-62, 65, 85-89, 91-93, 95, 97, 103
Friedrich VI. König von Dänemark 135f
Friedrich Wilhelm, Kurfürst in Preußen 109, 127
Friedrich Wilhelm I., König von Preußen 83
Friedrich Wilhelm II, König von Preußen 125-129, 132, 136
Friedrich Wilhelm III., König von Preußen 132, 136
Friedrich Wilhelm IV., König von Preußen 137
Fugger, Ulrich 15, 61
Furich, Johann Nikolaus 57

G
Galienus 52
Galilei, Galileo 40f, 49
Geibel, Emanuel 82
Georg I., König von England 95
Georg, Herzog von Württemberg 45
Gerson, Johannes 103
Gerstenberg, Wilhelm von 83
Glasewald, Wolfgang 134
Goethe, Johann Wolfgang von 62, 133f
Goldbeck, von 129, 133
Golius (Gool), Jacobus 35
Grammendorff, Laurentius 109
Grey, Lady Jane 94
Groote, Geert de 13
Gruterus, Janus 36f, 39f, 55, 61
Gustav II. Adolf, König von Schweden 39, 50, 86-92, 99, 115
Gutmann, Ägidius 104

H
Hájek, Tadeàs 58
Hartlib, Samuel 52, 92f, 103, 109
Hartmann, Johannes 32
Haslmayr, Adam 32, 34-36, 48, 124
Haugwitz, Christian Heinrich August Kurt von 133
Havemann, Catharina 101
Hegius, Alexander 69
Hein, Heinrich 42, 63, 108
Heindel Max (Grashof, Carl Louis) 140
Heinrich IV., König von Frankreich 28-30, 33f, 43, 47, 49, 94f
Heinrich VIII., König von England 94
Heinrich Stuart, Prinz von England 95
Helena, Heilige 10
Helvicius 44, 51f, 122
Henriette-Marie von Frankreich 94
Herder, Johann Gottfried 133
Hermes 131
Herstall, Hans Ludwig von 55
Hertzberg, Ewald Friedrich 129
Hess, Tobias 29, 32f, 39, 105
Philipp von Hessen 25f, 45f
Ludwig IV. von Hessen 64
Philipp von Hessen-Butzbach 48f
Ludwig V. von Hessen-Darmstadt 44, 48, 51, 63f
Ludwig IX. von Hessen-Darmstadt 128
Agnes von Hessen-Kassel 26, 45
Barbara von Hessen-Kassel 45
Christine von Hessen-Kassel 27, 46, 52, 83, 88
Elisabeth von Hessen-Kassel 45
Friederike von Hessen-Kassel 83
Hedwig von Hessen-Kassel 100
Karl von Hessen-Kassel in Holstein 82f, 128, 135f

Karl von Hessen-Kassel in Kassel 83, 118-120, 135
Maximilian von Hessen-Kassel 83
Moritz von Hessen-Kassel 35f, 47-51, 54f, 57, 63f, 88, 108, 119
Wilhelm IV. von Hessen-Kassel 26f, 46f, 52, 83, 85, 88, 100
Wilhelm V. von Hessen-Kassel 50
Wilhelm VIII. von Hessen-Kassel 119
Hillmer 131, 133
Hippokrates 52
Hirschfeld, Ephraim Josef 82
Hoffmann 71
Hogenberg, F., 21, 61
Hölzl, Abraham 32f
Holdmann, Brigitte 43
Eberhard von Holle 29, 68, 71f, 77f
Adolf von Holstein-Gottorf 21, 25-28, 46, 52f, 83, 88
Christian Albrecht von Holstein-Gottorf 79f, 82
Christine von Holstein-Gottorf 88
Friedrich II. von Holstein-Gottorf 28, 53
Friedrich III. von Holstein-Gottorf 48, 53, 55, 72, 75ff, 79, 85, 88, 100, 108, 117
Hans von Holstein-Gottorf 28, 77-79
Hedwig Elenore von Holstein-Gottorf 88
Johann Adolf von Holstein-Gottorf 28, 52-55, 72, 85, 94
Johann Friedrich von Holstein-Gottorf 28, 54, 77
Philipp von Holstein-Gottorf 53f
Homagius, Philipp 39, 51
Hoyer, Caspar 21
Hoyer, Johann Adolf 117
Hoyers, Anna Ovena 89, 112
Hunnius, Nicolaus 86, 113f
Hymmen, Johann Wilhelm Bernhard von 125

I

Israhel, Harran 68
Itzenplitz, von 129f

J

Jacobi, Friedrich Heinrich 83
Jakob I., König von England 59f, 85, 88, 94f, 97
Jakob VI., König von Schottland 95
Jakobus, Apostel 19
Jesus 12, 141
Johann Friedrich, Kurfürst von Sachsen 25-27, 45
Johann Georg I., Kurfürst von Sachsen 91
Johann Georg II., Kurfürst von Sachsen 123
Johannes, Apostel 12
Jongmann 48
Jordanus, Marcus 21
Jugel, Johann Gottfried 133
Junge, Nicolaus 43
Jungius, Joachim 40-44, 51f, 54f, 62f, 65, 73, 97, 100-103, 107, 109-112, 118f, 122, 143
Jussow, Christoph 135

K

Kant, Imanuel 131
Karl der Große 9, 45
Karl I., König von England 94f
Karl V., Kaiser 17, 21, 25, 45, 58
Karl IX., König von Schweden 88f
Karl Ludwig, Kurfürst von der Pfalz 93, 113
Karl Martell 9
Karl von Kurland 128
Kelley, Edward 58
Kelpius, Johann 79
Kempen, Thomas von 13, 103
Kepler, Johannes 40, 45, 49, 58
Khlesl, Melchior 60
Klaproth, Martin Heinrich 133
Klopstock, Friedrich Gottlieb 123
Köppen, Karl Friedrich 125
Krafft, Adam 45
Krappe, Jakob 68, 71
Krusius, Georg 21
Kues, Nikolaus von 38

L

Langermann, Laurentius d.J. 115
Leibniz, Gottfried Wilhelm 13, 39f, 63-65, 96, 125, 127
Leibniz, Justus Jakob 65
Leon, Johann 40
Leontorius, Conrad 38
Lewis, Harvey Spencer 8, 29
Lindenau, Carl Heinrich August von 134
Lingelsheim, Jörg Michael 37,39
Lipsius, Justus 56, 109
Löwenfeld, Schlais von 124
Lohmann 111
Lossius, Lukas 29
Lubinus, Eilhard 63, 108
Ludwig VI., Kurfürst von der Pfalz 45
Ludwig XIV., König von Frankreich 119
Luther, Martin 13, 15, 17-20, 25, 45, 68-70, 100, 103
Lutz, Lorenz 32

M

Madathanus, Heinrich 138
Maier, Michael 48, 50, 57f, 96f, 99
Marc Aurel 127
Maria I., Königin von England 27, 94
Maria Stuart, Königin von Schottland 94

Marie Elenore, Königin von Schweden 89
Matthias, Kaiser 60
Maximilian, Kaiser 47
Maximilian, Erzherzog von Tirol 35
Maximilian, Herzog von Bayern 60f, 86, 92
Medici, Alexander de 22
Medici, Cosimo de 36
Medici, Lorenzo de 12
Melanchthon 15, 20, 29, 43, 45, 68
Melissus, Paulus (Paul Schede) 37, 40
Melle, Jakob von 55
Mercator, Gerhard 21
Mercator, Rumold 21
Merian, Matthäus 39
Michael Feodorowitsch, Zar 109
Mirabeau, Graf von 127
Mögling, Daniel 48f, 138
Moers, Anna 112
Moers, Hans 100, 112
Moers, Jakob 21, 100, 112
Moers, Telse 100
Mombaer, Jan 13, 103
Moosheim, Rupert von 140
Morian, Johannes 103
Moritz, Kurfürst von Sachsen 25f, 45, 58
Morsius, Joachim 21, 29, 42f, 52, 55-57, 65-67, 78, 85f, 89, 94, 98-100, 107-109, 111-113, 115, 117-119
Morus, Thomas 93
Morveau, de 125
Moscherosch 115
Moses 134
Motz, Hermann von 135
Münster, Sebastian 22, 37
Murmester, Hinrich 16
Mynsicht, Adria von 57

N

Juliane von Nassau-Siegen 49, 51

O

Olearius, Adam 21, 72, 74
Opitz, Martin 39
Oranien, Friedrich Heinrich von 48
Oranien, Moritz von 109
Osenbrügge, Johann 70
Ottendorf, Heinrich 65, 72, 112
Ottheinrich, Kurfürst von der Pfalz 15, 21f, 103
Overbeck 75, 81
Oxenstierna, Axel 89, 99, 108f

P

Paludanus 72
Papst Clemens IV. 76
Papst Gregor XV. 61
Papst Leo X. 17, 19, 37
Papst Sixtus V. 24
Papst Urban VIII. 90
Paracelsus 32f, 45, 104, 111
Penn, William 79
Pernety, Dom Antoine Joseph 125
Peter I., Zar 75
Peter III., Zar 75
Petzel, Christoph 29
Peucer, Kaspar 29
Pfaff, Nikolaus 39
Philaret 109
Philaretus, Anastasius (Morsius, Joachim?) 57
Philipp IV., König von Spanien 94
Pico della Mirandola 12, 15, 103
Platon 44, 66
Plethon, Georgios Gemistos 36
Plieninger 29
Pomarius 55
Pömer, Johann Abraham (Pöhmer) 42, 109
Pontanus, Isaak 85
Pöppig 118
Prinz Heinrich von Preußen 125, 127-129
Ulrike von Preußen 83

Q

Qualen, Heinrich von 109

R

Radicke, Johann Friedrich 137
Ramus, Petrus 28, 43
Ranconet, Amarus 43
Rantzau, Heinrich 15, 19-22, 24-27, 47, 55, 61, 67f, 71, 87, 100, 108f, 117
Rantzau, Johann 17-21, 45
Raselius, Christoph Andreas 99, 111f, 114
Ratichius, Wolfgang 44, 51f, 101, 122
Reiche, Georg 115
Renatus, Sincerus (Richter, Samuel) 123f, 134
Reuchlin, Johannes 12, 14f, 37f
Rijckenborgh, Jan van (Leene, Jan) 140
Rist, Johannes 113, 115, 117
Rochow, von 133
Roe, Thomas 92
Rosenkrantz, Oliger 108
Rottinger, Hercules 22
Ruarus 109
Rudolf II., Kaiser 46, 57-60, 96f
Rufus, Mutianus 39
Ruysbroek, Jan van 12f

S

Anna Amalia von Sachsen-Weimar 133
Johann Ernst von Sachsen-Weimar 121

Wilhelm IV. von Sachsen-Weimar 38, 123f
Sala, Angelus 112
Salvius, Johannes D. 108
Sankt-Victor, Hugo von 103
Savonarola, Girolamo 12, 15
Scaliger, Joseph Justus 35, 109
Ernst III. von Schauenburg 100
Schiller, Friedrich 133
Schmidt, Johann Heinrich 124
Schrepfer, Johann Georg 126-128
Schröder, Christian Nikolaus von 133, 137
Schrötter, von 129
Schweighardt, Theophilus (Mögling, Daniel) 49, 138
Schweinichen, Johann Sigismund von 123
Segurius, Parledianus Jacobus (Segner, Jakob) 28
Seuse, Heinrich 12
Sidney, Philip 58
Sigismund III., König in Schweden 89
Silesius, Angelus (Scheffler, Johannes) 123
Singer, Andreas 89, 99
Skytte, Johannes 89
Somerset, Edward Seymor 94
Sophie Charlotte, Königin in Preußen 95
Sophie, Kurfürstin von Hannover 95
Spener, Philipp Jacob 79
Sperber, Julius 104
Spreng, Jakob 101
Stanislaus II., König von Polen 124
Staritius, Johann 29, 66, 111
Steenhoff, Johannes 69
Steiner, Rudolf 140
St. Germain, Graf von 46, 125
Studion, Simon 29, 33, 104, 108
Suchten, Alexander von 117
Swedenborg, Emanuel 132
Sybelist, Wendelin 109

T

Tarnovius, Johann 63
Tarnovius, Paul 63
Tassius, Johann Adolph 63, 73, 102, 107f
Tauler, Johannes 11f, 69, 103
Teje, Pharaonin 141
Theden, Johann Christian Anton von 133
Terkelsen, Sören 115
Teting, Nikolaus 111f
Teutleben, Caspar von 121f
Thoelde, Johann 50
Toeltius, J.G. 50
Thutmosis III., Pharao 141
Thys, Anton 48
Tidemann, Bischof 77
Tilly, Johann von 50, 61, 86f, 91
Tischbein, Wilhelm 83
Torstenson, Lennart 118
Tränker 140
Tratzinger, Adam 21, 27f
Tschesch, Johannes Theodor von 123

V

Valentinus, Basilius 50
Vaughan, Thomas 40
Vergil 115
Vico 40
Villanova, Arnold de 76f
Vlierden, Daniel van 56f
Vossius, Gerhard 56

W

Wagner, Valentin 49
Wallenstein, Albrecht 87, 90
Walter, Balthasar 66, 111
Weigel, Valentin 104, 111
Welling, Christoph 32
Werdenhagen, Johann Anglius 112
Wessel, Johannes 13, 111f
Wessel, Wilhelm 36, 48
Westhoff, Hermann 112, 117
Westhoff, Johann 112
Westermann, Kaspar 118
Westonia (Weston), Elizabeth, Jane 40
Wiclif, John 68
Widemann, Carl 34
Wieland, Christoph Martin 133
Wilhelm Kurznase, Herzog von Aqitanien 9
Wimpheling, Jakob 37
Woellner, Christoph Friedrich 125, 128-135
Wok von Rosenberg, Peter 58, 60
Wok von Rosenberg, Wilhelm 58, 60
Wolfgang, Pfalzgraf von Zweibrücken 45
Worm, Ole 32
Wülfer 42
Sabine von Württemberg 47
Wulfert, Johann 65
Wullenwever, Jürgen 19

Z

Zierotin, Karl 60
Zimmermann, Georg 51
Zinkgref, Wilhelm 37
Zöllner, Johann Friedrich 129, 133
Zwingli, Ulrich 45